LE CENTRE D'INFORMATION SUR LES NOUVELLES RELIGIONS

La plupart des collaborateurs de cet ouvrage sont membres du Centre d'Information sur les Nouvelles Religions (CINR). Ce Centre se veut un lieu d'intelligence critique et de discernement spirituel en face du nouveau phénomène religieux. Pour atteindre cet objectif, le CINR offre un éventail de services: service d'information et de documentation; service d'écoute individuel, de counselling psycho-spirituel et d'accompagnement de groupe; service de formation (cours, sessions, conférences, séminaires, publications écrites et audio).

Le CINR est animé par un esprit d'ouverture dans le souci d'un dialogue vrai. Il entend respecter le cheminement des invididus et la vérité qui est en chacun. C'est dans cet esprit qu'il propose son point de vue sur les nouvelles religions.

CENTRE D'INFORMATION SUR LES NOUVELLES RELIGIONS
8010, rue Saint-Denis
Montréal, QC
H2R 2G1
Téléphone: (514) 382-9641

NOUVEL ÂGE...
NOUVELLES CROYANCES

*Répertoire de 25 nouveaux
groupes spirituels/religieux*

sous la direction
du Centre d'Information sur les Nouvelles Religions
CINR

Éditions Paulines & Médiaspaul

Ont collaboré à cet ouvrage:

        BERGERON, Richard
        BOUCHARD, Alain
        CHAGNON, Roland
        CÔTÉ, Claire
        COUTURE, André
        DI GIROLAMO, Giuseppe
        FERNANDEZ, Rolph
        GAGNON, Jeannine
        GAUTHIER, Madeleine
        LABRIE, Daniel
        LAFLAMME, Linda
        LAMY, Roger
        LEPAGE, Yvon
        NGUYEN, Kim-Son
        PAQUETTE, Johanne
        PELLETIER, Pierre
        THÉROUX, Yvon R.
        VILLENEUVE, Paule-Renée

Composition et mise en page: *Les Éditions Paulines*

Maquette de la couverture: *Antoine Pépin*

ISBN 2-89039-655-X

Dépôt légal — 3e trimestre 1989
Bibliothèque nationale du Québec
Bibliothèque nationale du Canada

© 1989 Les Éditions Paulines
    3965, boul. Henri-Bourassa Est
    Montréal, QC, H1H 1L1

    Médiaspaul
    8, rue Madame
    75006 Paris

Tous droits réservés pour tous les pays.

AVANT-PROPOS

«Éclairer notre route au pays merveilleux et plein d'embûches du nouveau pluralisme religieux.» Cette phrase d'un des auteurs de ce répertoire pourrait en résumer l'objectif et le propos. À la fois répertoire et guide. Un peu à la manière d'un atlas routier dont l'automobiliste ou le cycliste se sert pour progresser sûrement à la découverte de nouveaux horizons.

Le Québec d'aujourd'hui compte, dit-on, plus de 800 groupes ou mouvements religieux. Pourtant la société, dans ses grandes articulations, s'organise sans référence à la religion, comme si la dimension spirituelle et religieuse de la vie humaine était inexistante. Jeune ou adulte, en quête de sens, chacun cherche à se retrouver dans une profusion de croyances et à faire un discernement approprié qui conduit à des choix libres et responsables.

Cette publication arrive à point nommé. Elle sera particulièrement utile aux jeunes et aux éducateurs qui voudront acquérir une meilleure connaissance des nouveaux groupes religieux œuvrant au Québec. Le glossaire, la bibliographie et, surtout, le fichier, en font un instrument de consultation facile. Cet ouvrage contribuera aussi à développer chez nous une pratique quotidienne de la tolérance, vertu essentielle à la vie sociale dans un contexte de pluralisme religieux.

Je suis heureux de cette initiative du CINR qui continue ainsi avec pertinence et compétence à étendre ses services d'éducation populaire auprès des québécoises et des québécois de tout âge qui demandent une information sérieuse sur les nouvelles religions.

sous-ministre associé
Ministère de l'Éducation

MOT DE PRÉSENTATION

Au nom du *Centre d'Information sur les Nouvelles Religions* (CINR), il me fait plaisir de présenter ce répertoire de nouveaux groupes religieux et spirituels présents au Québec. Souvent apparus depuis une vingtaine d'années, ces groupes sont méconnus et on ne saisit pas toujours bien ce qu'ils nous apportent et ce qu'ils signifient pour nous. Ce répertoire est bienvenu dans ce contexte.

Origine et destinataires du répertoire

Le programme de formation morale en secondaire 5 a certes été une occasion d'amorcer le projet. En effet, ce programme (comme celui d'enseignement religieux catholique qui est en préparation pour le même niveau de scolarité) comporte un volet consacré aux groupes qui entrent dans le champ d'expertise du CINR: les nouvelles religions ou spiritualités, ainsi que les groupes de croissance personnelle. Le présent répertoire, il va sans dire, vise à répondre à ces attentes. Il entend aussi répondre aux besoins de nombreux étudiant-e-s et à un grand nombre de personnes qui souhaitent prendre connaissance d'une information succincte mais juste sur un groupe donné. Ce répertoire devrait être aussi un instrument fort utile pour des intervenants, notamment, les professeurs et les personnes qui sont engagées en pastorale.

Contenu du répertoire

Des chapitres bien étoffés préparés par Richard Bergeron (chap. 1, 2, 4) et Pierre Pelletier (chap. 3) situent le phénomène des nouveaux groupes religieux ou spirituels et proposent un guide d'interprétation globale qui tient compte du contexte socioreligieux actuel. Les vingt-cinq (25) fiches signalétiques de groupes, placées par ordre alphabétique, représentent le répertoire en tant que tel. Ces groupes n'ont pas été choisis au hasard. Les statistiques tenues au CINR depuis plus de cinq ans ont permis de constater que ces groupes faisaient régulièrement l'objet de demandes d'information de la part du public. D'autres groupes ne seront toutefois pas en reste. Le CINR prévoit justement ajouter dans l'avenir d'autres fiches de ce genre, répondant à la grille uniforme qui a été utilisée ici.

Les fiches des groupes sont pratiques. Elles ont été conçues pour introduire l'essentiel sans sacrifier les données précises et substantielles qui donnent à chaque groupe son caractère particulier. Les astérisques (*) qui se trouvent dans le texte renvoient à l'important glossaire préparé par Yvon Théroux. Les astérisques (*) qui se trouvent par ailleurs dans les bibliographies générale et particulière (attachées à chaque fiche de groupe) indiquent que les sources en question peuvent être consultées sur place au CENTRE D'INFORMATION SUR LES NOUVELLES RELIGIONS.

Remerciements

Ce répertoire n'aurait pas vu le jour sans la collaboration de nombreuses personnes. La préparation des fiches et des annexes a nécessité beaucoup de lectures et de recherches, sans oublier les contacts avec des membres de la plupart des groupes concernés pour vérifier l'actualité et l'importance relative de chacune des données recueillies. Au nom du CINR, je tiens à remercier toutes ces personnes.

YVON LEPAGE
directeur du
Centre d'Information
sur les Nouvelles Religions

PREMIÈRE PARTIE
LES NOUVELLES RELIGIONS ET NOUS

I
L'ENRACINEMENT SOCIORELIGIEUX DES NOUVELLES RELIGIONS

Le Québec comme le reste du monde occidental passe actuellement par une période de fermentation religieuse et d'innovation spirituelle. Au cours des deux dernières décennies, une multitude de nouveaux mouvements qu'on pourrait chiffrer à 800 environ ont surgi au Québec en marge du christianisme traditionnel. Ces mouvements sont devenus une source de préoccupation sociale et d'inquiétude, notamment pour les Églises traditionnelles. Bien des gens sont gênés, perturbés, interrogés par cette explosion religieuse qui ne cesse de nous étonner, tellement elle nous a pris par surprise. Ce phénomène ne laisse personne indifférent. Des études nombreuses ont cherché à circonscrire le phénomène, à l'analyser sous ses différents aspects, à en chercher la signification psycho-sociale et religieuse, à en découvrir les causes explicatives et à rechercher les raisons qui motivent les personnes à adhérer à un nouveau groupe spirituel ou religieux.

Dans ce premier chapitre, nous essayerons de répondre à la question: Pourquoi tant de nouvelles religions? Nous tâcherons d'analyser l'enracinement socio-religieux du nouveau phénomène religieux. Cela nous permettra d'identifier les besoins auxquels viennent répondre les nouveaux mouvements religieux et de mesurer leur importance psychosociale et spirituelle. Les nouvelles religions s'enracinent dans les béances, les vides, les «no-man's lands» d'une société en crise.

A — SÉCULARISATION ET BESOIN DE SENS

Beaucoup d'auteurs établissent un lien étroit, sinon une relation de cause à effet, entre la sécularisation et le phénomène des nouvelles religions. Celles-ci sont, sinon la conséquence directe, du moins le compagnon obligé de la sécularisation. De quoi s'agit-il?

La société est un phénomène dialectique: elle est la production de l'homme et en même temps elle a un impact sur l'homme qui la crée. L'homme produit la société et la société produit l'homme. La société est la conséquence de l'activité et de la conscience de l'homme; en même temps, la société précède l'homme. C'est au sein de la société et comme résultat des processus sociaux que l'individu devient personne et trouve son identité. C'est dire qu'un changement de société entraîne nécessairement un changement de l'homme et de sa conscience.

1 — La société traditionnelle

Jusqu'au début des années '60, la société québécoise était de type traditionnel. Dans une société traditionnelle, l'état et la religion vont main dans la main. La religion assure des tâches civiles et des responsabilités sociales et, en récompense, l'état gratifie la religion de toutes sortes de privilèges.

Dans le Québec francophone, l'Église catholique était la religion traditionnelle. En tant que telle, elle était omniprésente à toutes les sphères de la société: politique, culturelle, syndicale, sociale, etc. Elle régissait autant le bien-être social et la santé que l'éducation. Son influence rejoignait tous les domaines de la société. Le pouvoir clérical pesait fort sur l'ensemble de la vie du peuple québécois.

Dans une société traditionnelle, la religion devient le facteur le plus important de légitimation sociale. La société est une organisation de la vie humaine. Elle impose aux expériences individuelles un ordre significatif, un *nomos* collectif. Et tout ordre est poussé par une logique interne par laquelle il cherche à étendre davantage sa sphère d'influence: il se veut totalisant et risque de devenir totalitaire. Vivre dans un monde social, c'est vivre une existence qui a un ordre et une signification.

La fonction sociale de la religion dans la société traditionnelle est précisément de garantir, de fonder, de légitimer cet ordre. Et elle le fait en conférant aux institutions un statut ontologique, c'est-à-dire en les rapportant à un ordre divin, absolu. C'est ainsi que le pouvoir des rois était de «droit divin», que toute autorité «venait de Dieu», que le pouvoir de l'homme sur la femme était garanti par la doctrine du Christ, tête de l'Église, que l'ordre social était un «ordre divin» et que les lois ou les décisions de l'autorité correspondaient à la «volonté de Dieu». Ces quelques exemples montrent à quel point la religion est un puissant facteur de stabilité et de légitimation sociale.

Pour accomplir sa fonction légitimatrice, la religion doit fournir à la société un cadre *interprétatif* et un cadre *normatif*. Le cadre interprétatif, c'est un cadre de pensée, un ensemble doctrinal capable de donner un sens ultime aux choses et aux événements de la vie et de rendre ce monde acceptable en dépit des situations limites: souffrance, échec, mal, mort. L'Église a géré ce cadre interprétatif de façon très étroite en apprenant aux jeunes des écoles à penser chrétiennement, aux syndiqués à conduire leur syndicat selon la doctrine sociale de l'Église, en contrôlant les lectures par les mises à l'index de livres jugés non conformes à la doctrine et aux valeurs chrétiennes, et en exigeant l'*imprimatur* pour toute littérature touchant à la religion. Il fallait à tout prix garder le système interprétatif chrétien pur de tout relent d'hérésie, c'est-à-dire de toute doctrine considérée comme déviante.

À côté de ce cadre interprétatif qui servait de clé herméneutique au niveau psycho-socioculturel, l'Église se devait, pour maintenir le nomos social, de fournir un cadre *normatif* capable de gérer les pratiques individuelles et sociales. Responsable de ce qu'il *fallait* penser, l'Église catholique était aussi responsable de ce qu'il *fallait* faire. Elle se devait de proposer une hiérarchie de valeurs afin d'orienter les comportements socioéthiques.

En légitimant l'ordre sociopolitique, la religion jouait un rôle social de première importance, car elle protégeait ainsi l'état contre le danger de l'anomie, l'anomie étant la rupture radicale de l'ordre social. Dans l'anomie, les normes et les significations reçues disparaissent pour des individus (drop-out, voleurs, bandits, etc.) ou pour des groupes (marxistes, léninistes, etc.). Alors risque de s'effriter l'ordre fondamental à l'intérieur duquel l'individu peut donner un sens à sa vie et découvrir son identité. C'est ce qui s'est passé au Québec dans les années '60, période au cours de laquelle la Belle Province a brutalement changé de paradigme social, grâce au processus de sécularisation.

2 — La sécularisation

La sécularisation est, selon Peter Berger, «le processus par lequel des secteurs de la société et de la culture sont soustraits à l'autorité des institutions et des symboles religieux», c'est un processus «de retrait des Églises chrétiennes de secteurs qui étaient jadis sous leur contrôle ou sous leur influence[1]». Cela se fait par la séparation de l'Église et de l'état, par l'expropriation des biens ecclésiastiques et par l'affranchissement de l'éducation et des autres domaines de la vie sociale. Plus qu'un processus sociopolitique, la sécularisation affecte la vie culturelle et la conscience des individus.

La sécularisation est donc, comme le dit Danielle Hervieu-Léger, une laïcisation: «les diverses institutions sociales conquièrent leur autonomie et se dotent d'idéologies, de références, de règles de fonctionnement propre[2]». Il s'ensuit une *perte d'emprise* des institutions religieuses qui se traduit par un déclin de la pratique religieuse et l'affaiblissement de l'autorité des prescriptions ecclésiastiques. La sécularisation provoque de profonds *changements religieux*. Ces changements visent «l'ensemble des recompositions du champ religieux qui résulte de la confrontation avec la 'modernité' dans toutes ses dimensions, culturelles, politiques, économiques, sociales, éthiques, psychologiques[3]».

La sécularisation restitue à la société et à l'individu leur autonomie. Dorénavant, la vie publique échappe au contrôle religieux. On ne reconnaît plus à la religion sa pertinence dans la définition et le fonctionnement des institutions sociales.

---

[1] BERGER, P., *La religion dans la conscience moderne*, Paris, Centurion, 1971, p. 174.
[2] HERVIEU-LÉGER, D., *Vers un nouveau christianisme?*, Paris, Cerf, 1986, p. 193.
[3] *Idem*, p. 194.

L'état séculier fonctionne selon ses propres lois et ne se réfère plus au sacré pour articuler ses structures.

La cité séculière est *profane*. Elle s'organise sans référence au divin, au transcendant, au sacré. Elle est sans horizon spirituel. Elle propose une façon de vivre au sein d'un horizon terrestre et en dehors des référents supramondains. C'est une société structurée sans référence à la métaphysique et à la religion.

Conséquence très importante pour la religion: la religion traditionnelle perd sa pertinence sociale. L'effritement de la société dont la religion validait et légitimait les institutions, provoque à son tour une crise très profonde de crédibilité sociale de la religion elle-même. La sécularisation conduit à l'effondrement de toutes les légitimations religieuses de la société. Perdant sa pertinence sociale, la religion se retire dans ses derniers retranchements: la vie privée, la famille, la liturgie. Grave crise d'identité et de signification. Nécessité pour la religion traditionnelle, l'Église Catholique, de se redéfinir, de retourner aux sources, de reformuler sa théologie et sa catéchèse, d'inventer de nouvelles pratiques pastorales et sociales. En un mot, de réinventer son rapport au monde et de se donner une pertinence et une crédibilité nouvelles aux yeux de la société.

3 — Le pluralisme religieux

La sécularisation marque la fin de l'uniformité religieuse en sapant le monopole de la religion traditionnelle qui n'est plus reconnue comme l'instance autorisée pour dire les valeurs et interpréter le réel. La conséquence sera l'émiettement du cadre traditionnel uniforme de signification et de valeurs.

C'est donc l'avènement du pluralisme sous toutes ses formes: éthique, idéologique, religieux. Le vide laissé par le retrait de l'Église a été vite comblé par l'irruption des mouvements religieux.

D'une part, l'Église Catholique se trouve discréditée aux yeux d'une foule de gens, au point qu'ils ne «veulent plus rien savoir» d'elle, comme on dit. À tort ou à raison, ils sentent qu'ils ont été blessés, trompés et lésés dans leur droit. Ils répudient l'univers symbolique et moral du catholicisme comme un spectre qui les hante. En un mot, ils ont perdu confiance en l'Église.

D'autre part, la société séculière est incapable de dire le sens ultime et de répondre aux questions métaphysiques de l'existence et elle n'est pas habilitée à proposer un ordre de valeurs. D'ailleurs, si elle s'arrogeait ce pouvoir et ce droit, personne ne pourrait le tolérer.

Il y a donc une béance, un vide, un vacuum. Il n'y a plus d'instance crédible universellement reconnue; il n'y a plus de système de valeurs qui s'impose; il n'y a plus de voix autorisée pour dire le sens. Et pourtant, les gens continuent à souffrir, à s'interroger sur le sens de la vie et de leur blessure. Et quand ça va mal, on a besoin de sens plus que de bonheur. C'est en trouvant un sens à la vie qu'on découvre le bonheur.

Les nouvelles religions viennent se blottir dans cette béance; elles y trouvent un terrain inoccupé. Elles se présentent comme des instances crédibles. Elles se réclament d'une nouvelle «révélation» adaptée aux besoins nouveaux, d'une nouvelle interprétation de la Bible, d'une illumination ou de la clairvoyance de leur fondateur. Elles entendent proposer une nouvelle vision du monde, de Dieu et de l'homme. Elles ouvrent le monde séculier fermé sur lui-même à des horizons capables de donner un sens à la vie, de produire des systèmes de valeurs et de gérer la pratique individuelle. En un mot, elles répondent à la question du sens. Les adeptes ont l'impression de trouver en elles des réponses à leurs questions. C'est là, semble-t-il, un premier niveau d'explication du phénomène des nouveaux mouvements spirituels et religieux.

B — CRISE DE LA MODERNITÉ ET BESOIN DE SÉCURITÉ

Un deuxième niveau d'interprétation du nouveau phénomène religieux est à chercher dans la crise de la modernité. Danielle Hervieu-Léger a montré que la sécularisation «n'est pas autre chose que l'impact de la modernité — à ces différents niveaux: économique, politique, intellectuel, symbolique, etc. — sur la religion ou, plus exactement sur la configuration traditionnelle des rapports entre la religion et la société, dans laquelle celle-ci est supposée être coextensive à celle-là[4]». Ainsi donc, la sécularisation renvoie à la modernité.

Mais qu'est-ce que la modernité? Sur le *plan technicoéconomique*, la modernité «définit le type de rapport à la nature qu'induit la recherche systématisée de la productivité[5]». La connaissance scientifique devient le principe de l'organisation rationnelle de la production, en vue d'une productivité maximale. La nature n'est plus vue comme création, comme cosmos harmonieux, mais comme une carrière d'où l'homme tire les matériaux pour créer son propre monde, comme un réservoir d'énergies. Toute la société est organisée et mesurée selon les exigences fonctionnelles de la rationalité productrice.

Sur le plan *juridicopolitique*, la modernité «réside dans la séparation qui s'instaure entre la sphère de la vie publique et la sphère de la vie privée[6]». D'un côté, il y a l'état, suprême, abstrait, et l'ensemble de ses lois formelles et, de l'autre, il y a l'individu et ses «libertés». Les groupes intermédiaires et les hiérarchies qui structuraient les sociétés traditionnelles disparaissent au profit de l'état omniprésent et omnipuissant dont l'emprise bureaucratique s'étend toujours davantage à tous

---
[4] *Idem*, p. 202.
[5] *Idem*, p. 199.
[6] *Idem*, p. 200.

les secteurs de la vie sociale, réduisant ainsi les espaces de liberté et d'autonomie individuelles.

Sur le *plan philosophique,* la modernité «pose la séparation entre le sujet et l'objet, entre la conscience, placée au centre et l'univers[7]». En déstructurant les groupes intermédiaires (familles, quartiers, groupes ethniques), la modernité disloque les réseaux d'appartenance où se construisait jadis l'identité personnelle. Cela entraîne pour l'individu une nouvelle façon de se penser, de conquérir son identité et de se doter des repères pour gérer sa vie dans cet univers éclaté et programmé. La modernité est caractérisée par l'émergence de l'individu avec sa psychologie, sa conscience autonome, ses intérêts privés et la revendication de ses droits, particulièrement son droit au bonheur, à l'épanouissement personnel. «L'homme moderne, écrit Roland Chagnon, est celui qui s'éprouve comme constamment renvoyé à lui-même dans tous ses choix les plus fondamentaux. Aucune autorité ne peut plus se substituer à sa conscience pour lui indiquer, sans risque, la route à suivre. Il en résulte que la condition normale de la conscience moderne, c'est celle de la responsabilité et de la liberté, avec leurs avatars, c'est-à-dire l'anxiété et l'angoisse[8].»

Eh bien! Cette modernité qui caractérise la cité séculière occidentale — et la nôtre — est en état de crise. La société moderne occidentale repose sur quatre grands piliers ou dogmes: le capitalisme, le matérialisme pratique, le positivisme scientifique et l'individualisme bourgeois. Or, ces quatre piliers sont fortement ébranlés, et de sérieuses mises en question fusent de tous les milieux attentifs à la chose sociale.

Le *capitalisme,* et le système économique et financier qui lui correspond, connaissent un sérieux essoufflement. Les crises économiques et financières se succèdent depuis les débuts des années '80. La crise du pétrole a déstabilisé le système et instauré une méfiance et une nervosité dans les milieux du capital et de la finance. Le capitalisme libéral ne se soucie guère plus de la société que des individus et il instaure un darwinisme soical où le plus gros et le plus fort l'emportent toujours. Le fossé se creuse toujours plus entre nantis et démunis, entre pays riches et pays pauvres. Le modèle de croissance linéaire est de plus en plus mis en question. Le soupçon et la désillusion se sont installés dans de nombreux esprits, qui ne voient plus le capitalisme libéral comme le système idéal capable d'assurer la subsistance ou la croissance des individus et des nations et de garantir un minimum de justice sociale.

Le *matérialisme pratique* se traduit dans une attitude qui donne la primauté aux valeurs matérielles et lie le bonheur à l'accumulation des biens. Grâce aux moyens de production et aux capacités de consommation, le matérialisme pratique a dégénéré en «consumérisme», qui est une mentalité «centrée sur un univers d'objets où se perdent le sens du spirituel et l'aptitude à la communion avec les êtres

---

[7] *Idem,* p. 201.
[8] CHAGNON, R., «La clientèle-cible et ses motivations», dans *Médium* 28-29(1987), p. 20.

humains[9]». Nous sommes foncièrement des consommateurs et la publicité s'ingénie à exacerber nos désirs et à créer de nouveaux besoins. La création de nouveaux besoins laisse les gens toujours plus insatisfaits: ils n'ont pas le temps de jouir de ce qu'ils ont, que déjà, on éveille en eux de nouveaux désirs. La course aux biens matériels laisse beaucoup de gens sur leur appétit. Les biens matériels et le bien-être qu'ils procurent ne sont plus vus comme les porteurs d'une promesse infaillible de bonheur.

Le *positivisme,* quant à lui, peut être considéré comme la philosophie dominante. C'est une doctrine et un système de pensée qui se réclament de la seule connaissance des faits, de l'expérience scientifique. Ce qui n'est pas mesurable n'existe pas. Ce sont les faits plutôt que les valeurs et les croyances qui définissent la destinée humaine et le sens du monde et de la vie. D'où l'importance des sondages. Les gouvernements et les individus sont soucieux d'aligner leurs décisions, leurs idées et leur comportement sur les sondages qui font foi de nouvelles valeurs.

Le positivisme s'accompagne de la conviction que la science et la technique peuvent assurer le *progrès* illimité de l'humanité et résoudre tous les problèmes: l'isolement, la faim, la maladie, la guerre, l'ignorance, etc. Le positivisme est d'un optimisme aussi increvable que superficiel. Selon lui, tout devient possible grâce à la science et à la technologie.

Or, l'expérience a montré que la science et la technique ne sont pas des porteurs infaillibles de libération. La science continue à imposer ses méthodes et ses lois; mais son auréole s'est passablement ternie. La science apparaît souvent comme l'apprenti sorcier responsable autant des catastrophes nucléaires et du péril atomique que de la pollution, de la destruction de la nature et de l'aliénation par la machine. Encore ici, le soupçon s'installe et des questions de tous ordres surgissent.

Enfin, l'*individualisme* petit-bourgeois peut être considéré comme un des piliers de notre société moderne. L'individualisme est une tendance et une attitude d'esprit qui privilégient les droits de l'individu en regard de ceux de la collectivité. Les droits ont remplacé les valeurs et ces droits sont individuels. L'individualisme a été éprouvé comme une source de liberté personnelle; il a permis d'échapper aux pressions sociales aliénantes et à l'emprise des institutions, et il instaure une sorte de doute systématique à l'endroit des structures et des personnes qui sont constituées en autorité.

Or, la recherche des satisfactions individuelles a créé bien des désillusions. L'individualisme est devenu un opium capable d'endormir le sens des responsabilités. Une certaine revendication des droits individuels et une certaine recherche d'épanouissement personnel peuvent conduire à l'impasse collective. L'individualisme a conduit à la perte du sens communautaire, à l'isolement, à la déchirure du tissu social. Les grandes villes font peser de lourdes contraintes sur les individus: pollution, délinquance, criminalité, pauvreté... On finit par découvrir que l'in-

---

[9] BLANCHET, Mgr. B., «Idéologies et mentalités au Canada», dans *Nouveau dialogue* 73(1988), p. 8.

dividualisme est une atteinte à la personne autant que le collectivisme et que la recherche du bonheur exclusivement en soi, par soi et pour soi est une impasse.

Ainsi donc, le scepticisme qui frappe les quatre grands dogmes de notre société moderne crée un climat de plus en plus généralisé d'inquiétude et d'angoisse. Le *présent est problématique*. Les promesses que la modernité portait se sont révélées en partie trompeuses: le bonheur recherché dans les biens matériels s'est transformé en un gavage qui rend béat mais non heureux; la recherche individualiste d'épanouissement personnel s'est révélée chez bon nombre comme la poursuite désespérée d'un «je» qui se dérobe sans cesse. Oui, le présent est vraiment problématique, inquiétant; il rend perplexe . Les assises sur lesquelles repose notre existence individuelle et sociale se sont révélées d'une surprenante fragilité.

Non seulement le présent est-il problématique, mais l'*avenir est incertain*. Nous assistons à un recul de l'euphorie collective des années '70 et nous sommes dans une sorte de marasme psychosocial. Après la révolution tranquille, la désillusion tranquille. L'avenir paraît fermé, surtout aux jeunes et aux plus démunis. La perspective du chômage, d'une petite «job», d'une existence sur le Bien-être social, tout cela est profondément démobilisateur. L'avenir ne paraît pas rose pour une bonne couche de la population. De fait, y aura-t-il un avenir? Où s'en va-t-on? Les futurologues comme Toffler dans *Le choc du futur* et Orwell dans son roman *1984* ne sont pas sans nous inquiéter. La marmite ne va-t-elle pas sauter? Les moments de crise socioculturelle sont toujours propices à l'évocation de cataclysmes apocalyptiques et de scènes de fin du monde. On n'a jamais tant couru après les cartomanciennes pour connaître son avenir; on ne s'est jamais tant intéressé à Nostradamus, à Malachie, aux Apocalypses de Daniel et de Jean, et à toutes espèces de révélations touchant l'avenir de l'humanité.

La jonction du présent problématique et de l'avenir incertain est source de peur, de perplexité, d'inquiétude, d'insécurité, d'angoisse. On n'a jamais vu autant de dépressions, de névroses, de «burn-out», de «drop-out», de suicides. Au Québec, le taux de suicides chez les jeunes est l'un des plus élevés dans le monde occidental. Un jeune sur cinq aurait fait une tentative de suicide. «Beaucoup de jeunes ont perdu le goût du risque et de l'engagement; ils n'ont plus foi en l'avenir. Il leur manque un système de croyances, une foi vivante capable d'intégrer et de dynamiser toutes les dimensions de leur vie[10].»

Il y a donc une béance, un vide entre le présent problématique et l'avenir incertain, béance qui est source d'insécurité. C'est précisément là, au creux de cette béance que les nouvelles religions viennent se blottir. Elles vont répondre à un profond *besoin de sécurité*. Des enquêtes ont montré que les situations d'échec, d'isolement, de ruptures, d'inquiétude, de peur rendent les individus friables et réceptifs au message des nouvelles religions. Devant la rationalité technique dominante et ses effets aliénants sur la société et les individus, l'appel des nouveaux mouvements religieux à quelque chose d'«autre» reçoit une oreille très attentive

---

[10] BLANCHET, Mgr. B., *Op. cit.*, p. 8.

chez les gens inquiets. La rationalité scientifico-technique obstrue le rôle des valeurs dans la société. Et «les nouvelles religions, dans leur *appel à l'imagerie et au symbole transrationnel,* ouvrent au moins une possibilité de réintégration des valeurs et des facultés de raison pratique. Que les groupes particuliers atteignent ou non ce but, c'est, bien entendu, une question qui se pose[11]».

L'histoire montre que les grandes crises culturelles et les tournants de civilisation favorisent toujours l'irruption des attentes eschatologiques et l'émergence de nouveaux groupes religieux. Ces groupes sont rassurants, car ils savent ce qui se passe et prétendent être capables d'expliquer la situation actuelle: «nous sommes, disent les uns, à la fin du monde; bientôt va apparaître le Règne de Dieu, le Millénium». «Nous sommes, disent les autres, à la fin d'une période mauvaise et à l'aube d'un âge d'or appelé ère du Verseau, âge de l'Apocalypse, âge de l'intelligence créatrice. Les groupes se présentent soit comme des arches de salut qui nous protègent contre la catastrophe, soit comme des refuges devant les dangers qui s'en viennent (péril atomique, radiation nucléaire, etc.), soit comme des lieux d'anticipation d'une humanité future, d'une conscience nouvelle. Les uns se présentent comme des «purs», des «sauvés», des «conscients»; les autres comme des «mutants» d'une race nouvelle, grâce à la réalisation anticipée d'un état de conscience supérieure. Les nouvelles religions prétendent donc se situer dans l'«*in-between*», juste à la frontière d'une période mauvaise et d'un nouvel ordre mondial. Aussi estiment-elles avoir un rôle important à jouer pour l'avènement d'un monde meilleur.

Le nouvel adepte s'en trouve rassuré: son adhésion à une nouvelle religion vient combler sa soif de sécurité. Fort de son groupe, il peut faire face au présent et affronter l'avenir sereinement.

C — OBJECTIVATION ET BESOIN D'IDENTITÉ

D'autres spécialistes privilégient une autre voie d'explication du nouveau phénomène religieux. Ils cherchent dans la ligne du besoin d'identité des raisons justifiant une nouvelle adhésion spirituelle ou religieuse. Comment comprendre cette affirmation?

Les sociologues ont montré que le processus dialectique fondamenal d'une société connaît trois moments: l'*extériorisation,* l'*objectivation* et l'*intériorisation.*

L'*extériorisation* est le rayonnement extérieur de l'individu dans le monde. Par ses activités, ses inventions, ses créations, l'individu se projette en-dehors de lui-même.

L'*objectivation* est le produit de l'extériorisation. Elle confronte la réalité pro-

---

[11] ANTHONY, D.; ROBBINS, Th.; SCHWARTZ, P.A., «Les mouvements religieux contemporains et le postulat de la sécularisation», dans *Concilium* 181 (1983), p. 27.

duite à son producteur comme une facticité extérieure à lui-même, comme une «chose objective». Les créations de l'homme forment un monde qui a certes sa source en lui, mais qui finit toujours par s'imposer à lui comme une donnée extérieure. La culture est *là*, là *pour tous*. L'objectivité de la société peut être coercitive grâce aux multiples processus de contrôle (rôles, fonctions, lois, police).

L'*intériorisation* est le processus de résorption du monde objectif à l'intérieur de la conscience, d'une façon telle que les structures de ce monde déterminent les structures subjectives de la conscience. Par l'intériorisation, les données du monde objectif, extérieures à la conscience, deviennent les données de la conscience personnelle. L'individu apprend des significations sociales; il les assume à l'intérieur de lui-même et en fait ses propres significations. L'individu n'absorbe pas le monde socioculturel, il doit se l'approprier activement. Ainsi se développe sa propre identité.

Or, aujourd'hui, l'individu a du mal à s'approprier le monde socioculturel dans lequel il vit. Et cela, à cause des changements rapides, de la surproduction des biens socioculturels, de la mentalité du provisoire et du prêt-à-porter, et des superstructures étatiques et socioéconomiques. L'individu vit donc au niveau de l'objectivité et il souffre, de ce fait, d'aliénation. Dissociant le sujet humain de la réalité extérieure, l'objectivation conduit à l'évanescence du sujet humain. Qui dit sujet dit centre de conscience, liberté historique, responsabilité.

Charles Reich dans son *Regain américain*, a dénoncé l'objectivation de la société contemporaine. Le système colossal de l'état et de l'industrie a réduit l'individu à être un numéro ou un rouage de l'énorme machine. Le sujet est pris dans le cycle infernal de la production et de la consommation, commandé par le dogme incontesté de l'économie qui est l'instance déterminante. L'efficacité et la performance sont devenues la jauge de l'humain. La vie s'est aplatie et l'individu est devenu un être «unidimensionnel», selon l'expression de Marcuse. Ce système échappe au contrôle humain; il est théoriquement et pratiquement hostile à l'humain. L'homme est devenu un automate, un numéro matricule, une pièce de rechange, une carte d'identité.

Il ne reste plus, écrit Pierre Séguin, qu'à «dématérialiser l'être humain, à l'informatiser, à l'inscrire dans une banque de données. Numéro de code, d'identification, d'assurance sociale, d'assurance-maladie, date de naissance, adresse, mensuration, certificat, etc., toutes les statistiques vitales sont incrites en mémoire. Pour l'ordinateur, pour la société informatisée, ces données abstraites sont l'individu et le traitement de ces données sont identiquement le traitement de la personne... Comme l'orange de *Tron* (cf. film de Walt Disney), l'humain devient information abstraite, réalité dématérialisée. Le sujet concret s'efface, disparaît devant sa traduction informatique[12]».

À cette objectivation du système socioéconomique s'ajoute celle de la science. La science moderne se caractérise par la dissociation du sujet connaissant et

---

[12] SEGUIN, P., «Apocalypse et information», dans *Communauté chrétienne*, 22(1983), pp. 198-199.

de l'objet connu. L'être humain est lui-même objet de connaissance. Même les sciences qui s'occupent directement de l'homme, comme la médecine, la sociologie, etc., passent à côté du sujet humain, conscient, spirituel et libre. Le sujet dans sa globalité est oublié au profit des approches atomatisées des diverses spécialités. Le sujet devient une sorte de résidu irrationnel de l'objectivité scientifique. La subjectivité introduit l'aléa, l'incertitude que l'objectivité scientifique ne peut supporter. Il n'y a pas de science du sujet, sauf peut-être la psychanalyse dans ses meilleures expressions.

Dans ce monde d'objectivation, le sujet désespère d'exister. Il se sent aliéné, dépersonnalisé. Aussi «court-il» après l'astrologie, l'alchimie, la numérologie et les autres «sciences ésotériques», et cela pour se faire parler de lui-même, de ce qu'il est, de ses amours et même de son avenir, ou encore après la médecine holistique pour qu'on s'intéresse à lui dans sa globalité et sa subjectivité.

Le sujet désespère d'autant plus d'exister que la société exaspère constamment sa subjectivité et l'invite à devenir «quelqu'un», soit en ayant sa MasterCard, soit en possédant telle auto, soit en ayant tel standing social. Christopher Lash a bien montré que les tendances narcissiques actuelles mettent à vif la soif du sujet d'exister[13]. Selon lui, le narcissisme surgit de la désertion généralisée des valeurs et finalités sociales. D'où dépolitisation, non-militantisme, non-contestation. Cette désaffection est le produit de l'exaspération de la subjectivité, de l'hyperinvestissement du moi, de la centration sur le corps et la santé, de la promotion des droits individuels. La sensibilité politique des années '60 a fait place à la sensibilité thérapeutique; le développement psychique a pris le relais de la croissance économique essoufflée; l'autoconscience a remplacé la conscience de classe. Dans ce désert social et cette disparition des référents sociaux, le moi devient la préoccupation primordiale et perd ses repères. «Plus le moi est investi, écrit Lash, objet d'attention et d'interprétation, plus l'incertitude et l'interrogation croissent. Le moi devient un miroir vide à force 'd'information', une question ouverte à force d'associations et d'analyse, une structure ouverte et indéterminée qui appelle en retour plus de thérapies et d'anamnèse[14].»

Il y a donc une béance, un vide entre l'objectivation de la société et l'exaspération narcissique actuelle, une béance où éclate une crise profonde d'identité et un sentiment d'aliénation, de dépersonnalisation. C'est précisément là que viennent se blottir les nouvelles religions qui, comme l'a montré Roland Chagnon, sont des instances d'identification pour les personnes, des réponses à leur besoin d'identité[15].

L'identité étant la résultante conjuguée d'une fonction sociale et d'une compréhension de soi, l'adhésion à un groupe religieux est de nature à jouer un rôle

---

[13] LASH, C., *Le complexe de Narcisse. La nouvelle sensibilité américaine*, Paris, Laffont, 1980.
[14] *Idem*, p. 116.
[15] CHAGNON, R., *Une nouvelle religion de la puissance*, Montréal, Hurtubise HMH, 1985. *Trois nouvelles religions de la lumière et du son*, Montréal, Éditions Paulines, 1985.

déterminant dans la constitution d'une nouvelle identité. Le groupe offre au membre un système de pensée et des lieux d'expérience qui permettent à l'individu de se découvrir sous un nouveau jour, de découvrir sa face cachée ou des aspects oubliés de lui-même. De plus, le groupe porte une identité collective; l'appartenance au groupe devient déterminante dans l'éclosion d'une nouvelle identité. On sera alors Témoin de Jéhovah, Raélien, Mooniste avant d'être Pierre, Yvon ou Linda. Mieux: on se sentira d'autant plus soi-même, Pierre, Yvon, Linda qu'on s'identifiera comme Témoin de Jéhovah, Raélien, ou Mooniste.

Du dehors, les proches diront que le nouvel adepte a changé, qu'ils ne le reconnaissent plus, qu'il leur est devenu étranger. De fait une psychomutation profonde s'est accomplie; tout se passe comme si l'individu se revêtait d'une nouvelle personnalité. On dira de lui qu'il a été programmé, qu'il a subi un lavage de cerveau ou qu'il a été manipulé psychiquement. Et comme l'appropriation de l'identité collective ne se fait pas toujours harmonieusement, l'adepte pourra manifester dans son comportement des gaucheries, des incohérences, des raideurs, des intransigeances *qui trahiront davantage une recherche incertaine d'identité qu'un conditionnement psychique aliénant*. D'où l'on voit que les explications du succès des nouvelles religions par le recours à l'idée de manipulations coupent court et masquent l'enjeu global. Les faiblesses de ces théories et des pratiques qu'elles favorisent (ex.: deprogramming) ont été si bien mises en lumière depuis quelques années que beaucoup moins de gens s'en réclament.

Pour terminer, une citation de Roland Chagnon:

> «Les motivations principales des gens à adhérer aux nouvelles religions viendraient de leur souci de réunir ce qui en eux est séparé. Ces personnes recherchaient avant tout une meilleure intégration des diverses composantes de leur être, une meilleure synthèse des dimensions rationnelle et affective dans leur vie, un nouveau langage apte à exprimer leur vécu. Ce sont les insatisfactions ressenties à l'égard des modèles culturels dominants qui les amènent à valoriser l'expérience, sorte de creuset où on espère que s'élaborera une nouvelle vision des choses, une vision qu'on qualifie très souvent en certains milieux de 'holistique', autre signe évident de la recherche par ces personnes d'une nouvelle totalité signifiante. Ce qu'on vise donc en adhérant aux nouvelles religions, c'est de triompher d'une impression vague et lancinante de morcellement de son être, impression qu'alimente le mal de vivre et nourrit l'anxiété[16].»

---

[16] CHAGNON, R., «La clientèle cible et ses motivations», dans *Médium* 28-29(1987), p. 21.

II
DEUX GRANDES VOIES SPIRITUELLLES

Par nouveaux mouvements spirituels et religieux, nous désignons cette pléthore de groupes religieux et spirituels qui, ces derniers temps, sont apparus au Québec en dehors des grandes Églises et se développent généralement en opposition secrète ou déclarée avec elles. Les spécialistes qualifient ces groupes de «sectes», de «cultes», de «nouvelles spiritualités», de «nouvelles religions», de «religions du nouvel âge», etc.

Les nouvelles religions et spiritualités se désignent elles-mêmes sous les noms génériques les plus divers et souvent leur appellation sera séculière — ce qui pourra donner le change et créer la confusion: Église, Sanctuaire, Temple, Communauté, Association, Chapelle, Assemblée, Groupe, Centre, Mouvement, Académie, Institut, Atelier, École, Fraternité, Alliance, Tabernacle, Ordre, Société, Fondation, Mission, etc. Tous ces groupes, même ceux dont les noms sont séculiers proposent des voies religieuses et spirituelles différentes de celles que prêchent les grandes Églises chrétiennes, particulièrement l'Église Catholique.

A — LES INGRÉDIENTS

Les nouvelles religions ne sont pas fabriquées à même notre vieux fond religieux traditionnel; elles ne sont généralement pas «made in Quebec». Ce sont des produits d'importation qui nous viennent principalement des États-Unis. Et lorsqu'elles sont nées ailleurs, elles nous arrivent, la plupart du temps, via les États-Unis, principalement la Californie, qui a été dans les années '60 la terre d'éclosion des nouveaux mouvements religieux.

Les nouvelles religions puisent leur substance doctrinale et éthique à même les grandes traditions spirituelles et religieuses de l'humanité. Quatre ingrédients principaux entrent dans leur composition.

1 — *L'orientalisme*: Les grandes guerres qui ont mis les États-Unis aux prises avec les pays d'Extrême-Orient (Japon en '40; Corée en '50; Vietnam en '60) ont

provoqué un brassement culturel sans précédent. Elles ont été l'occasion d'un débarquement massif de la culture orientale sur les côtes de Californie. Jusque-là, c'est l'Occident, l'Europe en particulier, qui avait déversé sa culture «chrétienne» en Orient. Aujourd'hui, c'est l'Orient qui envahit notre place publique. Il y avait bien eu le Congrès des Religions à Chicago en 1908. Il y avait eu également, au début du siècle, les premières infiltrations bouddhistes avec Shigetsu Sasaki. Tout cela n'était qu'une ombre de ce qui se passe depuis une vingtaine d'années. Les grandes religions orientales, surtout l'hindouisme et le bouddhisme, mais aussi le taoïsme, ont déversé en Occident leur métaphysique religieuse, leurs symboles sacrés, leurs techniques spirituelles, sans parler de leur médecine, leur régime alimentaire, leurs arts martiaux. Les nouvelles religions et spiritualités vont puiser généreusement à même cet immense réservoir.

2 — *L'ésotéro-occultisme**, joint aux vieux fonds religieux primitifs (celtique, amérindien, druidique, aztèque, inca, etc.), constitue le deuxième ingrédient qui entre dans la fabrication des nouvelles manifestations religieuses. Nous savons qu'une tradition spirituelle, philosophique et religieuse s'est développée en Occident d'une façon parallèle à l'histoire officielle, à la culture dominante et au christianisme établi. Ce courant parallèle est dominé par une vision moniste du monde, par la recherche d'une union mystique avec la nature, par la connaissance initiatique, par la recherche des grands principes explicatifs de l'univers, par l'expérience d'états de conscience supérieure, par la mise en œuvre des forces secrètes et inconnues de la science officielle, par des pratiques dites occultes et par l'importance accordée aux entités invisibles. Ce courant parallèle, mal toléré par la tradition dominante et le christianisme établi, a été porté par une multitude de groupes marginaux qualifiés d'occultes, d'ésotériques, d'hermétiques, d'initiatiques. Cette culture parallèle s'est exprimée dans des savoirs ésotériques, tels l'hermétisme, l'astrologie, l'alchimie, la cabbale, la numérologie, la théosophie, dans les pratiques occultes comme la sorcellerie, la magie, le spiritisme et les arts divinatoires. Tout cela constitue un riche héritage où les nouvelles religions viennent puiser abondamment.

3 — *Le vieux fond judéo-chrétien* est un autre élément constitutif des nouvelles religions. La Bible, les symboles chrétiens, Jésus, les écrits mystiques, les mouvements hétérodoxes du passé, le rituel liturgique, les croyances populaires, voilà autant de lieux d'inspiration pour les nouvelles religions, autant de données qu'elles vont interpréter de mille manières et utiliser de mille façons.

4 — *La science et la psychologie*. Les nouvelles religions vont se donner des airs «scientifiques» en prétendant que leurs doctrines se vérifient par la science. La science-fiction, avec sa nouvelle mythologie des extra-terrestres, des rencontres de troisième type, des apparitions d'E.T., offre un nouveau croyable disponible. Par ailleurs, la psychologie humaniste et transpersonnelle, avec ses multiples thérapies, sera grandement mise à profit dans l'élaboration des nouvelles religions.

Certes, la présence de ces quatre éléments peut varier considérablement d'un groupe à l'autre. À côté des groupes qui seront spécifiquement soit orientalistes, soit ésotériques, soit chrétiens, soit thérapeutiques, nous trouvons généralement dans les groupes — avec une infinité de nuances toutefois — la présence des quatre éléments sus-mentionnés. Ces éléments fournissent un immense réservoir de croyables disponibles. Le mélange de ces éléments forment souvent un syncrétisme de mauvais aloi. Les nouvelles religions ne présentent pas toujours des synthèses réussies; elles ne sont souvent que des agrégats d'éléments disparates mal intégrés.

B — LES TYPOLOGIES

Comment qualifier cet ensemble où s'amalgament tant d'éléments hétérogènes? Les spécialistes ont utilisé diverses typologies pour nommer le phénomène et classifier les groupes. Le nombre et la diversité des tentatives révèlent la difficulté de la tâche. À la suite d'Ernst Troeltsch, qui parlait d'*Église*, de *secte** et de *mystique*[1], certains auteurs distinguent dans les nouvelles religions les *sectes* et les *cultes* (Milton Yinger)[2]; d'aucuns parlent de groupes *intégrateurs* et de groupes *transformateurs* (Barbara Hargrove)[3]; de groupes *dualistes* et de groupes *monistes* (Dick Anthony et Thomas Robbins)[4]; de mouvements *chrétiens* et de mouvements de *croissance* (Robert Wuthnow)[5]; de groupe de *dévots*, de *disciples* et d'*apprentis* (Frederick Bird)[6]; de groupes d'*opposition* à la société et de groupes d'*attestation* de la société (James T. Richardson)[7]; d'*Églises marginales* et de *sectes* d'une part, de *mystiques et de thérapies* d'autre part (Hans Mol)[8]; de groupes de *conversion* et de groupes d'*alternance* (Roland Chagnon)[9]; de *sectes*, de *gnoses** et de *mouvements de potentiel humain** (Richard Bergeron)[10].

Ces diverses typologies ont l'heur d'insister sur l'un ou l'autre aspect des

---

[1] TROELTSCH, Ernst, *The Social Teaching of the Christian Church*, 2 vols, New York, 1931.

[2] YINGER, Milton, *Religion, Society and the Individual*, New York, MacMillan, 1957.

[3] HARGROVE, Barbara, «Integrative and transformative Religions», dans J. Needleman et G. Baker, *Understanding the New Religions*, New York, The Seabury Press, 1978, pp. 262-269.

[4] ANTHONY, Dick & RICHARDSON, James, «Theory and Research on Today's New Religions», dans *Sociological Analysis*, 39(1972), pp. 95-122.

[5] WUTHNOW, Robert, «The New Religions in Social Context», dans Charles Y. Glock et Robert N. Bellaah, *The New Religious Consciousness*, Berkely, University of California Press, 1976, pp. 267-293.

[6] BIRD, Frederick, «Charisma and Ritual in New Religious Movements», dans J. Needleman et G. Baker, *op. cit.*, pp. 173-189.

[7] RICHARDSON, James T., «The Jesus Movement: An Assessment», dans *Journal of Religion and Culture*, 9(1974), pp. 20-42.

[8] MOL, Hans, *Identity and the Sacred. A Sketch for a New Social Scientific Theory of Religion*, Oxford, Basil Blackwell, 1976.

[9] CHAGNON, Roland, *Trois nouvelles religions de la lumière et du son*, Montréal, Éditions Paulines, 1985.

[10] BERGERON, Richard, *Le cortège des fous de Dieu*, Montréal, Éditions Paulines, 1982.

groupes et elles privilégient, chacune, un point de vue particulier, soit sociologique, soit psycho-social, soit religiologique, soit spirituel.

Deux remarques s'imposent d'entrée de jeu: d'abord toute typologie est relative au point de vue qui préside à son élaboration. Elle n'est jamais plus qu'un instrument de travail, un outil devant servir à nommer un phénomène et à l'interpréter. Les types sont des modèles théoriques qui ne se trouvent jamais, comme tels, réalisés dans le concret. Sur le terrain, nous rencontrons des groupes ou des individus qui vivent une expérience religieuse et spirituelle particulière. Le recours à une typologie aide à nommer et à circonscrire cette expérience.

Ensuite, il faut noter que les diverses typologies proposées par les auteurs classent très généralement tous les nouveaux groupes religieux en deux familles, rarement en trois. Toutefois, lorsque nous sommes devant une typologie tripartite, le troisième type est toujours un dérivé para-religieux ou quasi-religieux de l'un des deux autres.

Si on les considère sous leur aspect spécifiquement religieux ou spirituel, les nouvelles religions proposent deux grandes voies spirituelles distinctes et souvent opposées; l'une structurée autour de la foi biblique, l'autre autour de la connaissance absolue.

C — LA VOIE DE LA FOI BIBLIQUE

Toute voie spirituelle se fonde sur une expérience humaine déterminée. La voie de la foi biblique s'enracine dans l'expérience de la présence envahissante du mal dans le monde. Tout est corrompu, dépravé: les institutions, les mœurs, les Églises. Ce monde est aux mains de Satan qui est à l'œuvre dans les structures séculières et dans le cœur des individus qui sont tous dévoyés. Le jugement et la colère de Dieu ne tarderont pas.

Tous les signes annonciateurs de la fin du monde sont là: guerres, famines, tremblements de terre, faux prophètes, apostasies générales, dépravation des mœurs. Autant d'événements que l'Apocalypse, croit-on, considère comme des prodromes de la fin. Le temps est court, l'homme pécheur ne peut pas s'en sortir par lui-même. Seul le Christ peut sauver l'homme de la grande débâcle et l'arracher à la domination de Satan. Seule la foi au Christ peut nous sauver aujourd'hui en nous libérant du monde mauvais et en nous faisant entrer, demain, dans le millénium.

Quelles sont les caractéristiques de la voie de la foi biblique?

1 — *Le biblicisme.* La Bible est vue comme la norme unique et absolue de toute doctrine et de toute pratique. La référence à la Bible est le facteur déterminant de la voie de la foi biblique. La Bible *est* la Parole de Dieu; elle est verbalement inspirée par le Saint-Esprit. Elle est donc inerrante, c'est-à-dire exempte de toute

erreur non seulement en ce qui concerne les mystères de Dieu et du Salut, mais aussi dans les questions d'histoire, de botanique, etc. Le fondamentalisme* qualifie généralement la référence à la Bible qui est pratiquée dans les groupes de foi biblique. Le fondamentalisme, nous le savons, est caractérisé par le refus d'une véritable herméneutique biblique. L'exégèse fondamentaliste est littérale, harmonisatrice, anticritique, sélective et concordiste[11].

2 — *L'eschatologisme**. La voie de la foi biblique est foncièrement eschatologiste. C'est une voie spirituelle tournée vers la venue imminente de la fin et caractérisée par l'attente du retour du Christ et du millénium*, — ce règne de mille ans sur la terre où tous les justes vivront un bonheur parfait avec le Christ. Le présent est sans intérêt; il ne s'y passe vraiment rien. Il n'y a pas d'évolution, pas de devenir historique. Tout au plus, le présent est-il un temps d'épreuve. Les tentatives pour faire advenir un monde nouveau sont vaines car il y a une discontinuité radicale entre le Règne de Dieu et les efforts humains d'édification d'un monde meilleur. L'histoire du Salut est parallèle à l'histoire des humains: l'une est sainte, l'autre pécheresse. Par le biais de son eschatologisme, la voie de la foi biblique aboutit à un refus de l'histoire.

Le refus de l'histoire conduit au refus de la tradition chrétienne et du développement doctrinal et institutionnel. Tout développement étant considéré comme une «nouveauté» et donc comme une corruption, la voie de la foi biblique prétend pouvoir sauter par-dessus l'histoire pour s'aboucher directement avec la communauté chrétienne primitive.

Le refus de l'histoire conduit également au refus de la loi du cheminement moral et spirituel de l'individu. La peur excessive des compromis et de la morale de situation empêche de prendre en compte la situation des personnes et les conjonctures historiques[12].

3 — *Le fidéisme*. Dans son sens étroit et absolu, le fidéisme est le refus de l'intervention de la raison dans l'acte de foi; le refus de toute recherche de vérification rationnelle de la foi et de ses fondements. Dans un sens plus large qui est celui que nous privilégions ici, le fidéisme est la tendance marquée à réduire la foi à une adhésion du cœur, à un acte de confiance absolue où la raison n'est pas partie prenante. L'importance réside dans la sincérité, la ferveur de l'acte plutôt que dans sa compréhension.

Aussi, la voie de la foi biblique développe-t-elle un langage faisant appel à la volonté, à la décision, à l'engagement, au cœur, à l'émotion, à la sensibilité, à l'idéal. C'est une voie d'enthousiasme spirituel marquée au coin d'un certain illuminisme et qui propose une religion chaude, une religion de cœur.

Dans ce contexte, tout ce qui est de nature à refroidir l'enthousiasme — l'intel-

---

[11] BERGERON, Richard, *Les fondamentalistes et la Bible,* Montréal, Fides, 1987.
[12] Sur la question de la fin du monde, voir Yvon Lepage, *La Fin est proche?,* Montréal, Fides, 1987.

ligence critique est de cette nature — devient suspect. C'est pourquoi la voie de la foi biblique tient la raison en laisse et la musèle le plus possible. La raison humaine, avec ses questions et ses recherches critiques, ne risque-t-elle pas d'introduire le doute et d'ébranler la foi? Méfiante autant de la théologie que de la culture humaniste et des sciences, la voie de la foi biblique n'admet pas de controverse et de dissidence en son sein. Si elle a recours aux sciences ou à d'autres disciplines, c'est toujours dans une perspective apologétique. Se voulant totalisante, elle risque de devenir totalitaire.

4 — *Le radicalisme.* La voie de la foi biblique est radicale. Ce radicalisme se manifeste à trois niveaux: — le niveau moral; le niveau des rapports avec la société; le niveau des relations avec les grandes Églises.

La voie de la foi biblique est une *voie morale*. L'éthique qu'elle prône est caractérisée par un radicalisme qui ne prend pas en cause l'historicité de l'être humain. La voie de la foi biblique oublie la personne concrète au profit des principes abstraits, l'individu au profit de la loi universelle, l'être historique au profit de la vérité éternelle. Cette éthique finit par se tourner contre la personne humaine concrète. Elle insiste sur la sainteté de vie, la loi morale et les commandements de Dieu: application rigoriste des exigences évangéliques, observance stricte de la foi, insistance sur le comportement extérieur, tendance au légalisme et au puritanisme. La voie de la foi biblique est marquée par la modération, la mesure, la sobriété, la modestie, l'usage réservé des biens, la maîtrise de soi.

Le rapport à la société est également caractérisé par le radicalisme qui s'exprime par la distance, le refus du compromis avec l'éthos ambiant, voire par la rupture totale. La voie de la foi biblique est antimondaine: elle fuit les spectacles, les jeux, les «clubs» et se méfie de la mode. Elle est aussi apolitique: elle propose une existence parallèle à la société et réduit au minimum les interférences avec elle.

Le radicalisme marque aussi les rapports de la foi biblique avec les *grandes Églises établies*, particulièrement avec l'Église Catholique. Ce radicalisme s'exprime par le refus radical de tout compromis. Les grandes Églises sont vues comme des voies de perdition, qui se sont développées en empruntant des éléments culturels et doctrinaux hétérogènes. Elles sont corrompues au point d'être irréformables. Elles ont donc perdu leur qualité d'Église du Christ. «Sortez du milieu d'elle», crie la voie de la foi biblique. Les principes œcuméniques sont dangereux, sinon mauvais, voire sataniques.

La voie de la foi biblique ne dialogue pas: elle convertit. Son zèle missionnaire est bien connu. Tout devient prétexte pour évangéliser ceux qui sont tout près (parents, amis, collègues de travail, etc.) et leur montrer qu'il n'y a aucun salut pour eux s'ils ne se convertissent pas à Jésus (Entendez: s'ils ne reçoivent le baptême par immersion et n'entrent dans la secte)[13].

---

[13] En ce qui concerne la voie de la foi biblique, voir Richard Bergeron, *Le cortège des fous de Dieu*, pp. 209-240.

Les groupes de foi biblique au Québec

La voie de la foi biblique fait surgir des communautés autonomes de croyants en Jésus qui, rassemblées autour de la Bible, vivent dans le «mépris» du monde et dans l'attente de la fin des temps. Ce sont des groupes de «sauvés» et de «purs» qui se présentent comme les seuls vrais chrétiens, les autres n'étant chrétiens que de nom, des pseudo-chrétiens.

Les groupes de foi biblique sont des communautés non cléricales et non sacramentelles. Ce sont des communautés laïques, même si on y parle parfois d'évêques, de pasteurs, de bergers, de diacres, d'anciens. Ces titres désignent toujours des fonctions, jamais des ordres. La voie de la foi pure rejette le principe sacramentel: il n'y a pas de sacrements, pas d'images, pas de réalités médiatisantes. La voie de la foi entend proposer une expérience immédiate de Dieu, du Christ, de l'Esprit.

Parmi les groupes porteurs de cette voie spirituelle, il y a tous ceux qui se réclament de l'*évangélisme*. L'évangélisme est une religion du cœur qui insiste sur la perversité de l'être humain et sur l'urgence de la nouvelle naissance (Jeunes Catholiques à l'Œuvre). Il y a également ceux qui se réclament du *pentecôtisme*, qui se veut une reprise de l'expérience vécue le jour de la Pentecôte et dans l'Église de Corinthe: glossolalie, descente de l'Esprit, effusion de charismes spirituels, baptême dans l'Esprit (Église Vie et Réveil; Mission du Saint-Esprit). Il y a également les groupes d'*inspiration apocalyptique* de type adventiste comme l'Église Adventiste, les Témoins de Jéhovah, l'Église Universelle de Dieu. Il y a encore les *groupes syncrétistes* qui accollent à la Bible une autre révélation, comme l'Église de Jésus Christ des Saints des Derniers Jours (les Mormons) et l'Église de l'Unification (les Moonistes).

D — LA VOIE DE LA CONNAISSANCE ABSOLUE

La voie de la connaissance absolue s'enracine dans l'expérience de l'aliénation personnelle. L'individu se sent emprisonné dans un monde d'objectivation et dans des conditionnements de toutes sortes: psychiques, sociopolitiques, etc. Il se sent jeté dans un monde qui lui masque sa vraie identité, en l'invitant à vivre au niveau d'une infinité de «je» qui réclament, chacun à son tour, l'hégémonie sur sa personne. L'individu est déchiré entre ces «je» dans lesquels se projette son être de désirs, de passions, d'émotions, de sentiments, d'amour, etc.

Je suis malheureux parce que je me projette successivement dans tous ces «je» auxquels je m'identifie. Mon malheur vient donc d'une erreur: celle de m'identifier à ce que je ne suis pas. Tous ces «je» dans lesquels je me projette ne sont pas moi. La multiplicité est une illusion; seul l'un est vrai. Donc, je ne suis pas la somme de mes «je». Au contraire, je dois chercher au-delà de ces «je», ce que je suis réellement: chercher mon moi véritable. D'où la question de fond: qui suis-je? D'où viens-je? Où vais-je?

La voie de la connaissance entend apporter la réponse à ces questions angoissantes et, en y apportant la réponse, elle devient principe de libération. Le «salut» consiste à entrer dans cette connaissance qui fait découvrir la véritable identité du sujet et le libère des faux «je» qui l'emprisonnent. Il faut donc dépasser le régime de la foi qui ne sauve pas pour entrer dans la connaissance qui sauve. Cette connaissance portera les noms les plus divers: «science chrétienne», «science spirituelle», «science divine», «science religieuse», «science du mental», «science cosmique», «pensée positive», »psychosynthèse spirituelle pratique», «théosophie», «anthroposophie», «ontologie», «arthéologie», «tradition», «connaissance primordiale», «gnose», «métaphysique appliquée», «science de l'intelligence créatrice», «dianétique» ou «scientologie».

1 — *Une expérience de conscience.* La connaissance dont il s'agit ici n'est pas un savoir scientifique (dont le principe est la mesure), ni un savoir philosophique (dont le principe est le raisonnement logique), ni un savoir théologique (dont le principe est une révélation extérieure). Il s'agit d'une connaissance expérientielle, d'une nouvelle prise de conscience de soi et de la réalité, d'une intuition intérieure, d'une sorte de communion aux êtres qui abolit la séparation entre le sujet connaissant et l'objet connu. Cette expérience est située au-delà du mental. L'individu y atteint un niveau de conscience différent qui sera appelé, selon les cas, conscience «cosmique», «supranormale», «transcendantale», «supérieure», «universelle», «christique», «bouddhique», etc. Dans cette expérience, la personne prend conscience de son «moi» profond en se désidentifiant de tous ses «je» illusoires. Elle se trouve donc libérée de ce qui la déchirait et la plongeait dans la désharmonie.

D'où vient cette connaissance? Elle vient toujours d'un maître. Personne ne se donne cette connaissance à soi-même. Le maître la possède, soit pour l'avoir reçue d'un lignage spirituel, soit par clairvoyance, par illumination ou par révélation — selon le cas. Quoiqu'il en soit, on entre toujours dans la voie de la connaissance absolue par une sorte d'initiation qui est plus ou moins élaborée selon le cas. Si bien que la voie de la connaissance sera souvent teintée d'ésotérisme, sinon franchement ésotérique.

La voie de la connaissance sera protologique*: elle fait remonter le disciple aux sources, à l'origine. La fin, c'est le retour aux origines. L'être humain est essentiellement bon; il a à devenir ce qu'il était au commencement, ce qu'il est au fond de lui-même. La voie de la connaissance se réclame volontiers de traditions anciennes, immémoriales: «adamique», «noétique», «atlantéenne», «pharaonnique», «hindoue», «bouddhique», «lémurienne», «celtique», «druidique», «inca», «aztèque», etc. L'essentiel, c'est l'origine. Et plus une tradition est ancienne, plus elle participe de cette «connaissance primordiale*» qui s'est corrompue à travers les siècles, mais dont l'essentiel a heureusement été conservée dans les cénacles hermétiques.

2 — *Le contenu de la connaissance.* L'être humain est une étincelle divine, un fragment de Dieu; le moi profond est divin; il est d'essence divine. Tel est le cœur du contenu «objectif» de la connaissance qui, tout en restant expérience de cons-

cience, s'épanouit en discours mystico-religieux. La voie de la connaissance mène à la découverte du «moi» profond, du «soi» impersonnel et divin. Et parce qu'il est divin, ce «soi» possède un potentiel illimité. Découvrir son «soi» divin, c'est se hisser au-dessus de ses corps inférieurs, de ses «je» mesquins qui tirent l'individu dans toutes les directions. Prendre conscience de ce «soi» divin, c'est accéder à la maîtrise absolue et à l'harmonie universelle. Celui qui est parvenu au niveau de son«soi» divin n'est plus laissé aux caprices de ses «je» qui le tirent dans toutes les directions; il devient «invulnérable»; il est libéré de ses peurs et de ses émotions. En un mot, il est devenu conscient.

Cette conception anthropologique présuppose une vision moniste et émanantiste du monde. Selon cette vision, tout est un; il n'y a pas de multiplicité réelle; le multiple est illusion. Tout est spirituel et divin; il n'y a pas de matière; ce qu'on appelle matière n'est que l'envers de l'esprit. Tout est vivant et éternel; il n'y a ni histoire, ni mort. Le divin n'est pas distinct de l'univers. Le divin est généralement vu comme l'âme du monde ou comme l'énergie constitutive de l'univers; il est généralement conçu en termes impersonnels. L'univers procède par émanation, ce terme désignant le processus par lequel toutes choses découlent, dérivent, émanent de la substance divine.

Puisqu'il émane de Dieu, l'univers présente une admirable harmonie. Tous les êtres sont situés, chacun bien à sa place, sur l'échelle cosmique et forment ainsi une parfaite hiérarchie. Par émanation, le divin se projette sur des plans différents, allant des plans les plus subtils et spirituels jusqu'aux plans les plus matériels; c'est l'involution. L'évolution consistera à faire remonter jusqu'aux plans supérieurs les parcelles divines emprisonnées dans les mondes inférieurs. Le nombre de plans peut varier selon les groupes de connaissance absolue; mais le nombre de 7 est le plus généralement utilisé. Il existe une correspondance et une continuité parfaites entre tous les plans de l'Univers. D'où l'adage épistémologique*: ce qui est en haut est comme ce qui est en bas. En conséquence, l'exemplarité s'inscrit sur un axe vertical: les lois qui régissent les plans inférieurs sont les mêmes que celles qui gouvernent les plans supérieurs.

Aux sept plans cosmiques correspondent les sept corps de l'homme dont les noms peuvent varier à l'infini: physique, éthérique, astral, mental, christique ou bouddhique, spirituel et divin. L'homme est un microcosme: il y a une parfaite correspondance entre l'homme et l'Univers. D'où l'adage épistémologique: ce qui est dans l'homme est comme ce qui est dans l'Univers. En conséquence, il suffit de se connaître soi-même pour connaître le cosmos. Les lois qui régissent l'existence humaine sont les mêmes que celles qui gouvernent l'Univers.

3 — *Le temps cyclique**. La voie de la connaissance absolue prône une conception cyclique du temps. Mouvement circulaire, le temps revient perpétuellement sur lui-même. Il est représenté par une roue qui tourne sur elle-même ou par un serpent qui se mord la queue: Ourobouros. Le mouvement cyclique régit le cours des astres qui, à leur tour, régissent les cycles humains. Le temps humain est solidaire des systèmes cosmiques; plus précisément, il n'en est que la répli-

que. Le temps est cosmique plutôt qu'historique. L'être humain est enchaîné à des cycles cosmiques, rivé à un karma* qui réclame son dû, soumis à la roue fatale des réincarnations*.

La voie de la connaissance absolue propose une expérience anhistorique. Elle est essentiellement une démarche mystique de type cosmique, une sagesse spirituelle où l'expérience du divin correspond à la réalisation de soi, un itinéraire d'intériorité par lequel le sujet devient conscient de son identité proprement divine.

La voie de la connaissance absolue est un chemin solitaire. L'homme y marche seul, comptant uniquement sur ses propres forces. L'homme se donne à lui-même le salut, la libération; il n'a pas besoin de la grâce; il est son propre sauveur. Il possède, caché au fond de lui-même, le dynamisme capable de le faire évoluer jusqu'au plan divin. La réalisation divine est le terme d'une odyssée solitaire. L'individu ne parvient à la libération ultime qu'à travers de multiples réincarnations. La réincarnation est une coordonnée essentielle de la voie de la connaissance absolue[14].

4 — Dans la voie de la connaissance, les *techniques* sont d'une extrême importance. Ces techniques forment un rituel qui sert à favoriser des expériences de conscience supérieure et de dépassement de soi, à promouvoir le sens de l'identité et à défendre le «soi» profond contre les menaces de tous ordres.

Techniques de concentration et de méditation*, techniques de respiration et de yoga, utilisation des sons (mantras), des formes (mandalas) et des couleurs, rites d'initiation, régimes alimentaires, postures corporelles, rites de purification et de guérison, massage, thérapies de toutes sortes, techniques parapsychologiques, hypnose et pratiques occultes — tout cet arsenal vise à développer l'expérience de sa propre transcendance et de sa qualité proprement divine, à mettre la personne en harmonie avec les lois cosmiques et en contact avec des forces secrètes, à lui permettre d'accéder à la maîtrise absolue de soi.

Les groupes de connaissance absolue

Une pléthore de nouveaux groupes spirituels et religieux professent la voie de la connaissance absolue. Ces groupes peuvent être très différents quant à leurs doctrines, à leurs symboles et à leurs rituels, mais, ils parlent tous le même langage de la conscience, de la réalisation divine, de la maîtrise de soi.

Il y a d'abord les groupes *orientalistes*: ceux qui sont fondés par des maîtres orientaux, comme la Méditation Transcendantale, l'Association internationale pour la Conscience de Krishna, Mahikari; ceux qui sont fondés par les Occidentaux et qui s'inspirent des mystiques orientales, comme Eckankar. Il y a tous les groupes s'inspirant du courant du *Penser Nouveau,* allant de la Science Chrétienne de Mary

---

[14] Sur la réincarnation, André Couture et al., *Précis sur la Réincarnation*, Sainte-Foy, Éditions Saint-Yves, 1980; Richard Bergeron, *Un chrétien face à la réincarnation*, Ottawa, Novalis, 1985.

Baker Eddy jusqu'à la pensée positive (Centre Joseph Murphy). Il y a également les nombreux groupes s'inspirant plus directement de la tradition *ésotéro-occultiste* (Société Théosophique, Ordre Rosicrucien A.M.O.R.C., Fraternité Blanche Universelle, Association gnostique de recherche anthropologique). Il y a aussi les groupes des *Sciences Cosmiques* qui entendent mettre les lois cosmiques au service du développement spirituel de l'homme. On peut ajouter, avec bien des nuances, il va sans dire, les religions *spiritualistes* qui s'inspirent du spiritisme moderne (Fraternité des Sciences spirituelles, Église de la guérison spirituelle).

Pour terminer, il faut mentionner les religions *thérapeutiques* comme l'Église de Scientologie. Beaucoup de groupes de potentiel humain, de groupes de croissance proposent des démarches qui souvent s'inscrivent sur l'arrière-fond philosophico-spirituel qui caractérise la voie de connaissance absolue. Les groupes de croissance personnelle se transforment souvent en religions thérapeutiques[15].

E — LES GROUPES SCHISMATIQUES

Pour terminer, un mot sur les petits groupes schismatiques qui constituent tout un réseau d'églises secrètes et souterraines, comme la Cité Mariale de Mgr Barbeau, les Apôtres de l'Amour Infini, l'Église Vieille-catholique charismatique, la Contre-réforme catholique, l'Ordre de St-André, le Sanctuaire du Curé d'Ars, l'Église Vieille-catholique romaine.

Toute l'histoire de l'Église est marquée par l'apparition de mouvements schismatiques qui développent leurs propres structures ecclésiales et forment des églises rivales. Schisme veut dire scission, division. Un groupe schismatique est un groupe qui s'est séparé de la structure institutionnelle d'une grande Église et qui en rejette l'autorité. Tous les petits groupes schismatiques qui fleurissent au Québec sont des sécessions de l'Église Catholique. Ces groupes sont nés après le Deuxième Concile du Vatican et en opposition avec les décisions conciliaires «novatrices», ainsi qu'avec le nouveau modèle d'Église et de la mission qui y est professée. Aux yeux de ces groupes, l'Église et le Pape Paul VI ont erré à l'occasion du Concile, en introduisant dans l'Église des nouveautés hérétiques.

Les groupes schismatiques se veulent une parfaite réplique de l'Église Catholique d'avant-Concile: messe en latin, culte des saints, dévotions mariales traditionnelles, confessions privées, salut du Saint-sacrement, etc. Le schisme arrête la vie de l'Église à un moment donné de son évolution; il retient la Tradition ecclésiale comme porteuse valide de la vérité chrétienne, mais seulement jusqu'au moment précis où commencent les «déviations», les «nouveautés». Le schisme est un durcissement d'une forme précise de la vie ecclésiale et la momification d'un modèle structurel de l'Église.

---

[15] Sur la voie de la connaissance absolue, voir Richard Bergeron, *Le cortège des fous de Dieu*, pp. 241-285.

Les groupes schismatiques au Québec sont structurés comme la grande Église Catholique: ils ont leurs sept sacrements et leur clergé: papes, évêques, prêtres (qui sont souvent d'anciens prêtres catholiques) personnes consacrées, leur petit catéchisme du Québec et leur théologie d'avant-Concile. Ce sont des groupes conservateurs, intégristes, qui peuvent développer une haine contre toutes nouveautés doctrinales et une agressivité farouche contre le Pape et la structure de l'Église romaine. Ces groupes sont animés par un désir de pureté doctrinale et de fidélité à l'Église d'autrefois. Ce sont des témoins attardés d'une forme d'Église passée et dépassée, des vestiges d'une Église de chrétienté qui oublie que le monde n'est plus le même et que la société séculière exige un nouveau modèle de christianisme.

III
LES PRATIQUES DOUTEUSES

Les groupes et les personnes farouchement et systématiquement hostiles aux nouveaux groupes religieux, plusieurs parents et amis d'adeptes, certains anciens membres, voient ces groupes comme étant caractérisés essentiellement par leurs «pratiques douteuses».

On évoque parfois, non sans sensationnalisme, l'ordre donné par Jim Jones à ses disciples de se réfugier en Guyane, puis de tuer leurs enfants et de se suicider pour échapper à la persécution et au désastre final. Jim Jones était selon toute vraisemblance un paranoïaque et un «maniaque», qui se livrait non seulement à des pratiques douteuses envers ses fidèles mais qui avait des comportements bizarres qui relèvent de la folie.

Si cet affreux épisode incite à se méfier de ce genre d'homme qui prétend être la «solution ultime» à tous les problèmes de l'humanité (il fait penser à Hitler par certains côtés, mais en plus petit), on ne saurait considérer ce genre de secte comme «le type même» du nouveau groupe religieux. Il est même tout à fait marginal et il est exceptionnel que certaines caractéristiques des sectes atteignent à ce paroxysme.

Si l'on quitte cette secte dont les pratiques étaient plus que douteuses et que l'on se tourne vers des groupes religieux de différents types — biblique, oriental, ésotérique —, on peut se demander si, sans tomber dans les excès de Jim Jones, la plupart des chefs de ces groupes — gourous, anciens, fondateurs, etc. — ne mettraient pas en place et ne cultiveraient pas des pratiques douteuses dont le but inavoué serait de leur assurer du *pouvoir*.

La plupart exigent en effet qu'on les applaudisse, les vénère, voire qu'«on se prosterne» devant eux. Ils ne tolèrent pas la critique, qui est parfois punie ou, pour le moins, ridiculisée. Ils font vendre leurs livres, leurs cassettes, leurs photos, dont les murs de leur temple sont très souvent couverts.

Certaines de ces pratiques en scandalisent d'aucuns mais elles ne sont pas toujours «douteuses»: elles correspondent à des traditions (orientales, par exemple) qui ne sont pas encore entrées dans la modernité, et où l'autorité est absolue et vient toujours d'en haut. Elles sont contraires à certaines des valeurs les plus chères aux Occidentaux: la démocratie, la liberté de pensée et d'opinion. Ces pratiques ne sont cependant pas nécessairement «douteuses»: elles peuvent exprimer un rejet sincère de la modernité et des valeurs occidentales, être une affirmation de contre-culture, et, à ce titre, constituer une excellente critique de valeurs que nous considérons comme absolues. Cependant lorsque certains dirigeants de ces groupes disent que la liberté de pensée, la démocratie sont sources de guerres, on peut se demander, surtout s'il s'agit de pasteurs fondamentalistes, si ce ne serait pas parce qu'ils préfèrent fomenter et diriger eux-mêmes leurs petites guerres de religion...

On est également fondé à exprimer quelques doutes sur d'autres aspects des pratiques de type impérial ou monarchique, qu'on qualifie parfois de «divin». Chacun sait que l'emprise sur autrui, la domination, l'abus de pouvoir font partie des principales tentations de l'homme. Il serait étonnant qu'on ne les retrouve pas, sous quelque forme déguisée ou naïve, dans certaines pratiques des nouveaux groupes religieux, d'autant plus que les dévots et les adeptes de la plupart de ces nouveaux groupes sont ravis de vénérer un détenteur de pouvoir absolu, de cueillir avidement ses paroles de sagesse, de suivre rigoureusement ses prescriptions.

Cette possible emprise, si elle s'exerce habituellement sur l'esprit par le biais des enseignements, des «expériences» ou des «secrets», prend, dans quelques cas, peu nombreux il est vrai, la forme d'une emprise sur le corps du disciple: à l'adepte féminine, on dictera de pratiquer la prostitution pour faire concrètement connaître aux hommes malheureux l'immense amour de Dieu; à l'adepte masculin, on pourra confier le soin de donner un enfant de plus à l'épouse du Maître... Dans quelques cas, le Maître croit aussi bon de transmettre les enseignements grâce à la voie très concrète du contact charnel (hétéro ou homosexuel). Dans de si sublimes relations, le Maître manifeste sa compassion... Il rappelle aussi qu'il est au-dessus de la Loi... Mais on peut au moins se demander si le Maître n'affirme pas aussi, sur le corps même de ses sujets, une emprise difficilement justifiable.

Comme chacun sait, un des principaux symboles et un des principaux outils de la domination, c'est l'argent et l'on pourrait comprendre que le Maître avide de pouvoir ait quelque souci de se procurer cet outil, de se parer de ce symbole: il n'y aurait là rien de bien nouveau! D'autre part, n'est-ce pas l'emprise exercée sur des vassaux fascinés qui incite ceux-ci à satisfaire tous les besoins, voire tous les caprices des princes et à fermer les yeux sur bien des pratiques douteuses en ce domaine? Arrêtons-nous à cette épineuse question qui, à tout moment, refait surface dans les médias d'information souvent plus intéressés par le sensationnel que par la religion.

Il est difficile de rester serein sur ce sujet où s'affrontent d'une part les adversaires acharnés des cultes, dont les données sont souvent hâtivement compilées, les ex-membres qui se disent lésés et qui en rejettent toute la responsabilité sur les pratiques douteuses de leur ancien groupe, les groupes de protection du consommateur, les médias; et d'autre part un certain nombre de groupes qui défendent leur réputation et leurs intérêts, parfois à grand coup de procès que leurs avocats, convaincus et passionnés, réussissent souvent à gagner, leurs accusateurs n'ayant pas de preuves suffisantes. J'essaierai de résumer ici les principaux chefs d'accusation portés contre les groupes.

— Les services offerts sont trop chers, d'autant plus que les biens vendus sont difficiles à évaluer avant qu'on les ait achetés et qu'ils ne comportent pas de garantie.

— Les contrats d'adhésion au groupe ou de participation à des ateliers sont signés à la hâte, sous la pression des «vendeurs».

— Certains groupes font de l'escalade: le premier cours n'est pas cher, le deuxième est un peu plus cher, le troisième nettement plus cher, et ainsi de suite, jusqu'à atteindre, pour ceux qui persévèrent, des sommes considérables, qui incitent certains à se départir de leurs biens, pour atteindre l'idéal que le groupe leur promet.

— D'autres groupes obligent que, lors de leur entrée dans le groupe, les dévots donnent tous leurs biens au Maître.

— Les groupes exploitent leurs membres en les incitant sous pression, voire en les obligeant, à faire du «bénévolat». Ce travail bénévole, qui prend parfois plusieurs heures par semaine, peut consister à préparer et à encadrer les ateliers, les assemblées de prière, à aller faire du recrutement ou de la vente. Il peut aussi consister à aider le Maître en tant que chauffeur, escorte, secrétaire, cuisinier, etc. Dans certains cas, il s'agit de travailler sur les propriétés du groupe ou Maître, accroissant considérablement la valeur de ces propriétés, sans recevoir aucun salaire. Pour plusieurs observateurs, ce bénévolat est un abus honteux, une exploitation de la naïveté des membres, dont certains d'ailleurs vivent de l'assurance-chômage ou du bien-être social.

— Certains groupes recueillent des fonds considérables pour des projets irréalistes ou mégalomaniaques: hôtels luxueux pour les membres, construction d'un temple-aéroport pour accueillir les extra-terrestres, etc.

— L'argent recueilli pour les besoins du groupe, des œuvres humanitaires ou pour les missions en pays sous-développés est détourné, en tout ou en partie, à l'usage personnel du Maître.

— L'argent ainsi détourné par le Maître servira à la construction de fabuleuses demeures ou sera investi dans l'achat de voitures, de terrains, ou même dans des industries lucratives.

— Certains Maîtres fraudent le fisc, oublient de payer des impôts, en disant qu'ils ignoraient, à cause de leurs soucis spirituels, combien d'argent ils avaient gagné.

Ces condamnations envers les groupes religieux concernant leur rapport à l'argent ne sont pas toutes d'égale valeur et d'égale gravité. Certaines concernent des faits reconnus, admis. Ainsi personne n'a jamais nié la passion de Bagwan Shree Rajneesh pour les Rolls-Royce, ni son goût des vastes domaines. Sa clientèle était plutôt aisée et il n'hésitait pas à leur demander de riches offrandes. En 1978, alors qu'il était encore en Inde, il avait demandé à l'un des directeurs de l'Institut Esalen (célèbre centre de thérapie de groupe en Californie), qui était son disciple, de lui donner Esalen... ce qui passa à un cheveu de se réaliser. Bagwan aimait provoquer et ses fantaisies de millionnaire augmentaient la fascination qu'il exerçait sur ses disciples. Elles plurent moins à l'immigration américaine qui l'incita à s'enfuir, à bord d'un 747 nolisé au coût de 250 000 $.

Bien différente fut l'attitude de Jim Bakker, le télévangéliste, d'abord accusé d'un assez banal adultère, à la suite duquel il demanda pardon, disant que sa vie n'avait été que dévotion au Seigneur et dévouement envers les âmes, au point qu'il n'avait même pas eu le temps de vérifier son compte de banque et d'évaluer les dons qu'on lui avait faits. Le 5 décembre 1988, un tribunal de Caroline du Nord le reconnut coupable à 24 chefs d'accusation d'escroquerie... Si les Bakker recevaient beaucoup de dons importants, une grande partie de leurs téléspectateurs étaient des gens modestes, voire très modestes, qui s'efforçaient d'envoyer chaque mois une humble contribution, pour l'amour du Christ et du Royaume. Il s'agit là d'un scandale d'une tristesse incroyable qui ne fera que confirmer dans leur conviction ceux qui pensent que tous ces nouveaux groupes sont des rackets. Il s'agirait là, à mon avis, d'une généralisation hâtive et simpliste. Il y en a en effet beaucoup de groupes modestes et honnêtes. Il y a heureusement l'intégrité de Billy Graham. Mais comment faire le nécessaire discernement?

À côté de si vastes extravagances et de si vastes escroqueries, les petites escroqueries possibles de tel groupe de 25 adeptes qui exige la dîme et interdit tout travail le jour du Sabbat, sauf sur le domaine de la «mère», que certains prennent pour le Christ, feraient presque sourire. Mais l'esprit est le même: profiter de l'angoisse, de la souffrance et des adeptes pour s'enrichir, ne serait-ce que modestement. En fait, les chefs spirituels ont besoin de gagner leur vie, comme tout le monde, et, pour ma part, je ne crois pas souhaitable que, à moins d'être saint François ou Mère Teresa, il soit souhaitable qu'ils aient de constants soucis. Ils rendent un service, comme les médecins et les avocats, et ils ont droit à une rémunération. L'abus vient lorsque, plutôt que de vivre décemment, ils se lancent dans les extravagances (comme Bagwan et un certain nombre d'autres) ou qu'ils nient ce désir tout naturel de gagner leur vie et disent que l'argent n'a aucune importance (occultant la vérité, ils sont souvent en train de s'enrichir frauduleusement sous leurs dehors désintéressés et angéliques (ou évangéliques...): cela leur permet de n'avoir de comptes à rendre à personne!).

Lorsqu'un groupe se réunit pour partager des expériences, entendre des enseignements, pour prier, il faut bien qu'il le fasse quelque part, dans un lieu où, normalement, il faut payer l'électricité, le téléphone, les taxes, les frais d'entretien. Il est donc normal que les membres et les participants paient une contribution et assument ces frais. On dit que ces frais sont trop élevés et qu'en plus les membres doivent faire du bénévolat.

Regardons d'abord la question du bénévolat. Il y a des formes de bénévolat qui ressemblent à des pratiques douteuses: on invite adeptes et sympathisants à aller travailler une fin de semaine ou une semaine pour terminer quelque chantier en retard. Ils y travaillent, sont nourris et logés... et ils paient leur pension, comme s'ils étaient de simples visiteurs! Je ne crois cependant pas qu'il faille encore une fois généraliser et déclarer que tout bénévolat est une pratique douteuse, une escroquerie, du «cheap labour». Après l'éclipse des années 60, où l'on estima qu'il fallait rémunérer tout travail, surtout celui des femmes dont plusieurs étaient bénévoles, le bénévolat reprend une très grande importance chez nous: les hôpitaux, les garderies, les centres d'accueil, les prisons comptent sur les bénévoles. Il est tout à fait exact de dire que, la plupart du temps, le bénévole reçoit plus qu'il ne donne. Il est vrai aussi qu'il est habituellement plus sain et plus agréable d'être bénévole que de se tourner les doigts chez soi: bien des gens sont très heureux de faire du bénévolat. Mais, encore là, comment discerner le bénévolat libre du bénévolat forcé? Et encore là, il est simpliste de généraliser et de condamner péremptoirement le bénévolat auquel, cela est certain, font beaucoup appel les groupes religieux.

On dit aussi, comme je l'ai mentionné, que le prix des services offerts est trop élevé. Cela est sans doute vrai dans certains groupes, notamment peut-être dans les groupes à escalade, mais certainement pas dans tous. Je donnerai quelques exemples concernant les groupes orientaux. Au Dharmadhatu (centre bouddhique) une soirée de méditation et d'un cours coûte de 5 à 10 dollars, une fin de semaine (avec un repas), entre 75 et 125 dollars, selon les frais encourus. L'Institut de Yoga intégral de Montréal demande 5 $ pour un cours de Yoga de 90 minutes et offre des fins de semaine à la campagne pour 75 $. Le Centre Sivananda demande 35 $ par jour, à son Centre de Val-Morin: cela inclut chambre, pension et cours de yoga. Je ne veux pas m'attarder davantage, mais je crois que l'on simplifie et que l'on généralise quand on prétend que tous les nouveaux groupes demandent trop cher pour leurs services.

Du côté des groupes de potentiel humain*, un exemple de «services trop chers» pourrait se trouver dans le Forum: 500 $ pour deux fins de semaine et une soirée, soit environ 50 heures (10 $ l'heure). Ils comptent sur le nombre, bien sûr, et énormément sur le bénévolat. Mais est-ce excessif si l'on considère qu'il s'agit d'une immense organisation dont le *but lucratif* est avoué et clair: nous vous offrons un excellent produit mais il n'est pas gratuit, pas plus que votre voiture ou votre appartement, votre coiffeur et votre aide-ménagère. Il y a, à mon avis, dans cette façon très directe d'aborder la question de l'argent, quelque chose de très intéressant et de très sain.

Au Québec, en effet, et sans doute dans bien d'autres pays, plusieurs ont l'impression que le peuple s'est fait financièrement exploiter par l'Église et qu'au lieu de construire de vastes églises, on aurait mieux fait d'investir dans l'industrie et le commerce. Aussi si on reconnaît à ceux qui le désirent le droit de faire une démarche religieuse ou spirituelle, on pense volontiers que cette démarche devrait être gratuite, comme les soins de santé et les services sociaux: l'argent ne devrait pas salir ces nobles relations! Aussi plusieurs pensent que de verser quelque argent à un groupe religieux, c'est se faire exploiter.

Les psychanalystes savent que leurs services coûtent cher et ils se posent parfois des questions sur leur rapport à l'argent. Les rencontres et les séminaires consacrés à ce sujet en arrivent habituellement à la conclusion que le rapport à l'argent est, en grande partie, inanalysable. Il se situe en effet au niveau de la sexualité anale (plaisir de retenir et de laisser aller) qui est un niveau de sexualité très refoulé et où il est extrêmement difficile de voir clair (n'oublions pas que c'est derrière). Les attitudes et les réactions face à l'argent dans les nouvelles religions confirment cette constatation: l'argent est un aspect où il est très difficile d'être raisonnable ou rationnel. Certains en veulent toujours plus (très souvent en cachette), certains disent n'y prêter aucun intérêt, certains sont prêts à tout donner sans discernement, d'autres pensent qu'il ne faut rien donner du tout (il faut tout retenir), au risque de se faire exploiter.

Ce que l'on peut faire de mieux sur ce plan c'est d'y introduire le «principe de réalité». Les gourous et les pasteurs méritent d'être payés, les lieux de rencontre doivent être entretenus, mais il est vrai également que, dans la réalité, les adeptes doivent faire vivre décemment leurs familles. Ce qui rend difficile de vivre au plan de la réalité c'est, d'une part, les enthousiasmes irrationnels qui incitent à tout donner au Maître, et, à l'opposé, la méfiance systématique envers ces «voleurs» qui exploitent et qui ne méritent pas un sou. Mais la réalité peut aussi se trouver dans ces deux extrêmes. Un converti sérieux, mûr et réfléchi, peut bien décider sainement de tout donner à son Maître ou à son groupe, s'il le fait librement. Et il serait également réaliste de ne rien donner ou de cesser de donner aux escrocs, petits et grands. Là encore, c'est une question de discernement. Il n'est pas toujours facile de discerner entre intégrité et pratique douteuse, mais il serait simpliste et injuste de porter un jugement général et a priori en faveur de l'une ou de l'autre, surtout si ce jugement ne se fonde que sur des entrefilets de journaux ou sur quelques manchettes sensationnelles.

IV
APPRENDRE À VIVRE LE PLURALISME RELIGIEUX

Jusqu'au milieu des années '60 les québécois francophones ont connu l'unanimité religieuse. Tout le monde était catholique et la société québécoise était sous le contrôle et l'hégémonie des institutions et des symboles catholiques. Catholiques et français, tels étaient les deux axes majeurs de notre identité nationale. Nous avons réussi à apprendre à vivre d'une façon assez harmonieuse cette unanimité socio-religieuse.

Voilà que maintenant tout est changé. Fini l'uniformité! Place au pluralisme spirituel et religieux. Incroyants, athées, ésotéristes, hindous, bouddhistes, protestants, adeptes des nouvelles religions, catholiques pratiquants et non pratiquants, tous sont appelés à vivre ensemble en harmonie. Aussi longtemps que les adeptes d'une autre religion, ancienne ou nouvelle, sont des étrangers, ne parlent pas notre langue, demeurent dans d'autres pays, ou s'enferment dans leur ghetto culturel, le pluralisme religieux ne pose guère de problème, car il est vu comme un phénomène objectif qui ne nous atteint pas directement. Mais qu'un proche, un ami, un collègue, un compagnon de classe et de travail, un voisin ou un parent passe à une autre conviction religieuse ou spirituelle, voilà que le pluralisme devient soudain une question brûlante et difficile à négocier.

Ne nous leurrons pas. Nous ne savons pas ce que signifie vivre dans une situation pluraliste. Nous devons l'apprendre ensemble. Ensemble, nous sommes invités à prendre le chemin de l'école du pluralisme qui est situé à l'enseigne de la sympathie, de la tolérance et du discernement. Comment déciderons-nous de vivre socialement ce nouveau pluralisme religieux? Dans l'ignorance et l'isolement? Dans le mépris et l'indifférence? Dans la guerre et le rejet? Dans la coexistence polie et le respect? Dans la convergence et le dialogue? Si nous voulons éviter de mini-guerres de religion, il faut de toute évidence aller à l'école du pluralisme.

La devise de cette école est: *Vivre et laisser vivre.* Vivre selon nos convictions et responsabilités personnelles dans une attitude intérieure et dans un comportement qui permettent à l'autre de vivre selon ses propres convictions et responsabilités. La liberté religieuse, la liberté de conscience est un bien précieux qui a été acquis au coût de tant de luttes et de souffrances au cours des siècles! Il faut se garder de la nier *pratiquement* par des attitudes et des comportements ostracisants. Vivre et laisser vivre, c'est apprendre à se libérer de la tendance à juger et à condamner, à imposer ses vues à tout prix et à user de représailles. L'animosité et la peur qui se cachent sous ces comportements sont de nature à nous faire tort à nous-mêmes et aux autres.

Qu'apprend-on dans cette école du pluralisme? Nous y apprenons à regarder les nouvelles religions et spiritualités comme des mondes spirituels englobants et nous nous exerçons à entrer dans des attitudes aptes à favoriser l'harmonie entre les personnes et les groupes qui portent des options spirituelles et religieuses différentes des nôtres.

I — DES MONDES SPIRITUELS ENGLOBANTS

Les nouvelles religions ne doivent pas être regardées d'abord comme des systèmes de doctrines et de pratiques. Il faut prendre conscience au départ que ces pratiques et ces doctrines ne sont que les conséquences de principes fondamentaux qui constituent les grands axes d'un monde spirituel spécifique. Les nouvelles religions sont fondamentalement des mondes spirituels. Qu'est-ce que cela veut dire?

Un monde spirituel est un ensemble de valeurs, de conceptions, de croyances, de perceptions et de sentiments qui définissent un *espace spirituel* dans lequel un individu situe son existence et à partir duquel il voit et comprend l'ensemble du réel. Cet espace spirituel est le lieu existentiel, la demeure «vitale» où l'individu trouve ses repères pour l'agir personnel et social.

Un monde spirituel comporte une vision globale de l'existence et de l'histoire et une conception particulière de Dieu, de l'homme et de l'univers. Il propose une compréhension de l'existence humaine, de la famille, de la morale, du corps, de la sexualité ainsi que de la politique et de l'économie. Il s'accompagne toujours d'une façon de *sentir* la réalité et développe chez l'individu un champ de conscience spécifique.

Tout monde spirituel implique une «épistémologie» particulière, c'est-à-dire une façon spéciale de connaître, d'appréhender le réel et de comprendre les rapports entre les différents savoirs. Tout monde spirituel décrit un champ sémantique* qui fournit à l'individu les référants dont il a besoin pour comprendre la réalité et trouver des réponses à ses questions.

La caractéristique d'un monde spirituel, c'est d'être englobant, totalisant. Tout monde spirituel entend couvrir l'ensemble du réel et ne négliger aucun secteur dans son explication de l'histoire et de l'univers. Le danger des mondes spirituels, c'est de devenir totalitaires.

Les nouvelles religions sont des mondes spirituels, au sens où nous venons d'en parler. Ils se veulent des réponses globales à la question du monde et de l'existence. Les doctrines ne sont que des expressions théoriques de ce monde spirituel, et les pratiques en constituent les exigences au niveau de l'agir. Mais comme les mondes totalisants glissent facilement vers le totalisme et totalitarisme, les nouvelles religions vont souvent nous apparaître comme doctrinaires dans leur enseignement et fanatiques dans leur pratique. Le totalisme est cette prétention indue de comprendre toute la réalité sans rien laisser en compte et d'avoir toutes les réponses. Le totalitarisme est cette propension à imposer ses vues aux autres et à nier la liberté de pensée. L'adepte a donc l'impression d'avoir toutes les réponses alors qu'il n'est peut-être que victime d'un endoctrinement et d'une dépendance psychique qui met son intelligence critique entre parenthèses.

Les mondes spirituels n'existent pas dans l'abstrait; ils sont portés par de nombreux groupes. Un même monde spirituel peut être porté par des groupes les plus divers. Nous avons identifié dans le chapitre consacré à la typologie deux grandes voies spirituelles. Celle de la foi biblique et celle de la connaissance absolue. Ces deux grandes voies constituent précisément deux mondes spirituels qui sont portés, l'un et l'autre par des centaines de groupes différents. Chaque groupe habite son monde spirituel d'une manière qui lui est propre, avec ses grandeurs et ses limites, ses beautés et ses incohérences.

Ces voies spirituelles n'existent pas en soi; ce qui existe, ce sont des groupes concrets avec leur histoire, leurs problèmes, leurs structures, leur rituel, leurs pratiques, leurs leaders. Mais aussi avec leurs limites, leurs peurs, leurs échecs et même leurs déviations et leurs abus qui sont si souvent dénoncés dans les médias.

À l'école du pluralisme, on apprend à regarder les nouvelles religions et spiritualités, non à travers les abus et les erreurs commises, mais à travers les voies spirituelles proposées. On s'efforce de saisir, de l'intérieur, la vision du monde et la démarche spirituelle qui y sont promues. Ce n'est que sur cet arrière-fond que les excès et les abus sont compris et expliqués. Ce qui nous paraît étrange, excessif, bizarre, reçoit alors sa signification; ce qui nous paraît déraisonnable, erroné ou «hérétique» trouve alors son explication. Que les disciples de Krishna se rasent la tête, que les Témoins de Jéhovah refusent la transfusion de sang, que les Adventistes observent le sabbat, que les fidèles du Temple du réveil soient si anticatholiques, que les fondamentalistes soient si zélés et rigides, que les Raéliens portent les cheveux longs, que les fidèles de l'Église universelle de Dieu communient avec du jus de raisin, tout cela ne se comprend que sur l'arrière-fond de l'intelligence qu'ils ont de leur voie spirituelle.

Les nouvelles religions doivent être accueillies comme des voies spirituelles totalisantes. Or, toute voie spirituelle tire l'individu dans une direction donnée. Elle comporte infailliblement des dangers inhérents aux principes qui la sous-tendent, surtout si ces principes sont poussés à la limite et érigés en absolu.

C'est ainsi que la voie de la foi biblique peut conduire l'individu soit à un mépris de la culture et de l'intelligence critique qui provoque un désengagement sociopolitique et un refus de la théologie, soit à un illuminisme entousiaste qui refuse toute médiation humaine dans la démarche spirituelle, soit à un radicalisme moral qui aboutit à une rigidité légaliste.

Par ailleurs, les principes fondateurs de la voie de la connaissance absolue, s'ils sont poussés à la limite et absolutisés, peuvent conduire à une centration sur soi qui dégénère en un narcissisme, en une spiritualité désincarnée ou en une recherche de réalisation de soi qui devient volonté de puissance.

De par leurs dynamiques mêmes, les voies spirituelles comportent des écueils et des dangers inhérents. Si les groupes et les leaders manquent d'expérience et de sérieux, s'ils n'ont pas le cœur pur et s'ils se laissent séduire par des intérêts discutables sinon pervers, c'est alors que la voie spirituelle qui visait la libération de l'individu peut devenir un instrument d'aliénation spécialement pour ceux qui sont psychiquement plus vulnérables et existentiellement plus insécures, comme c'est souvent le cas pour les adeptes des nouvelles religions.

Ce n'est pas parce qu'un leader est incompétent et croche ou qu'un groupe est déviant, prétentieux et abusif que la voie spirituelle proposée n'est pas bonne. La qualité du groupe et des leaders n'invalide pas la vie spirituelle proposée. Cela est également vrai du catholicisme: ce n'est pas parce qu'un évêque est malhonnête, qu'un curé est insignifiant et qu'un groupe paroissial est ennuyeux, que la voie chrétienne proposée dans le catholicisme est mauvaise.

Cela ne fait que souligner que tout groupe religieux et spirituel est comme le champ de la parabole évangélique où l'ivraie est inextricablement mêlée au bon grain, au point qu'il est impossible d'arracher l'ivraie sans détruire le bon grain. Aussi faut-il développer devant les nouvelles religions une attitude mixte d'acceptation et de rejet. Il ne s'agit pas de les accepter en partie dans ce qu'elles ont de bon et de les rejeter en partie dans ce qu'elles ont de mauvais, d'erroné. Il s'agit plutôt de les accepter totalement avec leurs grandeurs et leurs limites en discernant en elles le positif et le négatif, tout en inscrivant son désaccord qui peut se traduire en une critique des doctrines et un refus des pratiques, mais qui n'est jamais un rejet des personnes prises individuellement ou en groupes.

Il faut aller à l'école du pluralisme pour apprendre à vivre cette approche critique dans laquelle le refus se fait à l'intérieur de l'acceptation, et l'acceptation à l'intérieur du refus[1].

II — ÉLÉMENTS D'UNE PRATIQUE

Toute situation invite à développer en nous des «habitus», des habiletés, des «vertus» qui nous rendent capables de nous y adapter ou de nous y confronter. Le pauvre développe d'autres talents et d'autres «vertus» que le riche. Dans la con-

---

[1] Voir à ce sujet Richard Bergeron, *Le cortège des fous de Dieu*, pp 289-315.

trariété et la souffrance, l'individu développe d'autres capacités que dans la facilité et le bien-être psychique. Dans une situation de pluralisme religieux, quelles sont les habiletés, les «vertus» que nous sommes appelés à développer non seulement pour survivre ou coexister, mais pour *vivre la situation humainement*? Apprendre à vivre le pluralisme, c'est apprendre à *vivre la différence*.

La tolérance

L'intolérance religieuse est l'une des pages les plus noires de notre histoire. Guerres des religions, croisades, inquisitions, chasses aux sorcières, conversions forcées, dogmatisme doctrinal; voilà autant de formes qu'a prises l'intolérance religieuse au cours des siècles et sur les différents continents. Il nous faut à tout prix déposer les armes de l'intolérance et accepter le droit de l'autre à son option religieuse. La liberté religieuse est une compagne obligée de la liberté de conscience. Nous ne croyons vraiment en cette liberté que si nous reconnaissons *de facto* qu'autrui a, lui aussi, la liberté et le droit d'avoir ses options religieuses.

La tolérance n'est pas indifférence. La tolérance est la vertu de la conviction. Elle intervient quand une conviction rencontre une conviction opposée ou divergente. Le lieu de la tolérance, c'est précisément le point de rencontre des convictions différentes. La tolérance permet à des convictions contraires non seulement de coexister, mais aussi de s'inter-influencer et de se complémentariser. Elle n'est ni une démission ou une concession niaise, ni un refus des droits réels que nous pouvons avoir. La tolérance implique les compromis nécessaires, la patience du temps, le renoncement éventuel à exercer certains droits, un sens aigu de l'opportunité en matière de vérité, un refus de changer l'autre, de le déconvertir, de le «sortir de sa secte» par tous les moyens.

La tolérance repose en dernière analyse sur la conviction que la vérité est toujours plus grande que ses pensées et ses convictions personnelles et qu'elle déborde grandement toute formule et toute institution. Rien ne peut contenir la vérité. La formule et le concept ne sont que de pauvres médiations de la vérité; elles ont moins comme objectif de dire la vérité que de pointer vers elle, d'indiquer dans quelle direction la rechercher. Croire qu'une formule ou une institution puisse contenir toute la vérité, c'est cela le dogmatisme meurtrier. Toute vérité ici-bas participe de la relativité de l'histoire. Il faut être au service non d'une religion, d'une idée, mais de la vérité, de cette vérité qu'on ne possède pas mais à laquelle on appartient.

La tolérance repose sur la conviction que la vérité est plus forte que l'erreur et qu'elle finit toujours par triompher. L'erreur, la fausseté, le mensonge, l'ignorance n'ont finalement jamais à long terme le dernier mot. Ils peuvent être profitables à court terme; à la longue, ils sont toujours destructeurs d'humanité en soi et dans la société. La tolérance vaut toujours même si l'on est convaincu que l'autre se trompe, qu'il est dans l'erreur. Le droit à la vérité va de pair avec le droit à l'erreur.

La tolérance rejette farouchement tous les jugements stéréotypés qui circulent sur les nouvelles religions. La tolérance sait que les mondes spirituels sont habités par des humains et que les humains sont des êtres d'ambiguïtés. Le bien et le mal nous habitent. La démarche religieuse et spirituelle peut se mêler à une recherche de sécurité et d'identité autant qu'à un appétit pour le pouvoir et l'argent. C'est toujours à travers les déformations du mal que l'expérience religieuse est vécue. Les abîmes et les tentations habitent le cœur humain et c'est par la traversée de tout ce qui habite l'humain que se fait l'expérience d'une libération. Point n'est étonnant dès lors que les nouvelles religions puissent présenter des cas pénibles, des abus, des exploitations financières et psychiques. Ainsi en est-il d'ailleurs dans toutes les grandes religions traditionnelles. Il faut se garder de partir de ces ratés, de ces abus pour comprendre les nouvelles religions, si l'on ne veut pas être réduit à ne rien comprendre et à condamner sans procès.

Les nombreux jugements stéréotypés qui circulent sur les nouvelles religions sont bien alimentées par la presse, la radio et la télévision. On accuse les nouvelles religions d'être des entreprises financières qui exploitent les gens crédules; on dit que leurs leaders sont des marchands de Dieu, des contrebandiers du spirituel qui capitalisent à leur profit l'argent des adeptes, ou encore des mégalomanes déguisés en nouveaux messies ou en gourous exotiques. On dénonce âprement les méthodes utilisées qu'on qualifie volontiers de lavage de cerveaux, d'endoctrinement, de séduction psychique, de fausse représentation, de manipulation psychologique et quoi encore! Il n'est pas de notre propos ici de soupeser ces accusations pour en connaître le poids de vérité. Sachons seulement que l'accusation en dit toujours plus sur l'accusateur que sur l'accusé. Elle en révèle les peurs, les intolérances, les étroitesses d'esprit et les frustrations.

Non contente de lutter contre des préjugés, la tolérance puise sa source profonde dans ce qu'il conviendrait d'appeler la *sympathie religieuse*. Cette sympathie n'est pas faite seulement d'ouverture de cœur et d'esprit. En profondeur, elle consiste à s'exposer à ce que l'autre a de meilleur et à accepter d'éprouver de la séduction pour lui, si bien que le débat avec l'autre devient un débat envers soi-même. Reconnaître ce que les nouvelles religions portent de vrai et de beau, l'admirer et en subir l'attrait. Voilà la vraie sympathie religieuse. Elle fait sienne la parole de Paul dans sa Lettre aux Philippiens: «Tout ce qui est vrai et noble, tout ce qui est juste et pur, tout ce qui est digne d'être aimé et honoré, tout ce qui s'appelle vertu et qui mérite des éloges, tout cela, prenez-le à votre compte» (4, 7-8). Où que cela se trouve... le bien ne connaît pas de frontières, ni le vrai, ni le beau...

C'est pourquoi les nouvelles religions peuvent nous interpeller humainement, moralement et spirituellement et réveiller en nous des zones somnolentes. Elles peuvent nous rappeler des vérités qui nous choquent parce que nous ne voulons simplement pas les entendre et promouvoir des valeurs qui dérangent notre style de vie et nos habitudes individualistes et un peu bourgeoises. Les nouvelles religions seront pour nous une occasion de croissance si nous avons le courage de surmonter nos blocages anticultistes pour entrer dans la vraie tolérance.

Le discernement

Avec les nouvelles religions, le pluralisme spirituel est entré dans notre milieu, dans nos familles, dans nos relations parentales, amicales et professionnelles. Ce nouveau pluralisme religieux n'est pas sans semer une grave confusion dans une société traditionnellement unanime. Le passage rapide de l'unanimité au pluralisme s'est fait sans préparation; aussi a-t-il été la source de graves perturbations psychiques et spirituelles chez beaucoup de gens.

Les nouvelles religions vont souvent miser sur cette confusion et ce désarroi dans leurs approches des personnes. Elles vont se présenter sous des noms profanes et des couleurs séculières; ou encore se poser comme des «modes de vie» et non comme des voies religieuses; ou encore utiliser un langage chrétien en y injectant une signification inédite.

C'est la cacaphonie sur la place publique. Que de doctrines et de philosophies religieuses! Que de conceptions de Dieu, de l'Église et du christianisme! Que de mythologies anciennes et modernes! Que de nouveautés ésotériques et occultes. Tout est jeté pêle-mêle à qui mieux mieux. Il en résulte un ébranlement des certitudes, une confusion mentale, une insécurité existentielle.

Et l'on prétend s'en sortir soit en tirant son épingle du jeu dans un agnosticisme désabusé, soit en grappillant çà et là les éléments de doctrine et de pratique qui font l'affaire dans un éclectisme simpliste, soit en faisant des correspondances faciles entre des doctrines dans un concordisme superficiel, soit en fusionnant tous ces éléments disparates dans un syncrétisme de mauvais aloi, soit plus populairement en disant «y a rien là» ou «toutes les religions se valent», ou en y voyant la griffe de satan.

À l'école du pluralisme, nous refusons toutes ces approches parce qu'elles sont courtes, impatientes et qu'elles pèchent contre un principe fondamental qu'il faut tenir bien haut dans une situation de confusion: *distinguer pour unir*. Il n'y a pas de véritable unité sinon dans l'affirmation de la différence. Toute tentative d'unir par fusion ne peut être que confusion et disparition des éléments que l'on veut unir. Il n'y a pas non plus d'union véritable sinon dans la reconnaissance de l'altérité, jamais dans la dépendance fusionnelle. L'union dans la différence, voilà à quoi doit viser toute démarche qui s'inscrit dans une cité pluraliste.

Ce qui peut garantir cette visée, c'est le principe du *discernement*. Pour pouvoir unir ce qui est mélangé et confus, il faut avoir la capacité d'identifier les éléments d'une situation, aller au-delà des apparences, des doctrines, des actions pour découvrir les intentions et les motivations véritables, décaper la réalité, les discours de leur clinquant trompeur, dénoncer ce qu'il y a de séducteur dans les promesses de libération et de réalisation. Le discernement est comme cette petite lampe qui fait trouver le sentier dans la nuit noire. Il permet de discriminer entre le vrai et le faux, entre le bien et le mal. Il permet de dénoncer le mensonge qui se présente sous les apparences de la vérité et le mal qui prend les livrées du bien.

Ceci est évidemment un exercice extrêmement difficile. Il faut s'y adonner avec un cœur pur, un amour sincère des autres et une recherche sérieuse de la vérité.

Plus pratiquement, voici quelques éléments très simples pour amorcer un discernement. Il faut se laisser guider par trois questions: qui? pour qui? pourquoi?

Qui? Qui agit? Qui parle? Le «qui» renvoie à la personne, à son histoire, à son identité, à son éducation, à ses croyances, à ses grandeurs et à ses limites. Tout cela est fondamental pour comprendre le discours et l'agir de quelqu'un. C'est précisément ici que se joue la crédibilité de quelqu'un et le sens de son discours. Souvent les nouvelles religions et spiritualités enrobent, enjolivent la personnalité de leur fondateur pour donner plus de crédibilité à leurs discours. Ils lui attribuent volontiers des révélations, des gestes extraordinaires, des illuminations, etc., et ils en font un personnage mythique paré d'un prestige quasi divin. C'est ce que les Mormons ont fait avec Joseph Smith, les Raéliens avec Claude Vorilhon, les Eckistes avec Sri Darwin Gross, les Scientologues avec Ron Hubbard[2].

«Pour qui?» Le «pour qui» révèle les intérêts de la personne qui parle. Dans l'intérêt de qui, de quel groupe, parle-t-elle? Pour qui la personne travaille-t-elle consciemment ou à son insu? De qui lui viennent les consignes, les ordres, le salaire? On ne peut répondre à cette question du «pour qui?» qu'en allant au-delà des apparences et des prétentions explicites. Il a été démontré, par exemple, que les sectes fondamentalistes en Amérique Latine travaillent pour la défense de régimes politiques proaméricains et dans l'intérêt de l'impérialisme Yankee[3].

«*Le pourquoi?*» vise les intentions de l'interlocuteur. Pourquoi vous adresse-t-il un tel discours? Dans quel but? Pour vous convertir, pour vous aider à trouver la vérité, pour vous séduire, pour alléger votre porte-monnaie? Il est toujours difficile de discerner l'intention véritable d'une personne. Retenons au moins ceci: ce sont les moyens utilisés plus que les objectifs déclarés qui révèlent avec plus de sûreté les intentions d'une personne, ce qu'elle poursuit véritablement.

Ce triple questionnement n'est pas le dernier mot en matière de discernement. Mais il a l'heur d'être d'un maniement simple et il est de nature à amorcer un discernement véritable.

La prudence

Le discernement doit présider au jugement. La prudence, elle, est appelée à présider à l'action. La prudence n'est pas le ronronnement de l'indécision; c'est la vertu de la pratique. Elle exige courage, sens de l'opportunité, capacité de

---

[2] Voir Roland Chagnon, *La scientologie: une nouvelle religion de la puissance*, Montréal, HMH, 1985; *Trois nouvelles religions de la lumière et du son*, Montréal, Éditions Paulines, 1985.

[3] *Sectas protestantes en centro-america: La Santa Contrainsurgencia*, 119 p., dossier publié dans *El Parcial* 4 (1985), Hambourg. Ce texte se trouve au Centre d'Information sur les Nouvelles Religions.

décision, sens du danger. S'il faut être simples comme des colombes, il faut être prudents comme des serpents. Simples, c'est-à-dire confiants, ouverts, disposés à accueillir la vérité partout où elle se présente. Prudents, c'est-à-dire critiques, lucides, attentifs et soupçonneux devant le soi-disant nouveau en matière de révélation, de religion et de spiritualité, devant les soi-disant secrets dont se réclament tant de groupes qui aiment jouer au mystère, devant tout pouvoir que l'on prétend avoir et que l'on se dit prêt à mettre à votre disposition pour votre bien spirituel ou physique (guérison), devant tout discours «omniscient» qui disqualifie sans procès le christianisme historique et qui prétend savoir ce qu'est l'enseignement authentique de Jésus et proposer le vrai modèle de l'Église.

Se garder des apprentis sorciers qui se réclament des pouvoirs parapsychologiques ou occultes et d'une connaissance particulière, pouvant exercer un attrait puissant, une fascination surprenante. Le magnétisme des leaders, les techniques de formation et l'atmosphère des groupes peuvent créer un certain envoûtement qui rend difficile l'esprit critique. Avant de confier sa vie spirituelle à une personne ou à un groupe, il n'est que raisonnable de faire toutes les vérifications et de se méfier d'un enthousiasme impatient devant des promesses de bien-être et de libération trop séduisantes.

Si beaucoup de gens entrent dans les nouvelles religions à leur insu, c'est que leur naïveté les rend inconscients ou téméraires. Il y a des groupes qui, hélas! font de la fausse représentation, se déguisent sous des noms séculiers et camouflent leur spécificité religieuse; qui utilisent des moyens de recrutement qui, sans être malhonnêtes, peuvent donner le change. Si la crainte est le commencement de la sagesse, il est de bonne sagesse, dans un milieu pluraliste où le meilleur et le pire s'entrelacent inextricablement, de sonder le terrain où l'on est invité à s'engager avant de faire le premier pas. Une simple information peut sauver du naufrage.

Les nouvelles religions ne sont généralement pas dangereuses en soi. Certaines, toutefois, peuvent être dangereuses et nuisibles pour tel ou tel individu qui, à cause de son histoire personnelle, de sa vulnérabilité psychique, de son incapacité critique, est blessé par la démarche proposée, par les techniques utilisées et par les pratiques imposées. Dans leur impatience d'avoir des adeptes, les nouvelles religions ne respectent pas suffisamment le cheminement des individus et elles les introduisent dans des démarches sans préparation psychique et spirituelle suffisante. Conséquences: perturbation psychique, orgueil spirituel, développement d'un champ de conscience étroit, psychomutation provoquant de graves altérations de la personnalité, dépendance absolue vis-à-vis du leader ou du groupe, perte radicale d'esprit critique, etc. Les nouvelles religions ne sont pas peut-être mauvaises ni nuisibles en soi, mais certains peuvent s'y blesser gravement.

Apprendre à vivre la pluralité religieuse d'une manière adulte et responsable n'est pas chose facile. À l'école du pluralisme, on ne fait pas ses classes sans y mettre beaucoup d'intelligence et de doigté, parce que la situation n'est pas très œcuménique et que le terrain est souvent piégé.

En jouant de légèreté et de naïveté, on risque de devenir le dindon de la farce. Une saine ouverture d'esprit et une bonne intelligence critique sont les deux phares qui doivent éclairer notre route au pays merveilleux et plein d'embûches du nouveau pluralisme religieux.

DEUXIÈME PARTIE

LE FICHIER

ASSOCIATION DES CHERCHEURS EN SCIENCES COSMIQUES DU QUÉBEC (A.C.S.C.Q.) INC.[1]

Nom officiel du groupe

Association des Chercheurs en Sciences Cosmiques du Québec inc.

Le fondateur et les circonstances de fondation

L'A.C.S.C.Q. a été incorporée en vertu de la 3e partie de la loi des compagnies le 6 septembre 1974. Madame Adéla Tremblay Sergerie avait cependant commencé à regrouper autour d'elle, vers 1971, des personnes à qui elle transmettait les communications qu'elle recevait par radiesthésie. Elle habitait Montréal à ce moment-là mais avait vécu auparavant à Chicoutimi où, entre autres, elle avait fait du journalisme. Avec Mathilde Parent-Gagnon, elle a publié un livre intitulé *De la cellule à la morphopsychologie humaine* aux Éditions du Jour en 1967. Elle a appartenu à l'Institut de psychognomie de Louvain et à l'Institut de caractérologie du Canada. Elle transcrivait au fur et à mesure les messages qu'elle recevait. Pour ces messages, elle a demandé un numéro d'enregistrement de droit d'auteur en 1970 sous le titre de «Cours de science cosmique». Née au début du siècle, elle est décédée en 1980.

Au moment de l'incorporation en 1974, l'A.C.S.C.Q. avait son siège social à Trois-Rivières où habitait celle qui allait devenir présidente et sans doute la principale propagandiste pour les années à venir, madame Carmen Loranger.

Enseignement et doctrine

Un feuillet publicitaire de l'Association dit textuellement:

«Si vous désirez acquérir quelques grandes connaissances de L'INFLUENCE de l'Énergie et du milieu sur l'HOMME vous pouvez, — en faisant partie de

---

[1] Plusieurs groupes au Québec s'inspirent des enseignements de l'A.C.S.C.Q. ainsi que des écrits de Mme Adéla T. Sergerie mais ceux-ci ne sont pas affiliés à l'Association. Il faut donc traiter ces groupes de façon distincte entre autre en ce qui a trait à leur organisation, leurs pratiques, leurs modes de financement... Par exemple, mentionnons le Centre de Foyer Cosmique, le Réseau de Sciences Cosmiques, la Cité Universelle de Saint-Didace et plusieurs autres.

notre ASSOCIATION — assister à des conférences ou à des forums qui ouvriront votre esprit à la constitution du GRAND TOUT auquel nous appartenons tous. »

Étude de la structure de l'univers, manipulation des énergies qui le constituent, prise de conscience de la personnalité, voilà les objectifs poursuivis par cette Association qui vise le développement complet de l'homme. Au fondement de cette étude, les Lois Cosmiques, Universelles et Divines que l'homme doit connaître et pratiquer s'il veut évoluer de la cinquième race à la sixième.

Lois divines	Lois universelles	Lois cosmiques
1. Je crois à un Dieu essence de toutes choses.	1. Je reconnais Dieu en toutes choses.	1. J'ai la simplicité d'un enfant.
2. Je crois à l'action de cette Essence qui se manifeste dans la création.	2. Je suis conscient que j'appartiens à un Tout.	2. J'ai la joie de vivre.
3. Je crois au devoir de l'être créé de reconnaître son Créateur.	3. Je suis conscient que mon âme avec son support est un membre actif et nécessaire dans le cosmos.	3. Je suis miséricordieux.
4. Je crois que mon âme est une parcelle de cette Essence divine.	4. J'agis comme membre responsable de l'équilibre du cosmos.	4. Je suis compréhensif.
5. Je crois que mon âme doit obéir à l'appel de son Essence.	5. Je suis conscient que l'homme est le miroir exact de l'univers.	5. Mes intentions sont pures.
6. Je crois que mon âme a besoin d'agir et de créer.	6. Je suis conscient que toute âme doit réaliser un plan donné par le Créateur.	6. Je suis positif à 100%.
7. Je crois aux lois universelles et cosmiques qui ont pour origine les lois divines.	7. Je suis conscient que la volonté libre de l'homme est l'acte nécessaire à la réalisation du plan de l'âme.	7. Je suis généreux de moi-même et de mes biens.
8. Je crois à l'aide spirituelle de certains êtres supérieurs.	8. Je suis conscient des pouvoirs en potentiel dans le cerveau de l'homme.	8. Je suis libre de préjugés.
9. Je crois à l'unité de toutes les formes de vie et de matière issues de la même Essence créatrice de Dieu.	9. Je suis conscient du devoir qu'a l'homme de développer en lui ce qu'a déposé le Créateur.	9. Je comprends et observe la loi naturelle.

10. Je crois que mon âme doit travailler en harmonie avec les autres âmes issues du même Créateur que la mienne.	10. Je suis conscient que la vie planétaire n'est que le passage d'une partie de la création du plan de l'âme.	10. J'ai le sens parfait de la justice.
11. Je crois à l'échange collectif de toutes les parties de l'univers.	11. Je suis conscient que toutes les lois violées depuis que l'âme évolue, doivent être respectées jusque dans la profondeur de l'origine.	11. Je distingue le degré d'évolution des gens.
12. Je crois à l'obligation d'adorer Dieu dans toutes ses œuvres.	12. Je suis conscient que la personnalité présente n'est que le reflet de la personnalité qui se développe depuis de très longues années.	12. Je comprends le sexe opposé au mien.

L'A.C.S.C.Q. a reçu la mission d'enseigner les moyens qui assureront cette mutation à des «choisis», ceux qui acceptent de suivre les cours de science cosmique et de les mettre en pratique dans leur vie. La science cosmique a aussi pour mission «d'unir les hommes entre eux et à l'univers entier» (*Documentation cosmique*, p. 1). «Rétablir l'harmonie dans l'univers», et «développer le pouvoir de la pensée sur la matière», voilà des expressions qui reviennent couramment dans les exposés au moment des cours.

Dans le document intitulé *Science cosmique*, tome 1, l'auteur définit sous forme de questions et de réponses ce qu'est la science cosmique. Il s'agit de «la science de toutes les sciences». Le sujet est si vaste qu'il se contentera d'exposer une large fresque du tout et de découvrir les principales ramifications de cette toile immense sur laquelle sont brodés tous les univers et tous les actes des êtres vivants». La première leçon décrit l'Énergie cosmique qui est «l'élément premier de toute matière visible et invisible» et «l'essence même de Dieu». La matière, le mouvement, la vie physique, intellectuelle, spirituelle et psychique seront étudiés comme des éléments du Tout, reliés entre eux par le magnétisme. Ce Tout, c'est Dieu en trois personnes, c'est-à-dire en trois grands principes à la base de la création. C'est une énergie qui se dégage de l'Île centrale autour de laquelle tournent tous les univers.

La science cosmique ne recourt que très peu aux données actuelles de la science sinon pour en montrer les limites, et préfère utiliser des sciences anciennes comme l'astrologie, la symbolique des couleurs et des nombres et propose un archétype qui est celui de «l'homme nouveau», l'homme plus spirituel de l'ère du Verseau. Elle met de la sorte l'accent sur l'influence que les différentes composantes de l'univers peuvent avoir les unes sur les autres. Il n'est cependant à peu près jamais question des relations de l'homme en société sinon pour dire que cette dernière est la source de bien des maux.

Les rapports qu'entretient l'A.C.S.C.Q. avec l'Église catholique ne semblent pas toujours des meilleurs. À ce sujet, l'auteur de *Science cosmique* donnait cet avertissement: «La religion catholique a ses chefs qu'on ne peut toucher sans déclencher un mouvement de défense qui divise la population et qui peut faire naître des conflits que seul le Vatican pourrait régler. Donc qu'on ne fasse pas une campagne religieuse, mais une campagne basée sur la constitution biologique de l'homme.» La science cosmique se présente comme un au-delà de toute religion, cette dernière appartenant à l'Ère des Poissons qui s'achève.

Culte et pratiques

L'A.C.S.C.Q. en se définissant comme «science», adopte le «décorum» de la science moderne. Elle dispense habituellement ce qu'elle appelle son «enseignement» dans les murs d'une institution universitaire ou collégiale et cela sous forme de cours magistraux suivis d'une période de questions. Il va sans dire que ces cours ne sont ni reconnus ni accrédités par ces institutions, les relations de l'A.C.S.C.Q. avec elles n'excédant pas les contrats de location des locaux.

À ces cours, le «professeur» distribue des textes miméographiés et suggère plusieurs lectures comme les écrits de Mme Adéla T. Sergerie, «documents de base» de l'Association, et des volumes qui ont généralement trait à l'ésotérisme.

Le codage: La science cosmique insiste beaucoup sur l'entraînement du cerveau pour parvenir à la connaissance qui ouvre les portes de la communication avec le reste de l'univers. Pour ce faire, l'Association propose une technique nommée «codage». Ce sont des exercices qui consistent à inscrire un code dans les neurones en répétant des phrases sur un rythme (souvent ici on fait l'usage d'un métronome) qui sont habituellement l'une ou l'autre des douze lois cosmiques, universelles ou divines.

Le témoignage: «Faites vos preuves!» dit-on régulièrement aux membres. Faire ses preuves, c'est montrer par une santé resplendissante et un épanouissement qui ne l'est pas moins que l'enseignement de la science cosmique est «le Vrai», celui qui permet d'accéder à la vie parfaite, celui qui permet de communiquer des vibrations positives à l'ensemble du cosmos.

L'imposition des mains: La science cosmique n'a pas de rituel au sens strict du terme si ce n'est l'imposition des mains, pour attirer les ondes positives et éloigner les énergies négatives, et l'occultisme pour inscrire un «plan de vie» sur un bout de papier et le placer sous une pyramide de carton pour qu'il se réalise.

La radiesthésie: Le moyen de communiquer avec l'ensemble de l'univers pour en saisir tous les messages, c'est la radiesthésie. À la suite de Madame Sergerie, qui a recueilli l'enseignement de la science cosmique à l'aide d'un pendule, les membres, et plus particulièrement les leaders, font un usage abondant de ce médium pour capter les radiations qui proviennent du cosmos.

Pour la science cosmique, l'esprit domine toute matière. Ce pouvoir pourra se vérifier de multiples façons comme, par exemple, par le déplacement de la matière ou par la guérison d'une maladie. Dans ce dernier cas, cela se fera à l'aide d'un distributeur d'énergie, sorte de papier sur lequel il faut écrire certains mots et qu'il faut plier d'une manière précise en prononçant une formule telle «... Mon psychisme va porter l'énergie curative à...»

Expansion dans le monde

On retrouve ce groupe au Québec d'où il origine. Des cours de science cosmique se donnent à Montréal, Québec, Trois-Rivières, Shawinigan, entre autres, et regroupent des adhérents tout autant du milieu rural que du milieu urbain. Une enquête réalisée en 1979 montrait qu'à ce moment-là les deux-tiers des membres étaient des femmes dont la moitié étaient des femmes au foyer. Les autres, y compris les hommes, étaient des employés ou des cadres moyens. Les leaders (de l'A.C.S.C.Q.) étaient cependant détenteurs de diplômes universitaires, en majorité des hommes, bien que la personne «inspirée» et la présidente aient été des femmes.

En 1978, l'Association comptait 800 membres qui avaient payé une cotisation de 5$ et possédaient une carte d'adhésion. Quelques années plus tard, elle avait rejoint un à deux milliers de membres. À l'observation, le nombre de membres est apparu très fluctuant même si la moyenne semblait se maintenir lors des grands rassemblements comme les symposiums. Cette fluctuation s'explique par le va-et-vient de personnes qui «viennent voir» de quoi il s'agit pendant quelques cours ou une session et ne reviennent que sporadiquement par la suite. L'A.C.S.C.Q. compte cependant un noyau stable de membres qui deviennent graduellement des leaders du groupe tant par l'enseignement qu'ils assurent que par les charismes qu'ils ont développés: voyance, don de guérison, etc...

Organisation: Un conseil d'administration gère les biens de l'A.C.S.C.Q. La présidente est en même temps un des leaders «pensants» du groupe. Les moyens d'action de l'Association sont les cours hebdomadaires, les sessions de fin de semaine autour de thèmes qui sont repris à intervalles réguliers, les symposiums, les petits groupes locaux, les publications et les laboratoires pour ceux qui veulent «expérimenter» les pouvoirs de l'esprit sur la matière.

Mode de recrutement: Le recrutement se fait d'abord par les réseaux d'amis, par les parents, et, dans une moindre mesure par un compagnon de travail, ou encore l'annonce d'un symposium.

Ressources financières: Le membre paie une cotisation de 5$ à son entrée. Il paie un droit d'entrée pour chaque activité à laquelle il participe. Ce droit varie en fonction de l'activité du «professeur» qui donne le cours. Actuellement, il est de 5 à 7$ pour chaque soirée de cours. La vente de documents miméographiés rapporte aussi quelques dollars.

Émissions — Périodiques

Aucun temps d'antenne, soit à la radio ou à la télévision, n'est acheté par l'A.C.S.C.Q. Il n'y a pas de périodique (revue ou bulletin de liaison) qui est produit par l'Association.

Registres civils

L'A.C.S.C.Q. ne possède pas les régistres civils lui permettant d'enregistrer les naissances, les mariages et les décès.

Justice

L'A.C.S.C.Q. ne semble pas avoir eu de démêlés avec la justice.

Bibliographie

Publications internes

* SERGERIE, Adela T., *Documentation cosmique,* Shawinigan-Sud, Collection Kosmique, miméo, distribué par l'Association des Chercheurs en Science Cosmique du Québec Inc., s.d., IV p. + 7 p.

* SERGERIE, Adela T., *Science cosmique,* Shawinigan-Sud, distribué par l'Association des Chercheurs en Science Cosmique, s.d., Tome I, 207 p., Tome 2, 196 p., s.d.

* SERGERIE, Adéla T., *Les trois grandes questions de l'homme. Que sommes-nous? Où sommes-nous? Où allons-nous?,* Shawinigan-Sud, Coll. Kosmique, miméo, distribué par l'Association des Chercheurs en Science Cosmique du Québec Inc., s.d., 34 p.

Publications externes

* GAUTHIER, Madeleine, «Parascience et parareligion», une gnose «made in Québec», *Les cultures parallèles,* Québec, Institut québécois de recherche sur la culture et Leméac, 1982, pp. 67-84.

* GAUTHIER, Madeleine, «La science cosmique est-elle une science ou une religion?», *Studies in Religion / Sciences religieuses,* 1986, pp. 29-41.

* GAUTHIER, Madeleine, *Parascience et parareligion: étude d'un cas québécois,* Québec, thèse de doctorat présentée à l'Université Laval, 1984, 389 p.

* ROCHETTE, Jean, *Qui croire? Essai sur les nouvelles religions,* Saint-Georges-de-Beauce, Éditions Jean Rochette, 1983, pp. 91-103.

ASSOCIATION GNOSTIQUE INTERNATIONALE DE RECHERCHE ANTHROPOLOGIQUE (A.G.I.R.A.)

Nom officiel du groupe

Association Gnostique Internationale de Recherche Anthropologique. Ce nom est traduit de l'espagnol: Asociación Gnóstica de Estudios Antropológicos y Ciencias.

Gnose* vient du mot grec «gnosis», qui veut dire «connaissance». Il y a deux types de connaissance: la connaissance intellectuelle et livresque qu'on peut acquérir à l'école, à l'université ou dans les livres; et la «Connaissance», celle-là fondamentale et d'origine divine, qui vient du cœur, base de toutes les traditions et civilisations qui nous ont précédés. Cette connaissance vise avant tout la compréhension des lois cosmiques, des forces qui régissent nos comportements et notre vie et surtout la connaissance des clés pratiques qui nous permettent d'agir sur ces forces pour éveiller notre conscience et pour nous libérer de nos limites, de nos conditionnements. Cette connaissance prétend offrir des moyens pour nous développer de façon équilibrée dans tous les secteurs de nos activités en améliorant nos relations avec notre famille, le milieu de travail, la société dont nous faisons partie et avec nous-mêmes. Dans ce sens, la gnose est un art de vivre.

L'anthropologie est l'étude de l'homme en ce qui concerne principalement ses caractéristiques culturelles physiques, ses relations sociales, ses mythes, ses coutumes, ses institutions et ses techniques, son origine et sa participation sur la planète... L'anthropologie gnostique s'intéresse donc à tous les secteurs qui concernent les activités humaines et cherche à combiner l'expérience pratique à la découverte théorique.

L'Association Gnostique Internationale de Recherche Anthropologique est un organisme fondé pour diffuser la doctrine de Samaël Aun Weor en vue d'aider l'humanité à accomplir l'auto-réalisation intime de son être.

Le fondateur et les circonstances de fondation

L'Association a été fondée à la fin des années soixante par Victor Manuel Chavez, un médecin colombien qui a passé une grande partie de sa vie au Mexique. Vers 1950, il crée le premier groupe de disciples et il est lui-même devenu initié. C'est à cette époque qu'il a reçu le nom de Samaël Aun Weor. Il a écrit soixante-quatre ouvrages traitant de différentes questions: l'ésotérisme, les problèmes de couple, l'éducation, la psychologie, la parapsychologie, la sexologie, la criminologie, la médecine hermétique, etc. afin de livrer aux hommes et aux femmes, à l'aube de cette nouvelle ère du Verseau, les clés fondamentales de l'éveil de la conscience qui permettent à chacun de développer ses possibilités, ses forces cachées tout en se libérant de ses identifications paralysantes et de ses nœuds psychologiques. Cette ère nouvelle est commencée depuis le 4 février 1962 à 2 h 30 de l'après-midi. Selon Samaël Aun Weor, les sept planètes de l'astrologie et de l'alchimie (la Lune, le Soleil, Mercure, Vénus, Mars, Jupiter et Saturne) se trouvaient en conjonction dans le signe du Verseau. Ce jour-là marquait le début d'une ère nouvelle qui amène une nouvelle science, une nouvelle façon de voir les choses, une nouvelle spiritualité, une remise en question des vieilles structures de l'âge du Poisson, cette ère mauvaise où règnent la peur, la guerre, les mésententes, etc...

Samaël Aun Weor est décédé en 1978 et, depuis, son épouse veille au bon fonctionnement de l'Association et à l'enseignement qui y est diffusé.

Enseignement et doctrine

Deux observations de Samaël Aun Weor nous aident à saisir plus facilement les points essentiels de sa pensée.

— Relaxez-vous dans un fauteuil et observez ce qui se passe en vous sans vous identifier avec les différents états intérieurs qui se succèdent. À ce moment-là, vous constatez une foule énorme de pensées et d'émotions de toutes sortes en vous. Et vous mettez en évidence le fait étonnant que vous changez d'état d'âme avec beaucoup de facilité.

— Un homme prête serment d'amour à une femme, le lendemain, il en veut une autre. Maintenant, il a envie d'aller au cinéma, mais il change brusquement d'avis et veut rester à la maison pour regarder la télévision. À nouveau, ce désir est remplacé par un autre. ... L'homme n'est pas «un» mais plusieurs; plusieurs êtres habitent à l'intérieur de son subconscient. Chacun lutte pour accomplir son but. L'homme agit comme un robot et obéit aux impulsions de ces entités négatives (agrégats psychologiques) que la science gnostique appelle les «*Moi*» (la colère, la peur, la méfiance,...).

Il y a aussi en chaque homme un embryon de conscience (qui est unique et d'origine divine), une étincelle de la grande conscience cosmique universelle. Nous avons eu une conscience de minéral, de végétal et d'humain. La montée par les différents niveaux de l'être nous rend conscients de l'état divin. C'est l'autoréalisation intime de l'être. Les divers processus de cette montée constituent le chemin initiatique. La pratique initiatique est résumée en trois facteurs principaux qui sont aussi des notions fondamentales de la pensée de Samaël Aun Weor.

1. La transformation psychologique ou la Mort mystique.

2. La Naissance intérieure.

3. Le Don de soi (ou Sacrifice) pour l'humanité.

a) *La Transformation psychologique (ou la Mort mystique)*

Le «Moi» est constitué d'une série d'êtres infrahumains. Chaque «Moi» maintient prisonnier une fraction de conscience. Plus les «Moi» sont nombreux, plus grande est notre inconscience. Il est donc indispensable de travailler pour se libérer de ces «Moi». Ce travail est *la Mort mystique*. Mais nous ne pouvons pas dissoudre cette création faussée qu'on appelle «le Moi» sans avoir une analyse, une compréhension préalable de ces manifestations dans nos pensées, nos actes, nos émotions. Les identifications, les concepts, l'attachement aux pensées mécaniques entravent la libre circulation des énergies en nous. Les erreurs, les défauts forment des agrégats, des nœuds psychologiques dans notre paysage intérieur. C'est pourquoi une préparation psychologique et physique est indispensable. Cette préparation nous demande non seulement de changer les attitudes mentales, mais aussi les habitudes de vie, nos comportements et l'alimentation en vue d'épargner des énergies pour éveiller notre conscience et pour l'autoréalisation intime de notre être.

L'hydre aux têtes de serpent donné par Samaël Aun Weor symbolise des différents «Moi» qu'il faut décapiter avec l'épée de la volonté pour chaque aspirant à l'initiation. À ce moment-là on devient un enfant.

b) *La Naissance intérieure*

Dans notre vie, n'importe quelle émotion, pensée, action nécessitent des énergies. Notre degré de conscience lui-même est lié à la quantité d'énergies dont nous disposons. Pour cette raison Samaël Aun Weor insiste sur la nécessité d'économiser l'énergie produite par la machine humaine afin de pouvoir continuer l'autoréalisation intime de l'être. Il offre des moyens pour y parvenir: la concentration, la méditation et la prière. Aucune création n'est donc possible sans la présence d'une certaine quantité d'énergies. La naissance intérieure est une création; elle a besoin elle aussi d'une sublime énergie obtenue grâce à la transmutation de l'énergie la plus parfaite de l'homme, «l'énergie sexuelle».

«Un mariage parfait, un couple parfait, qui pratique la science alchimiste transmute les hommes et les femmes en surhommes, en anges.»

Bien sûr, il faut étendre le sens de la sexualité au-delà de son aspect simplement génital et la concevoir comme manifestation cosmique débordée dans tous les plans de création. L'homme et la femme sont à l'image des dieux Shiva et Shakti, des polarités Yin et Yang, qui s'unissent pour engendrer la création.

Cette naissance est intimement liée *au feu Sacré* qui porte le nom de Kundalini* en Orient.

> « Il n'est pas possible d'éliminer tous les « Moi » querelleurs et criards que nous portons à l'intérieur si nous ne faisons pas appel à l'aide de la Kundalini. »

Cet agent de la création, la force consciente, se trouve dans les organes génitaux de l'homme et de la femme.

> « Le logos solaire (Kundalini) ne se trouve pas dans le cerveau, ni dans le cœur, ni en aucun autre organe du corps, mais exclusivement dans les organes sexuels, dans le phallus et dans l'utérus. »

Lorsque la Kundalini s'éveille, elle entreprend graduellement son ascension en activant au passage à partir de la base de la colonne vertébrale, les différents centres magnétiques (chakras) correspondant à des vertus ou facultés bien précises. La Kundalini traverse ces centres situés dans le coccyx, dans les organes génitaux, dans les régions du nombril, du cœur, de la gorge, entre les deux sourcils pour finalement pénétrer le centre le plus élevé (Sahasrara) afin que l'initié puisse atteindre l'illumination. Au cours du rituel, quand la Kundalini débute son ascension, l'homme et la femme la prient d'éliminer un agrégat psychique qu'ils ont au préalable identifié; chaque fois on vise un agrégat en particulier. Les célibataires peuvent éveiller la Kundalini par la méditation ou par diverses techniques de la respiration. Mais selon Samaël Aun Weor, le développement complet et absolu est seulement possible en pratiquant la Magie sexuelle dans le couple.

Bref, en apprenant à conserver les énergies, à les transmuter, à les condenser, nous donnons naissance à ce que les alchimistes appellent « l'enfant d'or ». C'est notre devoir et notre seul but sur terre de l'amener à la pleine croissance, à son plein développement, jusqu'à la réalisation complète de notre être.

c) *Don de soi (ou Sacrifice) pour l'humanité*

Pour que l'humanité vive dans la paix et le bonheur dans l'ère du Verseau, le don de soi pour les gens que nous côtoyons dans la vie de tous les jours et pour l'humanité entière est indispensable. D'autre part, cette fraternité, cet amour, ce don intégral de soi contribuent à la désintégration du « moi » égoïste qui nous emprisonne dans l'ignorance et l'inconscience. Quand nous travaillons pour éveiller la conscience des autres, nous travaillons pour libérer notre propre conscience car nous ne sommes pas seuls sur la planète; à l'intérieur de nous, nous portons l'humanité entière parce que « tout est dans le Tout », comme disent les alchimistes. Selon Samaël Aun Weor, le processus de la montée vers les différents niveaux de l'Être est impossible sans l'aide des dieux. Mais les dieux n'aident pas les égoïstes. Le sacrifice pour l'humanité est nécessaire, il est pratiqué par tous les prophètes venus dans ce monde, car la force la plus puissante de l'univers c'est « l'amour ».

Cultes et pratiques

Il n'y a pas de culte en particulier mais il y a des pratiques de concentration, de méditation et des exercices de respiration pour faciliter la circulation des énergies dans le corps. La transmutation sexuelle est une cérémonie pour éveiller la Kundalini en vue d'éliminer les agrégats psychologiques. Elle est pratiquée dans le mariage parfait par le couple parfait.

Chaque année, il y a une grande fête le 4 février pour commémorer l'anniversaire du commencement de l'ère du Verseau. C'est l'occasion de chanter, de prononcer des discours, de méditer, de prendre des repas en commun, etc.

Expansion dans le monde

Le schéma suivant donne une idée de l'organisation de ce mouvement.

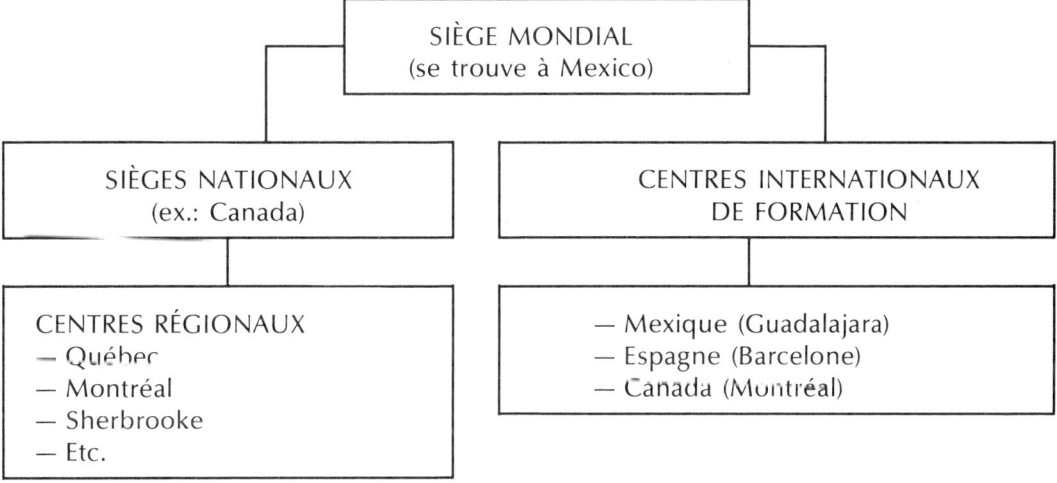

Les Centres internationaux de formation s'adressent à des cadres, à des conférenciers qui travailleront dans les centres régionaux. Deux centres de formation offrent leurs services en espagnol (Mexico et Barcelone) alors que celui de Montréal offre ses services en anglais et en français.

La confédération des institutions gnostiques mondiales regroupe des millions de membres et sympatisants autour de 1000 centres dans plus de 40 pays répartis sur les cinq continents.

Il y a des congrès internationaux une fois tous les quatre ans. Depuis la fondation de ce mouvement, il s'est tenu sept congrès. Le dernier s'est déroulé à Montréal à l'automne 1986. Cette confédération est enregistrée à l'O.N.U. et son siège social se trouve à Mexico au Mexique.

L'Association a fondé une filiale canadienne en 1978 lors du 3e congrès international à Guadalajara au Mexique auquel participaient une vingtaine de pays d'Amérique. À la suite de ce congrès, Samaël Aun Weor réalise que la Gnose devrait se répandre à travers le monde entier. Il a commencé à chercher un endroit, une clé de voûte, qui permettrait à l'Association d'être présente autant en Europe qu'aux États-Unis et au Canada. Il a choisi le Québec comme un point tournant pour les deux continents (Europe et Amérique). Il y a envoyé plusieurs instructeurs d'origine mexicaine et argentine qui à leur tour en ont formé d'autres.

Cette filiale possède des centres dans plusieurs villes du Canada: Montréal, Québec, Sherbrooke, Granby, Saint-Hyacinthe, Laval, Saint-Jérôme, Rimouski, Toronto, Vancouver et Edmonton. Dans l'île de Montréal, il y a cinq centres qui sont très actifs. On y donne plusieurs conférences par semaine réparties selon une gradation dans le contenu et dans la pédagogie. Chaque conférence comprend une partie pratique sous la forme d'exercices de méditation, de concentration, d'éveil des facultés.

Pour devenir membre, il faut avoir à cœur de se transformer selon la pratique initiatique que Samaël Aun Weor propose et ceci avec le souci de connaître cette pratique et de la rendre plus réelle en soi.

Registres civils

Non.

Bibliographie

Publications internes

* SAMAËL AUN WEOR, *La Grande Rébellion,* Coll. Urania, Montréal, Éditions Ganesha, 1980, 171 p.

* SAMAËL AUN WEOR, *Le mystère de la Floraison d'Or,* Coll. Urania, Montréal, Éditions Ganesha, 1979, 277 p.

* SAMAËL AUN WEOR, *La psychologie révolutionnaire,* Coll. Urania, Montréal, Éditions Ganesha, 1982, 179 p.

ASSOCIATION INTERNATIONALE DE MÉDITATION TRANSCENDANTALE

Nom officiel du groupe

Association Internationale de Méditation Transcendantale (M.T.). Aussi connue sous le nom de «Gouvernement Mondial de l'Âge de l'Illumination».

Le fondateur et les circonstances de fondation

Maharishi Mahesh Yohi* est né en 1920 à Jubbelpore en Inde. Il a fait ses études en physique à l'Université d'Allahabad, puis il devint disciple de Swami Brahmananda Saraswati (ou Guru Dev). Celui-ci était Shankaracharya (i.e. «celui qui siège sur le trône de Shankara») du Jyothir, monastère hindou situé dans le nord de l'Inde. Swami Brahmananda Saraswati enseignait la philosophie de Shankara sur le Vedanta. Il était un homme bien connu et respecté comme un grand sage dans les milieux hindous partout en Inde. Après sa mort, survenue en 1953, Maharishi quitte le monastère et se retire pendant près de deux ans à Rishikesh, ville située au pied de l'Himalaya.

C'est en 1958, à Madras, alors qu'on célébrait le 89e anniversaire de Guru Dev, que Maharishi annonça la création du mouvement mondial de régénération spirituelle, prenant tout le monde par surprise. On décida par la suite de porter la bonne parole dans la région la plus développée du globe: les États-Unis.

Maharishi se mit en route en 1959, passant par la Malaisie, Hong Kong et Hawaï. Durant l'été 1959, une première organisation est créée à Los Angeles: le mouvement de regénération spirituelle. Les États-Unis répondirent favorablement à cette nouvelle «science».

Maharishi établissait en 1972 le Gouvernement Mondial pour l'Âge de l'Illumination. C'est en 1970 que Maharishi touchera le sol de la Californie pour la première fois, convaincu que s'il arrivait à persuader tous les hommes de méditer deux fois par jour, l'humanité entrerait dans une ère de paix et de prospérité insoupçonnée. Pour Maharishi «Il suffit qu'un pourcent de la population mondiale médite et le reste suivra».

Un des premiers écrits de Maharishi est un commentaire des six premiers chapitres de la Bhagavad Gîtâ. Il donne aussi une série de conférences qui sont enregistrées et dont on retrouve la transcription dans *Science de l'Être* et l'*Art de vivre*. Ces deux livres apparus sur le marché au début des années soixante, traduisent bien l'essence même de l'enseignement de Maharishi. Le groupe des «Beatles» a aidé grandement à répandre le message de Maharishi. Le mouvement se répandit partout dans les grandes villes d'Amérique et du monde. Dès les tout débuts de cette expansion, Maharishi se mit à former des «instructeurs» de M. T. à Rishikesh. Le nombre croissant des demandes l'obligea à offrir des cours en Amérique et à établir un bureau-chef en Suisse.

Maharishi semble agacé par les remarques des personnes qui l'accusent d'enseigner une «religion». C'est dans ces circonstances qu'un nouveau nom apparaît: «Science de l'Intelligence Créatrice». Le terme «Dieu» disparaît de plus en plus dans le vocabulaire de l'enseignement et les instructeurs sont invités à parler de «Science».

Enseignement et doctrine

But: Lorsque nous pensons, nous n'utilisons que 5 à 10% de notre potentiel de réflexion. Le but de la M. T. est d'amener l'esprit vers les zones qui jusque là étaient inconscientes. Maharishi s'est toujours réclamé de l'enseignement qu'il a reçu de son maître Brahmananda Saraswati. C'est de lui qu'il a appris le sens et la méthode de la méditation transcendantale.

Principe de base: La pensée part du fond de la conscience comme les bulles remontent du fond d'un lac vers sa surface. On part du niveau «conscience» pour aller vers la source. Cette démarche, que Maharishi appelle la «plongée» entraîne un raffinement automatique de l'activité mentale et une purification du système nerveux.

La Méditation Transcendantale développe l'intelligence, diminue l'anxiété et la nervosité, rend plus résistant à la maladie, etc. Elle favorise une baisse de la consommation d'oxygène, une diminution du rythme respiratoire et cardiaque, une stabilité accrue des ondes cérébrales.

Doctrines: Dans la Méditation Transcendantale, ce n'est pas tellement la doctrine qui compte, mais le comportement de l'adepte.

Maharishi Mahesh Yogi affirme que la Méditation transcendantale n'est liée à aucune religion particulière et qu'elle n'est qu'une technique naturelle et simple qui peut être intégrée à n'importe quelle philosophie. Elle est une forme de méditation qui assure le développement total de l'individu d'une façon naturelle. Les idées proposées par Maharishi sont de plusieurs ordres. D'abord, son plan mondial comporte sept points importants:

— Développer tout le potentiel de l'individu;

— Réaliser l'éducation idéale la plus élevée;

— Maximiser l'usage intelligent de l'environnement;

— Améliorer les réalisations des gouvernements;

— Apporter une solution aux problèmes du crime, de l'abus de la drogue et de tout comportement qui est source de malheur pour la famille;

— Satisfaire les aspirations économiques des individus et de la société;

— Réaliser les buts spirituels du genre humain dans la génération actuelle.

Dans une conférence publique, un instructeur disait: «Si chaque personne balaye devant sa porte, toute la rue sera propre.» Tout commence par l'individu. C'est la base de toute la démarche de l'enseignement de Maharishi.

«Il y a un 'Moi' plus profond en chaque homme, la structure de l'esprit comme source jaillissante de pensée et de vie mentale consciente. Grâce aux techniques de méditation, cette couche de l'esprit est atteinte et possédée consciemment et une telle prise de conscience procure un repos et une détente profonde qui sont suivis d'un bien-être accru, d'une plus grande intelligence et d'une créativité enrichie.»

«La conscience collective est extrêmement sensible à l'humeur, aux sentiments et au comportement de chaque membre de la société. À son tour, la conscience du groupe influence la conscience individuelle. Il existe une réciprocité de relation entre le champ social et l'individu qui s'influencent mutuellement[1].»

Culte et pratiques

Rite d'initiation: C'est un rituel qui dure environ cinq minutes. L'initié doit apporter quelques fleurs, fruits et un linge blanc (habituellement un mouchoir blanc). Ce sont des objets symboliques nécessaires au rite. Maharishi insiste sur l'importance que ce rituel précède l'enseignement de la pratique de la M.T. ainsi que le don du «mantra». Il insiste aussi sur le fait que les objets nécessaires au rituel soient offerts par l'initié. Il y a des instructeurs qui sont très fermes sur ces points.

Il faut comprendre que Maharishi est un homme qui respecte beaucoup sa propre tradition. Dans la tradition des maîtres de l'Orient, le maître explique toujours d'où lui vient son enseignement. L'honneur est toujours donné à ses ancêtres. Dans ce rituel, l'élève offre en signe de reconnaissance des fruits (nourriture), un linge (vêtement) et des fleurs. L'adepte est invité à méditer pendant vingt minutes matin et soir.

Fêtes: solstices et équinoxes.

L'alimentation végétarienne est suggérée mais pas imposée; les instructeurs, par contre, sont habituellement végétariens. Depuis quelques années, Maharishi insiste sur l'importance de la santé. Il préconise la médecine «Ayar-Védique»; c'est

---

[1] TOURENNE, C., *Vers une science de la conscience*, Paris, Éditions de l'Âge de l'Illumination, 1981, p. 251.

une médecine préventive qui favorise une meilleure qualité de vie. Maharishi met à la disposition des instructeurs des cours «Ayar-védiques» afin d'offrir certains services de santé.

Pas de morale spécifique.

Expansion dans le monde

Maharishi établissait en 1972 un Gouvernement Mondial pour l'Âge de l'Illumination. L'organisation est non apparente mais existe et est très structurée.

Géographiquement, c'est en Amérique du Nord que cette école de pensée est la plus populaire, bien qu'il y ait des centres de M.T. dans presque toutes les grandes villes du monde (sauf en Union Soviétique).

Du siège de son «gouvernement mondial» en Suisse, Maharishi a développé tout un réseau: universités, chaînes de télévision, centres de méditation, etc.

En 1978, en Angleterre, il a acheté un château historique: Mentmore Towers, pour 500 000 $. Le château, construit en 1855, comprend 100 pièces et compte 40 hectares de terre.

En 1980, la Méditation Transcendantale voulait étendre son influence en France en achetant l'usine de textile Sapitex, en Bretagne. Le personnel de l'usine s'est opposé à la vente.

Recrutement et formation

L'organisation se défend de faire des «lavages de cerveaux». On prend le temps de connaître les gens et de leur faire connaître ce qu'ils trouveront là-dedans.

On organise des séminaires pour montrer aux gens comment se débarrasser des «mauvaises habitudes mentales»: il faut apprendre à faire le vide. Après le séminaire, le candidat est invité à remplir une fiche d'inscription et pourra être sélectionné pour une initiation. Habituellement, on sélectionne les gens après quelques rencontres. L'organisme utilise aussi des cours, sessions, brochures, conférences et symposiums pour se faire connaître. On utilise également de grandes personnalités, des publications et des institutions importantes en faisant remarquer que ce sont surtout des médecins et les universités qui accordent leur confiance à la technique de M. T.

L'Association achète également du temps d'antenne à la télévision pour diffuser une émission de trente minutes dans laquelle on évoque les bienfaits de la M.T. L'Association donne aussi des soirées d'information dans des hôtels de bonne renommée.

Afin d'apprendre la technique de méditation, l'Association suggère de suivre une fin de semaine (400 $). On demande au méditant de pratiquer cette technique deux fois par jour, le matin et le soir, afin d'obtenir de meilleurs résultats. On propose aussi de s'inscrire au Centre de M.T. le plus proche de son domicile afin de recevoir le bulletin de nouvelles de l'organisation. On suggère aussi de fréquenter ce centre de temps à autre afin de méditer en groupe, de poser des questions sur la technique ou encore pour prendre connaissance des différents services qui sont mis à la disposition des méditants.

La clientèle qui pratique la méditation transcendantale se partage en trois catégories. La première est constituée de personnes à la recherche d'une «technique de relaxation», ceci afin d'être plus sereines dans leurs relations humaines et plus «productives» dans leur milieu de travail. La seconde catégorie se compose de personnes à la recherche d'une harmonie intérieure; cette clientèle pratiquera la méditation transcendantale afin de découvrir le «Principe fondamental» qui les anime. La découverte de cette «énergie» intérieure alliée à la lecture et à l'étude des livres de Maharishi leur procurera non seulement les bienfaits dont bénéficie déjà la première catégorie mais en surcroît leur fournira une nouvelle perception intérieure. La troisième catégorie regroupe un bon nombre de personnes qui s'adonneront à la pratique de la méditation transcendantale à un rythme plus ou moins régulier et qui cesseront cette pratique peu de temps après l'avoir apprise.

Diffusion dans le monde

Influence actuelle

En 1980 : 3 600 centres dans le monde
4 000 gouverneurs de l'ère de l'illumination
14 000 professeurs

Il y a près de 35 000 méditants au Québec (1978), 1 million dans le monde dont la moitié aux États-Unis (1981).

Justice

En 1977, à Newark au New Jersey, l'Association Internationale pour la Méditation transcendantale a été traduite en cour à propos de la diffusion de l'enseignement de la technique de la M.T. dans les écoles. On mettait en cause le fait que la M.T. était un acte religieux et que cela contrevenait à la constitution américaine, constitution qui n'accepte par l'enseignement religieux dans les écoles. Le 12 décembre 1977, le District Court of New Jersey a rendu son verdict empêchant ainsi l'enseignement de la M.T. dans les écoles. Le rite initiatique, «le puja» a été l'argument principal qui a fait pencher la balance en faveur de l'interdiction.

Bibliographie

Publications internes

* MAHARISHI MAHESH YOGI, *La Bhagavad Gita*, nouvelle traduction commentée, chapitre 1 à 6, Paris, Éditions de l'Âge de l'Illumination, 1981, 587 p.

* MAHARISHI MAHESH YOGI, *Meditations of Maharishi Mahesh Yogi*, New York, Bantar Books, 1968, 188 p.

* MAHARISHI MAHESH YOGI, *La Science de l'Être et l'Art de Vivre*, Paris, Robert Laffont, 1976, 409 p.

Publications externes

* BOA, Kenneth, *Cults, World Religions, and You*, Wheaton, Illinois, Victor Books, 1980, pp. 333-342.

* BOURDEAU, G., «La méditation transcendantale. Notes sur son intelligence et son usage», dans *Église Canadienne*, (22 mars 1979), pp. 427-431.

* BURRELL, Maurice C., *The Challenge of the Cults*, Grand Rapids, Michigan, Baker Book House, 1982, pp. 92-107.

* DE PLAIGE, Didier et LEDUC, Jean-Marie, *Les nouveaux prophètes*, Paris, Buchet/Chastel, 1978, pp. 176-187.

* ELLWOOD, Robert S., *Religious and Spiritual Groups in Modern America*, Englewood Cliffs, N.J., Prentice-Hall, 1973, pp. 231-235.

* HADDON, David, «Transcendental Meditation», dans: ENROTH, Ronald, *A guide to Cult and New Religion*, Downers Grove, Inter Varsity Press, 1983, pp. 135-150.

  KLANG, G., *La Méditation Transcendantale*, Montréal, Alain Stanké, 1976, pp. 95-115.

* KROLL, U., *La méditation transcendantale*, Paris, Cerf, 1975.

* LABRECQUE, Claude, *Les voiliers du crépuscule*, Montréal, Éditions Paulines, 1986, pp. 166-169.

* LARSON, Bob, *Larson's Book of Cults*, Wheaton, Illinois, Tyndale House Publ., 1983, pp. 333-342.

* MANGALWADI, Vishal, *The World of Gurus*, New Delhi, Vikas Publ. House, 1977, pp. 101-124.

* MAYER, Jean-François, *Sectes nouvelles, un regard neuf*, Paris, Cerf, 1985, pp. 31-33.

* MELANÇON, O., *Oraison catholique et techniques orientales de méditation*, Montréal, Fides, 1977, pp. 151-158.

* MELTON, J. Gordon, *Cults in America*, New York, Garland Publ., 1986, pp. 7-8, pp. 187-192, pp. 223-224.

* NEEDLEMAN, Jacob, *The New Religions,* New York, E.P. Dutton, 1977, pp. 129-144.
* SMITH, Adrian B., *T.M.: An aid to Christian Growth,* Essex, England, Mayhew McCrimmon, 1983.
* SPIRITUAL COUNTERFEIT PROJECT (ÉD.) *TM in Court,* Berkeley, Calif., 1978, 75 p.
* VERMANDER, Jean-Marie, *Des sectes diablement vôtres,* Paris, Socéval, 1981, pp. 83-85.
* WHITE, John, *The highest state of consciousness,* New York, Anchor Books, 1972, pp. 295-302.

   WOODROW, A, *Les nouvelles sectes,* Paris, Seuil, 1977, pp. 65-68.

ASSOCIATION INTERNATIONALE POUR LA CONSCIENCE DE KRISHNA

Nom officiel du groupe

Association internationale pour la Conscience de Krishna* (A.I.C.K.); International Society for Krishna Consciousness (I.S.K.CON). Plus connu comme les «Dévots de Krishna».

Le fondateur et les circonstances de fondation

Ce groupe se réclame de Caitanya Mahâprabhu*, un réformateur de la religion vishnouïte au Bengale (Inde). Né vers 1486 à 80 km de l'actuelle Calcutta, Vishvambhara Mishra est un jeune brâhmane qui aurait connu une enfance merveilleuse. Les exploits qu'on lui attribue le rapprochent déjà du fameux Krishna, l'incarnation de Vishnou. Le brillant étudiant est ensuite devenu un remarquable professeur dont on déplorait parfois l'indifférence religieuse. À l'occasion d'un pèlerinage à Gayâ, accompli pour exécuter les rituels funéraires qui devaient suivre la mort de son père, il visite un temple et se laisse émouvoir par les empreintes des pieds de Vishnou que lui montre un brâhmane. Il revoit à cette occasion Ishvara Purî, un ascète vishnouïte qui, comme son maître Mâdhavendra Purî met l'accent sur la dévotion émotive. C'est le début de sa conversion.

À 24 ans, il est initié à l'état de renonçant par Keshava Bhâratî dont l'enseignement se rattache à celui de Shankara (VIIIe s.). Il prend le nom de Caitanya Prabhupâda. Lors d'un pèlerinage au célèbre temple de Purî en Orissa, Caitanya a l'occasion de s'opposer à l'enseignement d'un maître du Vedânta à la manière de Shankara où l'Absolu est conçu en termes impersonnels. Krishna est une personne divine et le Shrîmad Bhâgavatam présente une doctrine plus conforme à la dévotion (*bhakti*) qui est la sienne. Caitanya habite non loin du temple de Purî; il organise des processions publiques dansées et chantées en l'honneur de Krishna (des *samkîrtana*) et témoigne partout de son amour fou de Dieu. Il meurt en 1533 ou 34 d'une manière inexpliquée.

Caitanya n'a probablement rien écrit. Ce sont ses six grands disciples, les Goswâmî qui ont systématisé sa doctrine. Leur activité a suscité un renouveau du krishnaïsme et une réactivation des lieux saints de Mathurâ (le lieu de naissance de Krishna). Mais au XVIIIe et XIXe s., cette forme de religion décline au profit des cultes en l'honneur de la déesse. Un renouveau de la bhakti se produisit vers la fin du XIXe s. En 1868, Bhaktivinode Thakura* (1838-1914), qui possédait une éducation anglaise et venait d'une riche famille de tradition caitanyenne, reçut d'un ami le Caitanyacaritâmrita* et Shrîmad Bhagavatam*, deux textes presque introuvables à ce moment, et il se mit à les étudier. Il commença alors à traduire en bengali, et parfois en anglais, les textes les plus importants de cette tradition et à les commenter. Son fils, Bhaktisiddhânta Sarasvatî (1874-1936), poursuivit son œuvre. Il fonda le Gaudîya Matha, une institution destinée à répandre en Inde l'enseignement de Caitanya. Il destinait son enseignement à toutes les castes et accordait le cordon sacré à tous ceux qui étaient initiés dans le groupe. Il était même convaincu que le message de Krishna pouvait franchir les frontières de l'Inde. Bhaktisiddhânta eut comme disciple un certain Abhay Charan De, qui travaillait dans un laboratoire pharmaceutique, et auquel il aurait fait part de la nécessité de prêcher ce message en Occident. Ce disciple prit, lors de son initiation, le nom de Bhaktivedânta Prabhupâda (1896-1977); il fonda en 1944 la revue «Back To Godhead» destinée au public anglophone. En 1959, il se fit renonçant, se mit à traduire la Bhagavad-Gîtâ et le Shrîmad Bhâgavatam, et en 1965 il débarqua à New York. En dansant dans un parc, il attira l'attention de quelques jeunes à qui il communiqua son enthousiasme pour Krishna. Le nouveau Swâmî allait introduire ainsi en Amérique en l'espace de quelques années non seulement une spiritualité et une philosophie hindoue, mais également tout un rituel complexe et même une culture spécifique (habillement, nourriture, etc.).

Il ne fait aucun doute que l'A.I.C.K., qui fut fondée en 1966 à New York, est un authentique surgeon de l'hindouisme. Ce groupe, même si sa diffusion est récente, n'est pas plus étrange en Amérique que n'importe lequel groupe chrétien en milieu de culture asiatique, surtout si nous nous reportons à une époque assez récente où il n'était pas encore question d'«inculturation».

Enseignement et doctrine

Même s'il s'adresse à des occidentaux, l'enseignement prodigué par l'A.I.C.K. n'est pas foncièrement différent de celui qui est reconnu en Inde comme étant celui de la tradition issue de Caitanya* en Inde. Il s'appuie sur la Bhagavad-Gîtâ (à dater de quelques siècles avant notre ère) et le Shrîmad Bhâgavatam (vraisemblablement du IXe s. ou début du Xe s. après notre ère), des textes qui, selon ce groupe, remontent à Krishna lui-même (vers 3000 avant notre ère) et constituent l'essentiel de la tradition du Veda.

D'après l'Introduction de La Bhagavad-Gîtâ telle qu'elle est, on distingue cinq vérités fondamentales.

1. La première concerne le Seigneur suprême qui exerce sa suprématie sur tous les êtres et est doté d'une conscience (caitanya) qui s'étend à la totalité des êtres; il est le Créateur originel, le Possesseur de tout ce qui existe et le Bénéfi-

ciaire universel. C'est lui qui «descend parfois en ce monde mortel pour dévoiler la joie de Ses Divertissements» p. XXIII).

2. Participant de la même Conscience suprême, mais réellement distincts d'elle, il y a les êtres vivants (*jîva*)*. Ce sont d'infinies parcelles de l'Être suprême. Comme les vagues et l'océan, les âmes sont une réalité distincte de celle du Seigneur bien qu'elles en font partie intégrante. Cette doctrine s'oppose à celle de Shankara pour qui les âmes se confondent en réalité avec le Brahman impersonnel. Les membres de l'A.I.C.K. refusent cet impersonnalisme et suivent ce qu'il est convenu d'appeler en termes techniques la doctrine de la distinction et de la non-distinction (*bhedâbheda*). Les âmes sont dans une relation de service vis-à-vis de Krishna. «L'être distinct a pour seul rôle d'être uni au Seigneur dans un esprit de 'coopération'» (p. XVIII). C'est en ce sens que le groupe affirme que nous sommes tous frères, et que Krishna est notre Père commun.

3. Faisant partie de ce grand tout, il y a encore la manifestation cosmique (*prakriti*), le temps éternel (*kâla*)* et l'action (*karma*). La manifestation cosmique, c'est l'ensemble du monde matériel placé sous la direction du Seigneur. C'est l'énergie inférieure du Seigneur constituée des trois composantes (*guna*) que sont la Vertu, la Passion et l'Ignorance. Il s'agit d'une énergie féminine subordonnée au Seigneur suprême comme une épouse à son mari (p. XV), mais nullement fictive, irréelle ou illusoire.

4. Le Temps est également une des formes de la Personne suprême, celle qu'elle prend pour consumer toutes choses. «Le temps représente la destruction, et toute manifestation, en ce monde, est, par le désir du Seigneur, vouée à l'anéantissement» (p. 224).

5. L'action (ou *karma*) engendre des effets qui peuvent avoir leur source dans des vies lointaines, mais elle n'est pas éternelle. Si l'âme, sous le poids des actes, risque de s'empêtrer dans les rêts du karma*, elle peut aussi s'abandonner au Seigneur, prendre conscience de la pureté de sa vraie nature et se libérer en cette vie même, i.e. enfin concourir à la joie du Seigneur.

Au niveau du vocabulaire, l'A.I.C.K. fait certaines concessions au goût occidental en transformant par exemple les mondes supérieurs (*loka*) en planètes, ou en parlant des âmes comme de particules d'antimatière. Mais ces adaptations n'enlèvent rien à l'authenticité du message. On veut seulement de cette façon rendre le message spirituel plus accessible à notre monde scientifique. Il est vrai que même les «physiciens qui ont découvert les deux formes sous lesquelles se manifeste la matière devront poursuivre leurs recherches afin de comprendre ce qu'est la vraie antimatière» (*Antimatière et Éternité*, pp. 6-7).

Dans son effort pour pénétrer la culture occidentale, l'A.I.C.K. cherche aussi à montrer que le message de Jésus Christ n'est pas opposé à celui de Krishna. En relisant la Bible à la lumière des principes enseignés par Krishna, on peut montrer que le message fondamental de ces deux traditions est essentiellement le même. Évidemment, quand il y a doute, il faut corriger l'interprétation courante du christianisme à la lumière de l'hindouisme. C'est ainsi qu'il devient clair que le «Tu ne tueras point» biblique devrait inviter au végétarisme, et que les chrétiens qui veulent vraiment aimer Dieu devraient cesser d'abattre des animaux. Sur ces questions, voir «Krishna et Christ», dans *Retour à Krishna,* n° 1, pp. 4-7; «La Conscience de Krishna ou l'enseignement secret de Jésus Christ!», dans *Dans Chaque Ville et Village,* Vol. 2, N° 1, pp. 1-3, 10.

Culte et pratiques

Ce qui caractérise extérieurement ce groupe, c'est d'abord l'utilisation du mantra (ou vibration transcendantale) «Hare Krishna, Hare Krishna, Krishna Krishna, Hare Hare, Hare Râma, Hare Râma, Râma Râma, Hare Hare». Le chant de ce mantra est destiné à réveiller la conscience spirituelle endormie. Les adeptes doivent le répéter chaque jour 1728 fois, i.e. parcourir seize fois un chapelet de cent-huit grains.

On peut voir les dévots de Krishna parcourir les rues en dansant et en chantant les Saints Noms du Seigneur, comme le faisait jadis Caitanya en Inde. Cette pratique s'appelle le *samkîrtana*.

Avant de prendre leur nourriture, les dévots de Krishna commencent par l'offrir à Krishna. Comme Krishna est un Dieu pur, il n'accepte que des mets végétariens (ni viande, ni œufs); et il devient alors évident pour les adeptes que cette nourriture sainte ne peut que contribuer à les sanctifier. Les somptueux festins végétariens (*mahotsava*) auxquels le groupe invite sont aussi des «restes» de la nourriture offerte à Krishna lors du rituel journalier.

Ces pratiques extérieures ne sont que les manifestations les plus évidentes d'une vie très rythmée et très ascétique. En plus de s'abstenir de toute nourriture carnée, les dévots ne prennent ni thé, ni café, ni alcool, ni drogue. Ils s'abstiennent de toute activité sexuelle illicite et des jeux de hasard. Sauf en cas de maladie ou de travail épuisant, on recommande six heures de sommeil pour les hommes, et sept pour les femmes. On dort à même le sol, sur des nattes. Les adeptes n'ont pas de mobilier, de voitures personnelles, de télévision, de vacances ou autres divertissements. Toute leur activité est centrée sur l'évolution spirituelle. La récitation du mantra, le rituel au temple, etc. occupent une partie de la journée qui commence normalement à 3 h 30 ou 3 h 45 du matin. La danse dans les centres-ville et la distribution de livres ou de revues est leur façon de répandre le message de Krishna. L'A.I.C.K. n'encourage pas le retrait du monde. Bon nombre d'adeptes ont une profession qu'ils exercent librement, tandis que d'autres se consacrent à la prédication, à la diffusion des brochures ou livres du mouvement, à la fabrication d'encens, etc.

Expansion dans le monde

L'A.I.C.K. est maintenant un mouvement international florissant qui possède des centres urbains sur les cinq continents. Elle entretient également un certain nombre d'ashrams ruraux où, en plus des activités ordinaires de l'association, on s'occupe d'agriculture, du soin des vaches, d'apiculture, et d'artisanat.

Depuis 1966 jusqu'à sa mort en 1977, Prabhupâda aurait initié plus de 9000 dévots. Sentant sa fin venir, il nomma 11 gourous qui formèrent le «Governing Body Commission» (G.B.C.). L'absence du fondateur, les multiples interprétations que ces nouveaux gourous donnèrent de leur rôle, les écarts de conduite de certains d'entre eux, tout cela provoqua de graves discussions, sinon des conflits, dans le groupe. Cette crise semble s'être plus ou moins résorbée au printemps 1986 par la décision d'accepter le vote à la majorité au sein du G.B.C., de marquer au plan du rituel la supériorité de Prabhupâda sur les nouveaux gourous, et d'augmenter à 24 le nombre des gourous autorisés à initier des disciples. Cette période d'instabilité cause dans le groupe de nombreuses défections. L'Association compte maintenant moins de 2000 membres. Par contre, il semble qu'elle soit parvenue à se doter d'une institution relativement stable et capable de faire face aux éventuels problèmes que réserve l'avenir. Il y aurait actuellement à peu près autant de nouveaux adeptes que d'abandons. Environ 80% des disciples initiés par Prabhupâda auraient quitté le mouvement.

Périodiques

— *Back To Godhead*, revue publiée mensuellement (11 numéros, sauf avril). Elle a été fondée par A.C. Bhaktivedânta Swâmî Prabhupâda en 1944. Parution sporadique jusqu'à 1966.

— *Retour à Krishna*. Le magazine du Mouvement Hare Krishna, publié depuis 1977.

— *Dans Chaque Ville et Village*, périodique de l'A.I.C.K. Montréal, publié depuis 1979.

Registres civils

Non.

Bibliographie

Publications internes

* BHAKTIPADA, KIRTANANANDA, *Christ and Krishna*, Moundsville, Bhaktipada Books, 1985, 180 p.

* PRABHUPADA, A.C., BHAKTIVEDANTA, *Antimatière et éternité*, N.Y., The Bhaktivedanta Book Trust, 1975, 64 p.

* PRABHUPADA, A.C., BHAKTIVEDANTA, *La Bhagavad-Gitâ telle qu'elle est*, Paris, Éditions Bhaktivedanta, 1975, 420 p.

* PRABHUPADA, A.C., BHAKTIVEDANTA, *Krishna, The Supreme Personality of Godhead*, N.Y., The Bhaktivedanta Book Trust, 1972, vol. I, 241 p., vol. 2, 253 p.

Publications externes

* BOA, Kenneth, *Cults, World Religions, and You*, Wheaton, Illinois, Victor Books, 1980, pp. 178-188.

* BURRELL, Maurice C., *The Challenge of the Cults*, Grand Rapids, Michigan, Baker Book House, 1982, pp. 108-124.

* CHERY, H.-Ch., *Ces sectes qui nous viennent d'Orient*, Paris, Centre de documentation sur les Églises et les sectes, S.D. pp. 11-22.

* DE PLAIGE, Didier et LEDUC, Jean-Marie, *Les nouveaux prophètes*, Paris, Éditions Buchet/Chastel, 1978, pp. 102-105.

* ELLWOOD, Robert S., *Religious and Spiritual Groups in Modern America*, Englewood Cliffs, N.J., Prentice-Hall, 1973, pp. 239-245.

* GELBERT, Steven J., *Hare Krishna, Hare Krishna,* Five distinguished scolars on the Krishna Movement in the West: Harvey Cox, Larry D. Shinn, Thomas J. Hopkins, A.L. Bashani, Shrivatsa Goswanni, New York, Grove Press, 1983, 276 p.

* GOSSELIN, Jean-Pierre et MONIÈRE, Denis, *Le trust de la foi*, Montréal, Éditions Québec/Amérique, 1978, pp. 69-109.

* JOHNSON, Gregory, «The Hare Krishna in San Francisco» dans GLOCK, Charles et BELLAH, Robert, *The New Religious Consciousness*, Berkeley, University of California Press, 1976, pp. 31-51.

* LABRECQUE, Claude, *Les voiliers du crépuscule*, Montréal, Éditions Paulines, 1986, pp. 162-166.

* LARSON, Bob, *Larson's Book of Cults*, Wheaton, Illinois, Tyndale House Publ., 1983, pp. 283-292.

* MANGALWADI, Vishal, *The World of Gurus*, New Delhi, Vikas Publ. House, 1977, pp. 80-100.

* MAUCLAIR, Paul, «Sectes et prophètes du XXe siècle» dans *Historama*, oct. 1978, pp. 65-76.

* MAYER, Jean-François, *Sectes nouvelles, un regard neuf*, Paris, Cerf, 1985, pp. 33-36.

* MELTON, J. Gordon, *American Cult and Sect Leaders*, New York, Garland Publ., 1986, pp. 222-224.

MELTON, J. Gordon, *Cults in America*, New York, Garland Publ., 1986, pp. 159-164.

* ROCHETTE, Jean, *Qui croire? Essai sur les nouvelles religions*, Saint-Georges-de-Beauce, Éditions Jean Rochette, 1983, pp. 251-256.

  SAILLY, Robert, *Chaitanaya et la dévotion à Krishna*, Paris, Dervy-Livres, 1986, 182 p.

  SANDRI, Dominique, *À la recherche des sectes et sociétés secrètes d'aujourd'hui*, Paris, Presses de la Renaissance, 1978, pp. 194-217.

* SHINN, Larry D., *The Dark Lord. Cult images and the Hare Krishna in America*, Philadelphia, The Westminster Press, 1987, 204 p.

* VERMANDER, Jean-Marie, *Des sectes diablement vôtres*, Paris, Socéval, 1981, pp. 80-83.

* YAMAMOTO, J. Isamu, «Hare Krishna (Iskon)» dans ENROTH, Ronald, *A Guide to Cults and New Religions*, Downers Grove, Ill., Inter Varsity Press, pp. 91-102.

CENTRE DE L'UNIVERSALITÉ

Nom officiel du groupe

Centre de l'Universalité (C.U.)[1]

Les circonstances de fondation

C'est en novembre 1983 que le Centre de l'Universalité a ouvert ses portes sur la rue Crémazie à Montréal[2]. Cette compagnie, membre de la Chambre de Commerce de Montréal, est née sous l'initiative de trois amis: Daniel Kemp, Mario Gosselin et Pierre Ducharme. Tous trois étaient ambulanciers et avaient à faire face quotidiennement à des situations limites; accidents, morts, maladies mentales, souffrances. Par la fondation du Centre de l'Universalité, les trois amis veulent répondre aux grandes questions de l'existence tout en offrant des outils «nécessaires au développement optimal de l'individu». Comme nous pourrons le voir plus loin, la création du Centre de l'Universalité prend le relais d'un premier projet qui portait le nom «E.N.V.O.L.» (École Naturelle de Vie de l'Ordre du Lotus).

Le Centre de l'Universalité offre des cours, conférences et des sessions grâce à toute une gamme de conférenciers: Roger Drolet, François Payotte, Richard Glenn, Daniel Kemp, Lise Bourbeau, André Moreau, «Mgr» Raphaël Payeur, «Mgr» Franck Shaffner, Bernard de Montréal, Alexandre Lachance, et plusieurs autres[3]. Bien que les thèmes soient variés (psychologie, médecine, alchimie, socialisation, spiritualité,...) chacun des sujets est traité essentiellement sous l'angle de l'ésotérisme.

Enseignement et doctrine

Malgré la multitude de conférenciers qui prennent la parole au Centre de l'Universalité, l'un d'entre eux est attitré exclusivement au C.U., il s'agit de Daniel Kemp. La publicité du C.U. le présente comme «le précurseur public de l'homme nou-

---

[1] Le C.U. ne peut pas être considéré comme un groupe, mais plutôt comme un lieu ou plus précisément un organisme de diffusion du discours ésotérique.

[2] Depuis janvier 1989, le bureau du C.U. est situé au 7483, rue Saint-Denis à Montréal.

[3] Selon la publicité du C.U., plus d'une cinquantaine de conférenciers sont venus transmettre leur enseignement.

veau et de la femme nouvelle», c'est-à-dire comme celui qui vient annoncer et inaugurer la Nouvelle Ère du Verseau. On le présente aussi comme «l'extralucidité en conférence». Daniel Kemp affirme être en communication directe avec la Connaissance céleste, astrale, divine. Aucun mystère n'a de secret pour lui; il connaît tout, il répond à toutes les questions car sa mission consiste à «livrer» la Connaissance.

Daniel Kemp, le principal conférencier du C.U., est né à Montréal le 4 décembre 1957. Il affirme que dès son jeune âge il avait une compréhension exacte des écrits bibliques. En 1979, il publie son premier livre intitulé *E.N.V.O.L.*[4]. Dans ce livre, il retrace son itinéraire spirituel depuis l'âge de treize ans. On y apprend que Daniel Kemp (adolescent et jeune adulte) est entouré d'amis; parmi eux nous retrouvons Mario Gosselin et Pierre Ducharme.

Daniel Kemp indique qu'il s'intéresse aux OVNI depuis son adolescence et qu'il a étudié sérieusement ce sujet à l'aide d'articles de journaux et de revues. Kemp initie et guide ses amis qui font l'apprentissage des pouvoirs télépathiques et l'hypnose. Dans ce livre, Daniel Kemp (Dan) ne pose pas de questions à ses amis, il n'a rien à apprendre d'eux car son savoir lui vient de l'au-delà.

Projet E.N.V.O.L.: Lors de l'un de ses voyages dans l'astral, un Sage l'informe qu'il a une mission particulière à accomplir. Cette mission c'est le projet «E.N.V.O.L.». Demandé par l'au-delà et dirigé par Daniel Kemp, ce projet consiste à construire un voilier d'acajou de quarante pieds de long sur lequel s'embarqueraient une vingtaine de personnes (hommes, femmes et enfants). Cet équipage a pour but de découvrir une île mystérieuse et inexplorée, au cœur du Pacifique, et d'y «bâtir une société nouvelle où l'individu puisse évoluer à son propre rythme et s'éduquer plutôt que de subir un dressage[5]». Kemp écrit:

> «La vie dans la société actuelle ne nous satisfait pas non plus; elle n'est pas nécessairement mauvaise mais nous croyons qu'elle est un frein à notre but premier: ÉVOLUER. C'est pour ça que nous avons décidé d'aller vivre dans une île perdue au fond du monde et d'y créer une société communautaire digne de nos ambitions[6].»

Trois personnes seulement étaient intéressées à la réalisation de ce projet: Daniel Kemp, Mario Gosselin et Pierre Ducharme. Peu à peu, des personnes se sont jointes à ce noyau et ont formé le groupe E.N.V.O.L. L'équipage travailla d'arrache-pied au projet: construction du bateau, apprentissage de la culture de la terre, collecte de fonds, publicité, conférences, développement des habilités musicales et méditatives, etc... On prévoyait le départ pour juillet-août 1979. Mais bien que le projet eut été une demande de l'au-delà, Envolion (nom donné au voilier) ne prit jamais le large. Et cela malgré tous les rêves prémonitoires de Daniel Kemp lui

---

[4] E.N.V.O.L., *Départ pour le début du monde*, Montréal, Éditions de l'Homme, 1979.
[5] *Ibid*. Page couverture arrière du livre.
[6] *Ibid*., p. 12.

annonçant la réalisation prochaine de ce projet. E.N.V.O.L. ayant échoué, le trio Kemp-Gosselin-Ducharme donna naissance au Centre de l'Universalité où l'on se garde bien encore aujourd'hui de faire référence à cet échec; est-ce un signe de défaillance du contact «Kemp avec l'au-delà»?

L'homme nouveau, la femme nouvelle

Le thème central de l'enseignement de Daniel Kemp est sans nul doute «L'homme nouveau, la femme nouvelle» qui sont conviés à naître en ce temps de l'ère du Verseau. L'être nouveau doit se débarrasser de toute emprise, de toute «programmation» de la société, il doit devenir maître de lui-même.

Préceptes de l'homme nouveau

1. Je prends l'entière responsabilité de ce que je suis et je laisse les autres êtres ce qu'ils sont.

2. Je considère mon corps physique, mon plan vital, ma psychologie et mon mental comme étant aussi importants les uns que les autres.

3. Je suis créateur, organisé et productif.

4. Je suis autonome dans tout ce que je fais même quand je travaille avec d'autres.

5. Je suis psychologiquement indépendant de la société dans laquelle je vis. Je ne suis pas régi par elle.

6. Je suis égocentrique tout en restant écologique et en respectant mon entourage.

7. Je suis mental, rationnel et logique. Je ne laisse pas ma psychologie prendre mes décisions à la place de mon mental.

8. Je suis compétent dans ce que je fais et je peux faire n'importe quoi si j'y mets l'énergie nécessaire.

9. Je m'organise pour garder mon corps physique et vital en santé par une bonne alimentation, par un programme de conditionnement physique, par des exercices de respiration et par un contact étroit avec la nature.

10. Je suis le premier responsable de l'harmonie entre mes plans physique, vital, psychologique et mental.

Afin de favoriser l'évolution de la personne et de faire émerger l'être nouveau qui l'habite, Daniel Kemp a mis sur pied deux techniques: le Programme du Maître Contrôleur (P.M.C.) et l'Art d'Entraînement de l'Intelligence du Mouvement (A.E.I.M.). En plus d'être le créateur de ces deux techniques, Kemp est l'instigateur du projet de l'Organisation du Village Scientifique de l'Avenir (O.V.S.A.). Ce village sera le laboratoire de la nouvelle société où les gens évolués, libres, forts et contrôlant parfaitement leurs émotions résideront. Ce village global sera construit par et pour des scientifiques. On peut voir les maquettes et les plans d'O.V.S.A. dans les locaux du Centre de l'Universalité.

Organisation

Le Centre de l'Universalité n'existe qu'à Montréal, on ne lui connaît pas d'autres succursales ailleurs dans le monde. Lorsque le Centre de l'Universalité tenait des conférences dans son «Salon Théocentrique» de la rue Crémazie, il y avait régulièrement de cent à cent cinquante personnes qui assistaient aux activités. Le C.U. a opté dernièrement pour une autre formule; le Centre loue des salles dans des hôtels. (Le coût des conférences varie entre 10-12$ ch.)

Le Centre de l'Universalité ne publie aucun périodique, aucun bulletin de liaison. Par contre, un nombre impressionnant de cassettes sont vendues sur différents thèmes.

Bibliographie

Publications internes

KEMP, Daniel, *E.N.V.O.L., Départ pour le début du monde,* Montréal, Éd. de l'Homme, 1979, 178 p.

KEMP, Daniel, *La différence,* Boucherville, Éditions de Mortagne, 1986, 236 p.

KEMP, Daniel, *Il n'y a pas d'autres terres, Il n'y a pas d'autres hommes,* Montréal, Éditions Bergeron inc., Montréal, 1980.

CENTRE DE MÉDITATION SIDDHA

Nom officiel du groupe

Le Centre de Méditation Siddha est connu aussi sous le nom de «Siddha Yoga». Le terme Siddha vient du sanskrit et signifie «un être humain parvenu à la maîtrise des sens et des objets. Il a atteint la conscience de l'Unité: Tout est Un et lui-même vit en Tout».

Yoga: Vient du sanskrit et est un dérivé du mot «yoj»... ce qui permet un rapprochement étroit de l'âme humaine et de l'âme universelle.

Siddha yoga: désigne donc une pratique qui mène l'homme à l'état d'union avec le Divin sous les conseils d'un maître spirituel parfaitement réalisé; celui-ci lui transmet une «force» spirituelle.

Le fondateur et les circonstances de fondation

Swami Muktananda est né le 16 mai 1908 dans une famille bourgeoise à Mangalon dans l'État de Karnataka au sud de l'Inde. À l'âge de quinze ans, quelques mois après avoir rencontré Swami Nityananda, qui allait devenir son véritable gourou, Muktananda quitta son foyer, pour sillonner toute l'Inde à pied pendant les vingt-cinq ans qui suivirent. Il a acquis la maîtrise des différentes branches du yoga et des écritures traditionnelles. Mais il était toujours insatisfait de ces connaissances car il espérait ardemment atteindre l'expérience ultime. Il découvrait que seul le Gourou peut y donner accès ainsi que l'affirme la Tradition. À cette fin, il rencontra plus de soixante sages et il vécut quelques temps auprès d'eux. C'est seulement en 1947, approchant de la quarantaine, qu'il retrouve à nouveau Swami Nityananda de la lignée des Siddhas à Ganeshpuri près de Bombay. Celui-ci est l'un des plus grands sages de l'Inde moderne, très peu conventionnel, vivant presque nu. Après neuf ans d'intense méditation sous sa direction, Muktananda atteignit son but. Après la mort de son maître, il se retrouva à la tête d'un monastère.

En 1970, Muktananda effectue un premier séjour de 3 mois en Occident; sa tournée le conduit à New York, San Francisco, Paris et Melbourne. Deux autres voyages suivront. Des centaines de centres de méditation et d'Ashrams se créèrent sur son passage. En mai 1982, quelques mois avant de quitter ce monde (21 octobre 1982) il transmit son pouvoir de la lignée des Siddhas à l'une de ses disciples

les plus proches qui l'a suivi pendant près de vingt ans, Swami Chilvilasananda ou affectueusement surnommée Gurumayi.

Enseignement et doctrine

Swami Muktananda, comme tous les sages indiens inspirés de l'hindouisme, tire son inspiration profonde du Vedanta (une école philosophique contenant les enseignements des Upanishad) qui étudie la relation entre l'Absolu, le Soi et le monde. L'inspiration immédiate de Muktananda c'est la tradition du culte de Shiva et surtout le Shivaïsme du Cachemire (une philosophie qui reconnaît l'univers entier comme *manifestation de l'Énergie Consciente divine*).

Par conséquent, nous retrouvons quatre points essentiels dans la pensée de Muktananda:

1. Shiva (Dieu) l'être suprême, la Conscience universelle se manifeste dans notre monde comme une *puissance*. Tout l'univers est imprégné de cette puissance (Shakti). Il n'est pas une réalité extérieure mais intérieure à nous. Il n'est pas distinct de ce que nous sommes, mais il est essence de notre être, notre source de paix et d'amour. Dans la tradition Siddha, cette source de divinité intérieure est appelée «le Soi*». Nous ne pouvons le voir ni l'atteindre cependant; lorsque nous sommes «purifiés» par la méditation, il se révèle à nous.

2. Pour atteindre Dieu, l'Être supérieur, la Conscience universelle, le Soi intérieur, on met à la disposition des gens différentes techniques et pratiques: des rites, des cérémonies, des respirations, des yogas. Pour Muktananda le meilleur moyen demeure la méditation*. C'est la plus accessible car elle peut se pratiquer quotidiennement à différents moments du jour. Le plus grand bénéfice de la méditation est la tranquillité totale du mental.

a) *le mantra*: La technique plus privilégiée est celle de la répétition du mantra (paroles sacrées, sons cosmiques mystiques, qui ont le pouvoir de transformer et de protéger celui qui les répète). Le méditant doit se concentrer uniquement sur le mantra, de façon à ce que le mental se tourne automatiquement vers le Soi intérieur.

b) *la posture*: Il faut adopter une posture particulière: la posture assise est le fondement de la méditation tandis que la position appelée du «lotus» est la plus aisée. Si le méditant est inconfortable dans ces postures, alors il peut s'allonger dos plat au sol ou sur un matelas très ferme. Ce qui importe dans la posture, c'est que le dos demeure bien droit. Car lorsque la colonne vertébrale est droite, le mental se concentre sur le cœur.

c) *la respiration*: Le méditant qui répétera un mantra et qui empruntera une posture confortable, laissera entrer de façon toute naturelle le «souffle de vie» en lui. Le mantra, répété selon le rythme de la respiration, permettra d'atteindre une meilleure concentration sur le «Soi».

Lorsque ces trois facteurs sont réunis (la répétition du mantra, une posture confortable et une respiration régulière), le méditant a toutes les chances de découvrir le «Soi intérieur» qui l'habite. Cependant, le véritable secret de la méditation est la *transmission de la force spirituelle par la grâce d'un maître spirituel Siddha*. La transmission de la force spirituelle par le Maître éveille la Kundalini*, cette force cosmique endormie à la base de la colonne vertébrale. Cette transmission de la force spirituelle permet au méditant d'obtenir des résultats plus rapides.

3. Dans son analyse du processus d'éveil, Muktananda préconise le «Kundalini Yoga» tel que développé dans le Shivaïsme et dans le Shaktisme. Une fois la transmission de la force spirituelle complétée (la Shakti), la puissance intérieure est activée automatiquement; il n'y a plus d'effort à faire pour le pratiquer. La Shakti continue à se développer à l'intérieur du corps et elle donne au méditant les expériences qui lui sont nécessaires; les postures, les contractions yogiques, les techniques respiratoires peuvent surgir spontanément pendant la méditation. Finalement, la kundalini atteint le centre spirituel supérieur, l'état de Conscience; c'est la manifestation du Raja Yoga dont l'objet ultime est *la réalisation de Dieu en l'humain*.

La méditation Siddha débute par l'expérience du Shakti, l'éveil d'une énergie intérieure appelée Kundalini. Cet éveil se produit uniquement au contact d'un maître Siddha. L'éveil de la Kundalini constitue le premier pas sur la voie menant à la réalisation du Soi. Le processus de transformation qui s'amorce après l'éveil de la Kundalini par le Maître Siddha est appelé «Siddha Yoga».

4. Muktananda ne rejette pas les autres religions mais il les relativise car aucune religion selon lui ne s'adresse à tous. Seule la religion du «Soi» est naturelle à chacun car le Soi nous habite depuis toujours. Le Soi intérieur est la compréhension supérieure et l'essence véritable de toutes les religions. Muktananda propose une recherche spirituelle inspirée de la tradition ghairite. Cette recherche n'implique pas un rejet des responsabilités quotidiennes. Mais le méditant est invité à s'impliquer davantage dans ses engagements. Le Soi est partout; pour cette raison, aucune activité n'est un obstacle sur la voie spirituelle. À ce sujet Muktananda affirme:

«Peu importe le domaine où votre activité s'exerce, si vous consacrez votre travail à Dieu, il devient une pratique spirituelle. Si vous faites simplement votre travail sans le désir personnel d'en recueillir du fruit, cela aussi est du Grand yoga.»

Culte et pratiques

Il est recommandé de pratiquer la méditation tous les jours à la maison ou au lieu de travail en répétant le mantra à n'importe quel moment de la journée. Cette activité est essentielle pour chaque membre.

Il est proposé de fréquenter les centres de méditation Siddha dans le but d'accroître les connaissances dans le domaine de la méditation en assistant à des conférences, des cours, des séances de méditation en groupe. L'activité la plus importante qui se tient à ces centres demeure le «cours intensif». C'est un séminaire de deux jours consécutifs d'enseignement intensif sur la philosophie et la pratique duSiddha yoga. C'est à l'occasion de ce séminaire que le gourou ou le Maître (qui a été directement désigné par le fondateur ou sa successeure) donne à ses disciples l'expérience du Soi, qu'il éveille la Kundalini.

Tous sont invités à participer ou à assister aux différentes activités des centres: Méditations du matin ou du soir, le Chant du Guru Gita (C'est un chant d'amour au gourou; il décrit la nature profonde qui habite le Maître et révèle les fondements de la relation du gourou avec ses disciples).

Pour devenir membre d'un centre de méditation Siddha, il faut pratiquer la méditation et aussi faire preuve d'une grande confiance au Gourou.

Il n'y a pas d'interdits en tant que tels mais on propose une alimentation strictement végétarienne et il est préférable d'éviter les boissons alcooliques et le tabac.

On célèbre deux grandes fêtes pendant l'année, la fête de Shiva et l'anniversaire de la mort de Muktananda. On y fait des offrandes de lumières, de fleurs ou d'encens; il y a aussi des chants et des moments de méditation et des repas communautaires.

Diffusion dans le monde

Deux centres mondiaux dirigent ce mouvement. Le premier est à Genespouri en Inde, où le Gourou passe la majeure partie de l'année (en général de septembre à juin). C'est un grand bâtiment construit sur un terrain de 500 000 m^e. Il peut contenir 1 500 personnes environ. C'est l'un des plus beaux monastères en Inde. Chaque semaine des milliers de visiteurs y sont accueillis.

Le second centre est la «Siddha Yoga Dham of America Foundation (S.Y.D.A.F.), établie en 1974 à South Rallsburgs dans l'État de New York afin de supporter la mission de Swami Muktananda et d'appuyer ses œuvres charitables en Inde. Le gourou y est présent l'été. Ce centre coordonne les activités d'environ quatre cents centres locaux (lieux de réunion ou maisons privées où se tiennent des rencontres régulières) et ashrams (communautés résidentielles où l'on offre quotidiennement des programmes au public).

Les centres régionaux sont organisés à l'image des deux centres principaux. L'image du fondateur ou de sa successeure est mise en évidence. On y retrouve également une grande chaire, symbole du pouvoir d'enseignement spirituel du Gourou. Autour de la salle de méditation, des photos présentent le processus de la réalisation du «Soi» de Muktananda et de Nityananda. D'autres photos dans les corridors décrivent les activités de Gurumayi.

La méditation Siddha regroupe des centaines de milliers d'adeptes dans le monde, dont plus de deux mille au Canada, la plupart résidant au Québec. Le Centre de méditation Siddha Yoga de Montréal, fondé il y a 12 ans, est très actif. Au début, il réunissait une dizaine de personnes; on compte aujourd'hui plus de sept cents membres.

Registres civils

Non.

Bibliographie

Publications internes

MUKTANANDA, Swami, *Hatha Yoga for Meditation,* South Fallsburg, Syda Bookstore.

MUKTANANDA, Swami, *Kundalini: The Secret of Life,* South Fallsburg, Syda Bookstore.

MUKTANANDA, Swami, *The Perfect Relationship,* South Fallsburg, Syda Bookstore.

MUKTANANDA, Swami, *Play of Consciousness,* South Fallsburg, Syda Bookstore.

MUKTANANDA, Swami, *Secret of the Siddhas,* South Fallsburg, Syda Bookstore, 233 p.

MUKTANANDA, Swami, *Where are you going?,* A guide to the spiritual journey, South Fallsburg, Syda Bookstore, 176 p.

Publications externes

* LARSON, Bob, *Larson's Book of Cults,* Wheaton, Illinois, Tyndale House Publ., 1983, pp. 218-220.

* MELTON, J. Gordon, *American Cult and Sect Leaders,* New York, Garland Publ., 1986, pp. 186-187.

* MELTON, J. Gordon, *Cults in America,* New York, Garland Publ., 1986, p. 120.

CENTRE DU NOUVEAU PENSER

Nom officiel du groupe

LE CENTRE DU NOUVEAU PENSER DE MONTRÉAL est enregistré comme organisme à but non lucratif consacré à la formation. Il existe depuis 1981. Il est officiellement enregistré comme organisation religieuse.

Le fondateur et les circonstances de fondation

Bernard Cantin est né le 4 août 1938, dans la région de Québec. Il a fait partie de la communauté des Oblats de Marie-Immaculée (O.M.I.). Il a fait ses études en philosophie et en théologie à l'Université d'Ottawa. C'est à ce moment qu'il aurait pris connaissance des œuvres du Dr Murphy et d'autres comme celles de E. Fox*, Holmes, etc. Il a été missionnaire dans l'Ouest canadien à Grand-Rapid. Il a quitté la communauté des Oblats à la demande de son supérieur. Il a rencontré sa compagne, Frances Kennedy, une Irlandaise, alors qu'elle travaillait comme missionnaire laïque auprès des Amérindiens. Il a travaillé à la Société Radio-Canada à Edmonton (Alberta). Il y a fait du théâtre et a étudié au Life Enrichment Center, affilié à l'Université d'Oregon, pour se perfectionner dans le *New Thought*.

Un peu d'histoire... Selon Bernard Cantin, dans les années 1980, quelques hommes d'affaires ont voulu ouvrir un «Centre Joseph Murphy», qu'on pouvait rejoindre par le numéro d'un casier postal à Laval. Ayant décelé dans leur projet des intentions mercantiles, Bernard Cantin a avisé le Dr Murphy. Ce dernier leur a alors enlevé tous les droits d'opérer un tel centre, d'utiliser son nom, et de vendre ses livres. Bernard Cantin est devenu le «Fondé de pouvoir» du Dr Joseph Murphy et le responsable du courrier en langue française de ce dernier.

À cette époque le Centre du Nouveau Penser de Montréal a commencé à donner des conférences, sans lieu précis, un peu partout (ex.: Holiday Inn, Richelieu) comme l'a fait le Dr J. Murphy, pour se fixer ensuite à l'Université du Québec à Montréal, au Pavillon Judith Jasmin.

Enseignement et doctrine

Bernard Cantin ne se veut pas «dogmatique» mais il privilégie certaines références ou auteurs: P.P. Quimby, Thomas Troward, E. Fox, C. Barker, E. Caddie, F. Bailes et E. Holmes. (Voir *Le cortège des fous de Dieu,* pp. 152-156). Ces auteurs se réfèrent au mouvement connu aux États-Unis sous le nom du «New Thought».

Dans le Nouveau Penser, on fait appel à la loi créatrice du Mental: «On enseigne que l'être humain est un esprit temporairement logé dans un corps et que cet esprit possède un grand nombre de pouvoirs du Grand Esprit cosmique (Tao, Dieu) présent en vous. Il suffit de les mettre en œuvre par une pensée positive qui se concrétise toujours. La conscience de la santé produit la santé; la conscience de la richesse produit la richesse. Et la crainte du malheur attire le malheur.» Au cours des thérapies chacun prend conscience de son aspect «Christique». Il devient son propre Sauveur ou Rédempteur.

Les pages 48 et 49 du livre: *Joseph Murphy se raconte à Bernard Cantin,* donnent les orientations de base du Nouveau Penser et de la pensée positive de M. Murphy:

— C'est l'ignorance, l'absence de savoir qui est cause de la maladie, de la souffrance, de la peur. «On ne se libère qu'en prenant conscience de la Présence divine... Une vie abondante est une vie réussie et remplie de succès.»

— «Moïse, Bouddha, Lao-Tseu, Mahomet, Jésus, tous ont dit: 'JE SUIS la voie, la vérité et la vie, maintenant et toujours', JE SUIS, c'est la voie qui mène à toutes bonnes choses: la santé, le bonheur, la paix d'esprit.»

«Le Nouveau Penser c'est la pratique de la Présence de Dieu... le mal ne peut exister dans la Présence de Dieu, non plus que la peur et la souffrance.»

«Le Nouveau Penser constitue l'ensemble des vérités éternelles qui nous sont révélées par les allégories, les paraboles, les nombres, les cryptogrammes que contient la Bible. Les paraboles sont des récits allégoriques des livres saints sous lesquelles *se cache* un enseignement.»

À la page 50, B. Cantin poursuit: «l'esprit subconscient est le fondement de toutes les religions du monde. Malheureusement, l'homme ordinaire ignore l'existence de son subconscient et l'influence que celui-ci exerce sur l'esprit conscient, et ne sait pas par conséquent se servir de ses facultés mentales et spirituelles».

À la page 53, «nous sommes ce que nous pensons tout le jour durant. Il faut apprendre et connaître les lois mentales. Ainsi, toutes les idées qui provoquent en nous une émotion et un sentiment de vérité, deviendront réalité car notre esprit se chargera de les réaliser».

Culte et pratiques

Au Centre du Nouveau Penser, Bernard Cantin:

— Donne des cours d'interprétation métaphysique de la bible.

— Fait des ateliers de croissance personnelle et spirituelle.

— En entrevue, il fait de la thérapie, accompagnant les gens dans une démarche de guérison. Il travaille avec Frances Kennedy, Thérèse Miron et Normand Brodeur. Bernard Cantin et ses collaborateurs appliquent une thérapie selon une approche «osmotique» qui s'échafaude sur les bases suivantes: les mécanismes internes du corps; l'orientation et la compréhension gestaltique du psychisme; l'interprétation métaphysique de l'aspect spirituel de l'être humain. Ils travaillent avec des groupes de 10 à 12 personnes sur une base de 5 semaines.

Bernard Cantin travaille aussi en milieu carcéral, donnant des sessions, des thérapies.

Le Centre du Nouveau Penser offrait encore tout récemment une rencontre tous les dimanches à l'Université du Québec à Montréal au Pavillon Judith Jasmin. Chaque rencontre se déroule généralement en trois temps: séance de méditation et détente; conférence; chants et prières. Bernard Cantin, Frances Kennedy ou Thérèse Miron prononcent alternativement la conférence du dimanche.

Le Centre propose une «confraternité de midi»: prière pour la transformation du monde, qui doit être récitée tous les jours à midi pour être en union avec tous les participants à cette prière.

Bernard Cantin se dit encore prêtre ou pasteur. Il administre le Baptême avec l'eau, comme symbole de l'Esprit-Énergie. Toutefois, il ne lie pas ce symbolisme à Jésus Christ mais à Dieu, Énergie divine en nous. Il préside des mariages. Il n'est aucunement en lien avec l'Église catholique et ses structures.

Expansion dans le monde

Bernard Cantin se rend un peu partout dans le monde en vue de mettre sur pied d'autres centres qui deviennent indépendants du Centre du Nouveau Penser. Il aurait été invité en Europe, en Afrique, en Asie, en Belgique et ailleurs au Québec.

Le financement

1. Le Centre reçoit annuellement une subvention du Ministère de l'Éducation du Québec.

2. Une cotisation de 25$ est demandée aux membres qui peuvent aussi acheminer un soutien au montant de 50$ ou plus.

3. À chaque rencontre du dimanche, les gens sont invités à faire une contribution en argent.

4. Ateliers de thérapie: les prix varient selon que la thérapie est individuelle, ou en groupe; en milieu carcéral ou ailleurs.

Registres civils

Le Centre du Nouveau Penser de Bernard Cantin est officiellement enregistré comme organisation religieuse.

Bibliographie

Publication interne

* CANTIN, Bernard, *Joseph Murphy se raconte à Bernard Cantin*, Montréal, Éditions Un monde différent, 1987.

CITÉ ÉCOLOGIQUE DE L'ÈRE DU VERSEAU

Nom officiel du groupe

Tel qu'indiqué en titre.

Le groupe peut aussi être identifié sous d'autres appellations qui ne sont pas synonymes. Le CENTRE D'ÉVEIL SOLAIRE, la FERME et les JARDINS BIOSOLAIRE, les ÉDITIONS et le CENTRE DE RECHERCHES JIVOT se rapportent à la CITÉ. Les distinctions qui s'imposent seront apportées au point-5 sur l'organisation de la Cité.

Le fondateur et les circonstances de fondation

Le fondateur n'est pas unique. Les initiateurs du projet, Michel Cornellier, Guy et Monique Bélanger ont appartenu à la FRATERNITÉ BLANCHE UNIVERSELLE (=FBU) dont le Maître se nomme Omraam Mikhaël Aïvanhov (1900?-1986). (Dans la section «enseignement» de cette fiche nous verrons le rapport qu'il y a entre la Cité et l'héritage laissé par Aïvanhov.)

En 1983, à Ham-Nord (près de Victoriaville), Messieurs Cornellier et Bélanger notamment ont tenté l'expérience d'un camp d'été pour des jeunes âgés de six à treize ans (deux sessions de quatorze jours) qui avait pour but de «vérifier le comportement des enfants dans un milieu naturel sans les barrières psychologiques, affectives et souvent physiques de leurs parents» (Voir *La vie dans la Cité écologique de l'ère du Verseau*, p. 11). Cette expérience fondatrice n'a pas été sans lendemain. De nombreuses personnes se sont jointes au projet qui s'est développé en marge de la FBU. Nous verrons plus loin ce qu'il en est advenu.

Enseignement et doctrine

Le rapport qu'il y a entre la Cité et Aïvanhov a été établi par les responsables de la Cité eux-mêmes, à cause de leur fréquentation passée à la FBU et à cause aussi de la conférence qu'Aïvanhov aurait prononcée en 1985 sur les lieux mêmes de la Cité écologique de Ham-Nord. Dans une photographie, comprise entre les pages 96 et 97 du livre intitulé *La vie dans la cité écologique de l'Ère du Verseau*, on peut voir des membres de la Cité vivant une festivité sous les enseignes de Gébourah, le cinquième séphirot de l'arbre kabbalistique, la Force, qui se trouve aussi dans l'enseignement d'Aïvanhov. Par le fait même et par certaines autres représentations apparaissant dans les locaux de la Cité, ce groupe montre au moins un intérêt certain pour la pensée ésotérique et pour l'œuvre d'Aïvanhov, aspect qui n'a pas été développé explicitement jusqu'à maintenant dans les trois livres publiés aux Éditions Jivot.

Il y a encore bien des passages de ces livres qui parlent du Soleil, de l'influence de la Lune (Voir *La pédagogie familiale*, p. 139), de la nourriture à offrir sur les plans physique, mental et astral (pp. 141-142), du monde des anges ou des entités supérieures (p. 143) qui rappellent l'enseignement d'Aïvanhov. Incidemment, on trouve aussi à la Cité écologique de Ham-Nord, une représentation des vingt-quatre vieillards de l'Apocalypse de Jean. Dans les projets de construction qu'il annonçait au Bonfin en 1979, Aïvanhov prévoyait ériger un temple dédié aux vingt-quatre vieillards.

Les caractéristiques ou les particularités de la Cité écologique de l'Ère du Verseau peuvent se résumer comme suit: il s'agit à la fois d'une entreprise commerciale d'agriculture biologique (le livre intitulé *La vie dans la cité écologique de l'Ère du Verseau* insiste là-dessus) et d'une commune valorisant une forme de pédagogie familiale, inspirée notamment du livre de Marilyn Ferguson, *Les enfants du Verseau*.

«En résumé, notre plus grand défi, avant même de penser aux apprentissages traditionnels — français, mathématiques —, est de rétablir une parfaite harmonie dans la cellule familiale, ensuite le reste des APPRENTISSAGES ne sera plus qu'un jeu pour l'enfant» (*La vie dans la cité écologique de l'Ère du Verseau*, p. 53).

Le but poursuivi: travailler à la formation des femmes et des hommes nouveaux par un travail sur l'âme (*La pédagogie familiale*, p. 146); travailler aussi à l'avènement d'une société plus écologique et nourrie sainement. Ceci n'est pas sans rappeler la mission du Maître Aïvanhov dans cette phase Mikhaëlique de l'Ère du Verseau.

Pratiques

Il reste à vérifier si toutes les pratiques essentielles à la FBU sont vécues au sein de la Cité écologique de l'Ère du Verseau (pour connaître ces pratiques, voir la fiche FBU).

On peut ajouter les observations suivantes: les repas en silence, les périodes de méditation communautaire, les cérémonies avec chants, les pièces de théâtre, l'initiation des jeunes à l'arbre séphirotique (voir *La Presse*, 16 déc. 1988), les rencontres des anciens (ou responsables de la Cité), des éducateurs[1], des célibataires, les réunions ayant pour but l'autoévaluation des jeunes en regard de leur comportement écologique.

On ne peut certes pas oublier dans une entreprise commerciale l'engagement dans le travail: en principe, six jours par semaine du matin au soir.

---

[1] Ce sont eux et non l'école publique qui s'occupent aussi des apprentissages scolaires.

Organisation

La Cité est établie à Ham-Nord, près de Victoriaville, et comptait en 1989 près de cent cinquante membres. Les modalités de publicisation et de recrutement sont variées: le «dimanche-santé» (repas végétarien avec programme d'activités pour sensibiliser à l'écologie et pour présenter la Cité aux visiteurs), les livres publiés aux Éditions Jivot (maison d'édition de la Cité), les concerts, les émissions de télévision communautaire, les stages offerts en agrobiologie.

La structure organisationnelle est répartie en six secteurs. Le CENTRE D'ÉVEIL SOLAIRE, à but non lucratif, a été incorporé en juillet 1983 et reçoit présentement les hôtes, les stagiaires et les familles. Les SERRES BIOSOLAIRE voient à la production des tomates et des autres légumes. Les JARDINS BIOSOLAIRE, à but lucratif, gèrent les huit cents hectares de terre, produisent les plats cuisinés et en font la distribution. La FERME BIOSOLAIRE, où est concentré l'investissement des membres, a été incorporée le premier mai 1984 et elle produit les cultures maraîchères et céréalières. Le CENTRE DE RECHERCHES JIVOT inc. (Jivot veut dire vie en bulgare) est un organisme à but non lucratif, incorporé en février 1985, qui s'occupe de réfléchir au développement global de l'être humain (éducation) et d'expérimenter des méthodes saines de cultures et d'alimentation, et qui patronne le projet d'une université écologique (dirigée en 1989 par J.C. Rodet). Les ÉDITIONS JIVOT ou COMMUNICATION JIVOT depuis la fin de 1986 font connaître le projet de la Cité écologique par les livres et par la conception de documents audio-visuels. Les ENTREPRISES P.M. ET FILS assurent les services administratifs de l'ensemble des compagnies déjà énumérées.

Les ressources financières de la Cité: au début de 1989, la Cité était évaluée à huit millions de dollars en valeurs et en liquidité. Au début de 1987, M. André Saumier, ex-directeur de la Bourse de Montréal, s'est chargé de trouver le financement pour la Cité par son entreprise de courtage. En plus, un ministre québécois, M. Robert Dutil, et bien d'autres personnes auraient consenti un prêt à la Cité. Toute personne qui désire devenir membre de la Cité est appelée à investir (on a parlé de montants allant de 35 000 à 200 000). On peut ajouter les subventions aux agriculteurs, les chèques d'assurance-chômage que des membres auraient voulu déposer au bénéfice de la Cité. Par-delà toutes ces sources de financement, il faut évidemment ne pas oublier les profits qu'on a pu obtenir de la vente des produits de la Cité.

Émissions et périodiques

La Cité a produit des émissions sur le réseau Vidéotron (Canal 9).

Registres civils

Non.

Bibliographie

Publications internes

La vie dans la Cité écologique de l'Ère du verseau, Ham-Nord, Jivot, 1986, 116 p.

La pédagogie familiale dans la Cité écologique de l'Ère du verseau, Ham-Nord, Jivot, 1987, 160 p.

Le rôle de la femme dans la Cité écologique de l'Ère du verseau, Ham-Nord, Jivot, 1987, 139 p.

ECKANKAR

Nom officiel du groupe

Eckankar ou Science secrète du voyage de l'âme.

Le fondateur et les circonstances de fondation

Eckankar est une nouvelle religion fondée aux États-Unis en 1965 par Paul Twitchell. Plusieurs auteurs, David Christopher Lane, Brooks Alexander et Mark Albretch ont travaillé à démystifier la figure légendaire de Paul Twitchell élaborée par Brad Steiger et proposée par le mouvement eckiste.

Comparée à la légende, la véritable figure de Paul Twitchell est bien modeste. Twitchell est né à Paducah, au Kentucky, entre 1908 et 1912. Il fit deux ans de Collège à l'Université Western Kentucky. Après la guerre, où il combattit dans la marine, il s'engage dans la carrière de journaliste. En 1950, il adhère avec son épouse à la Self-Revelation Church of Absolute Monism de Swami Premananda à Washington, D.C. C'est dans cette religion, qui était un rejeton de la Self-Realization Fellowship de Paramahansa Yogananda que Twitchell découvre les enseignements et les techniques qui deviendront l'ossature du mouvement religieux qu'il fondera plus tard. En 1955, il se sépare de sa femme et est exclu de la Self-Revelation Church par Swami Premananda qui l'accuse de mauvaise conduite. Mais il se fait tout de suite initier dans le Ruhani Satsang de Kirpal Singh. Tout en suivant les enseignements de Kirpal Singh, il s'associe à l'Église de Scientologie dont il devient membre du personnel.

Au début des années 60, Twitchell déménage en Californie; il y rencontre Gail Atkinson qu'il épouse en 1964. Il développe des relations étroites avec l'Institut Californien de Parapsychologie et s'intéresse à la mystique occulte. C'est alors qu'il rompt avec Kirpal Singh et crée sa propre religion, Eckankar.

Pour occulter les nombreux emprunts faits à ses maîtres antérieurs, Paul Twitchell se proclama le révélateur d'une sagesse ancienne: la science du voyage de l'âme. Il se présente comme le 971e descendant de la lignée des maîtres Eck qui remonte aux origines de l'humanité. Niant avoir eu pour maître Kirpal Singh, il prétendit recevoir ses révélations de Rebazar Tarz, maître tibétain âgé de 500 ans. Celui-ci passa le pouvoir à P. Twitchell, le 22 octobre 1965, date retenue pour la fondation d'Eckankar.

Après le décès de P. Twitchell, le 17 septembre 1971, Darwin Gross, eckiste depuis seulement deux ans et initié de second rang fut désigné comme successeur. Après avoir suivi des cours intensifs et reçu une cinquième initiation, il fut nommé, le 22 octobre 1971, Maître Eck vivant. Celui-ci épousa la veuve de Paul Twitchell dont il divorça cinq ans plus tard.

En 1981, Darwin Gross est déchu de son poste à la faveur des manœuvres «putchistes» de Harold Klempt qui est nommé le 973e Maître Eck vivant. Ce dernier excommunie Darwin Gross du mouvement à cause de «sa mauvaise administration des fonds d'Eckankar, ainsi que de sa mauvaise gestion des écrits et autres propriétés d'Eckankar» (Lettre de Klempt, 6 janvier 1984).

Enseignement et doctrine

Influencés par la scientologie, les enseignements d'Eckankar sont une reprise de la religion Radhasoami et plus précisément de Ruhani Satsang de Kirpal Singh popularisé aux États-Unis par les livres de Julian Johnson. Avec ces quelques différences que dans Eckankar le divin est appelé Sugmad au lieu de Radhasoami et le courant sonore et lumineux destiné à ramener l'homme à Dieu est appelé Eck au lieu de Shabd.

Selon la doctrine eckiste, au commencement Sugmad, l'Absolu de tous les absolus, dormait. Les esprits qu'il avait créés troublaient son sommeil. Alors Sugmad crée l'univers matériel pour les y plonger en guise de punition, d'expiation. Mais Sugmad n'a pas abandonné les esprits à leur détresse, il a établi le maître Eck, le Mahanta par qui les âmes retournent au ciel.

Alors que le Sugmad est le CELA, le divin omniprésent, Eck est l'Énergie créatrice, la Voix du Sugmad, le Courant de vie qui se rend perceptible sous forme de son et de lumière. À chaque époque, un maître Eck vivant est envoyé par le Sugmad pour révéler le message divin et aider les humains à retourner vers Dieu en les soustrayant à l'influence de Kal. Kal, c'est le mal, le Satan qui lutte contre Eck.

Le Maître Eck est le Mahanta; il est divin; c'est un homme-dieu, un avatar divin, une incarnation du Sugmad; il participe des attributs de Dieu et transcende le temps et l'espace. Il voyage aussi bien dans les univers spirituels que dans les mondes matériels. Comme leur maître, les eckistes peuvent quitter leur corps et voyager dans les mondes spirituels. Ces expériences «hors-corps» nous rappellent qu'Eckankar est l'«ancienne science du Voyage de l'âme».

Le Maître met fin à la solitude de ses fidèles. Il est l'ami et le protecteur des Eckistes partout où ils se trouvent. Il apporte libération et bonheur dès ici-bas à tous ceux qui se confient à lui; car il leur procure une expérience immédiate du divin. Il s'agit de passer du niveau de la conscience humaine à celui de la conscience divine. Cette modification de la conscience s'accomplit par le détachement, l'élévation, la transmutation et l'imagination.

Le malheur de l'homme c'est qu'il s'identifie à ses corps inférieurs, physique, astral, causal, mental, éthérique. Cette identification crée une fausse identité. L'homme ne vit qu'au niveau de son moi humain; il oublie son «moi non phénoménal, le vrai moi, l'Atma Éternel, la Divinité en lui» (P. Twitchell). Ce Moi se réincarne aussi longtemps que la dette karmique n'est pas payée.

Culte et pratiques

Eckankar préfère parler d'exercices spirituels, de techniques créatrices plutôt que de pratiques rituelles. Les trois principaux exercices sont: le satsang, la contemplation et l'initiation.

a) *Le Satsang* («union à Dieu») désigne un petit groupe d'une dizaine de personnes qui se réunissent aux quinze jours sous la conduite d'un animateur (arata) pour étudier la doctrine eckiste. On y approfondit un texte secret, *Les Discours Eck Satsang* et l'un ou l'autre passage de la littérature d'Eckankar. L'adepte doit interrompre toute autre démarche spirituelle. Il doit faire confiance à l'arata et s'abstenir de toute remise en question. Le but du satsang est de faire entrer le fidèle dans la vision eckiste du monde.

b) *La contemplation* ne dépasse pas une demi-heure par jour. *Le Carnet de Notes Spirituelles* de P. Twitchell présente trois techniques de contemplation: le Surat, le Nirat et le Dhyana.

Voici comment *Le Carnet* décrit le Surat:

«La technique Surat est plutôt simple. C'est surtout un exercice spirituel qui consiste à s'asseoir en silence, dans une posture confortable et stable, dans un fauteuil ou sur le sol, dans la position en tailleur. On place les avant-bras sur les cuisses, doigts enlacés et paumes tournées vers le haut, et l'on place son attention sur le Tisra Til, l'œil spirituel.

On fait alors cinq inspirations et expirations profondes et l'on commence à répéter le mot HU, le nom universel de Dieu. Après un temps assez prolongé, on prend encore cinq respirations et on continue le chant du mot HU, qui se prononce «HYOU» et doit être chanté pendant l'expiration, sans effort et très lentement. L'attention de l'aspirant doit demeurer fixée sur le Tisra Til. Il ne doit pas tenter de voir quoi que ce soit, mais simplement garder son attention sur l'œil spirituel.

Après un temps de repos, il reprend la même technique jusqu'à ce qu'il ait répété le mot quinze fois, ralentissant de plus en plus le rythme dans le chant du nom de Dieu. Il commence alors à écouter son chant, continuant ainsi jusqu'à l'expiration complète de son souffle et de sa voix. Maintenant son attention est dirigée vers les sons ésotériques, provoqués par le chant du mot sacré «HU» se répercutant en lui-même.

Ces sons indiquent qu'il est hors du plan physique, sur des plans éloignés dans les mondes supérieurs, au-delà du cinquième plan ou plan de l'âme et voyageant dans son corps Atma jusque dans les royaumes de Dieu» (pp. 86-87).

Quand au *Nirat,* c'est une technique de lumière. Il s'agit de prendre la même position assise et de fixer l'attention sur le Tisra Til, le point entre les sourcils, l'œil spirituel et de se concentrer sur la lumière blanche à l'intérieur de cette ouverture en regardant obliquement. Il faut alors chanter HU ou le mot secret personnel en cherchant à voir la lumière bleue du maître Eck.

Dans le *Dhyana,* le méditant, toujours assis, cherche à découvrir le visage rayonnant du maître Eck sur l'écran mental intérieur en chantant le nom spirituel: «Paul-gee» ou «Dar-gee».

c) *L'initiation.* Eckankar compte quatorze initiations. La première se fait en rêve; la seconde s'accomplit sur le plan physique après deux ans d'étude de la doctrine eckiste; la cinquième qualifie pour la fonction de Mahdi (pouvoir d'enseigner et d'initier); les deux dernières sont réservées au seul Maître Eck. À l'initiation, le fidèle reçoit le «mot secret» qu'il pourra répéter durant la méditation.

Expansion dans le monde

Eckankar a connu une croissance rapide dans le monde et son organisation est très centralisée au siège social de Menlo Park en Californie. C'est le haut lieu de l'administration et de la diffusion de la littérature, des cassettes audio et vidéo d'Eckankar. Le Centre de Menlo publie les deux revues du mouvement: *The Mystic World* et *The Eck World News,* et organise quatre séminaires internationaux, à Pâques, en juin, en juillet-août et en octobre de chaque année.

Dans chaque pays, il existe un bureau national chargé de répandre le mouvement sur son territoire et de coordonner les centres régionaux. Au Canada, le bureau national se trouve à Vancouver.

Sur le plan local, le mouvement met en place une structure légère: un local, une salle de lecture, des salles de réunion, un service de vente de livres et de cassettes.

Installé au Québec depuis 1977, Eckankar comptait dix ans plus tard environ 3 500 membres québécois dont près de 500 vivaient à Montréal.

Ressources financières

En 1983, une cotisation annuelle de 300$ devait être payée au siège social de Menlo Park. Le membre peut souscrire à une cotisation à vie de 2 000$. Aucune partie de ces sommes ne revient aux centres locaux qui doivent s'autofinancer par la vente de livres, de cassettes, de photos du Maître et par des contributions versées pour chaque satsang.

Bibliographie

Publications internes

* GROSS, Darwin, *Votre droit de savoir*, Menlo Park, Illuminated Way Press, 1980.

  STEIGER, Brad, *In my soul, I am free*, the Incredible Paul Twitchell Story, Menlo Park, Illuminated Way Press, 1968.

* TWITCHELL, Paul, *Le Shariyat-ki-sugmad*, Menlo Park, Illuminated Way Press, 1970.

* TWITCHELL, Paul, *Le carnet de notes spirituelles*, Menlo Park, Illuminated Way Press, 1971.

* TWITCHELL, Paul, *Eckankar. La clé des mondes secrets*, Menlo Park, Illuminated Way Press, 1973.

Publications externes

* ALBRECHT, Mark et BROOKS, Alexander, «Eckankar» dans ENROTH, Ronald éd. *A guide to cults and new religions*, Downers Grove, Illinois, Inter Varsity Press, 1983, pp. 75-90. Ce texte reprend globalement l'article «Eckankar. A hard look at a New Religion» publié en 1979 par le Spiritual Counterfeit Project.

* CHAGNON, R., «Eckankar», dans *Trois nouvelles religions de la lumière et du son*, Montréal, Éditions Paulines, 1985, pp. 53-96.

* LABRECQUE, Claude, *Les voiliers du crépuscule*, Montréal, Éditions Paulines, 1986, pp. 157-162.

  LANE, D.C., *The Making of a Spiritual Movement: The Untold Story of Paul Twitchell and Eckankar*, Northridge, California State University, 1978.

* LARSON, Bob, *Larson's Book of Cult*, Wheaton, Illinois, Tyndale House Publ., 1983, pp. 270-274.

* MAYER, Jean-François, *Sectes nouvelles, un regard neuf*, Paris, Cerf, 1985, pp. 59-61.

* MELTON, J. Gordon, *Cults in America*, New York, Garland Publ., 1986, pp. 146-152.

* MELTON, J. Gordon, *American Cult and Sect Leaders*, New York, Garland Publ., 1986, pp. 295-296.

* ROCHETTE, Jean, *Qui croire? Essai sur les nouvelles religions*, Saint-Georges-de-Beauce, Éditions Jean Rochette, 1983, pp. 127-150.

ÉGLISE ADVENTISTE DU SEPTIÈME JOUR

Nom officiel du groupe

L'Église adventiste du Septième Jour.

Le fondateur et les circonstances de fondation

Le début du XIXe siècle fut marqué dans le monde protestant par l'attente du retour imminent du Christ et par la conviction que la fin du monde était proche. Une foule d'individus et de groupes tentèrent, à partir des livres apocalyptiques, du Livre de Daniel en particulier, de calculer la date de la fin du monde. William Miller (1782-1849) fut de ceux-là. Il fixe la date du retour du Christ au 22 octobre 1844. «Près de cent mille personnes, affirme Richard Lehmam, attendirent avec foi l'événement[1].» Déçus, beaucoup de disciples de Miller, les Millérites, retournèrent à leurs Églises d'origine, les autres se regroupèrent en bonne partie autour d'Ellen White (1827-1915) qui, se réclamant de visions particulières (elle aurait eu deux mille visions au cours de sa vie), joua un rôle déterminant dans la fondation et l'organisation de l'Église adventiste du septième jour.

À côté de l'Église adventiste du septième jour, qui est de loin la principale héritière du mouvement millérite, il y a d'autres groupes qui se réclament du même héritage: l'Association américaine millérite, les Chrétiens adventistes, l'Église de Dieu, les Églises de Dieu en Jésus Christ, etc.

Enseignement et doctrine

Les Adventistes du septième jour n'ont pas à proprement parler de credo particulier. Avec les Églises du Conseil mondial des Églises, ils acceptent les articles fondamentaux de la foi chrétienne tels qu'ils ont été formulés par les trois anciens credos: credo des Apôtres, de Nicée-Constantinople et d'Athanase. Ils partagent le principe scripturaire protestant (*sola scriptura*) et la doctrine réformée de la justification par la foi (*sola fides*). À côté de leurs croyances qui, en gros, tiennent de celles des baptistes conservateurs, les Adventistes du septième jour professent un certain nombre de doctrines qui leur sont particulières, dont en particulier

---

[1] *Les Adventistes du Septième Jour*, Maredsous, Éditions Brépols, 1987, p. 141.

l'observance du Sabbat et de certaines lois concernant l'hygiène et les aliments impurs.

L'Église adventiste se considère comme la seule «Église du reste». En ce temps d'apostasie et d'incrédulité, elle constitue le reste des croyants fidèles à la Parole. On y entre par le baptême célébré par immersion à l'âge adulte. Ce petit reste constitue une élite de purs dans une société soumise à l'emprise de Satan. L'Église adventiste se pose comme «la reprise de l'Église primitive qui s'est écroulée sous le coup de l'apostasie[2]».

Pour se garder pur dans ce monde corrompu, le petit reste doit rester séparé du monde et exclure ceux dont la conduite est répréhensible. Regroupés autour de la Bible dont l'approche demeure, somme toute assez fondamentaliste, les Adventistes rejettent les sacrements, le culte des saints, la fête de Noël, la prière pour les morts. Ils ne célèbrent la Cène que quatre fois par année en rompant le pain et en partageant la coupe de jus de raisin: ils associent à la Cène la cérémonie du lavement des pieds.

Le don de prophétie s'est manifesté dans le ministère d'Ellen White dont les très nombreux écrits (45 000 pages dactylographiées) jouissent d'une très grande autorité auprès des Adventistes qui les considèrent généralement comme des écrits inspirés. La mise en question du ministère prophétique d'Ellen White et du caractère inspiré de ses écrits par W. Réa (*The White Lie*, California, Turlock, 1982) a suscité chez les Adventistes une crise grave qui ne semble pas toutefois avoir entamé le crédit qu'on accorde à ces écrits dans l'Église adventiste. Il n'est pourtant pas question chez les Adventistes de considérer les écrits d'Ellen White comme des substituts de la Bible qui demeure le critère ultime de vérité.

Le terme «adventisme» qui vient du latin *adventus*, désigne un mouvement ou une doctrine centrée sur l'attente du Retour imminent de Jésus à la fin des temps. Les Adventistes sont tenaillés par le sentiment de l'imminence du retour du Christ. Ils considèrent ce retour comme le point culminant de l'Évangile. Le second avènement du Christ sera littéral, personnel, visible et de portée mondiale. L'enlèvement de tous les justes auprès du Christ sera précédé d'un jugement. Ce jugement final a commencé de se réaliser en 1844, date où Miller avait prédit la fin du monde. À son retour, le Christ instaurera son millénium*, règne de Jésus avec ses élus dans le ciel, règne qui durera 1000 ans. Le règne se situe entre la première et la seconde résurrection. Au terme de ces mille ans, le Christ, accompagné de ses élus, descendra du ciel sur la terre. Satan et ses anges seront consumés par le feu avec tous les méchants. La terre nouvelle sera un monde matériel exempt de souffrance et de mort.

Les Adventistes se considèrent comme un groupe chrétien à l'intérieur de la grande famille protestante. Ils ont des observateurs aux rencontres du Conseil œcuménique des Églises et collaborent à divers travaux des commissions. Toutefois,

---

[2] YOUTE, Vaillant, *L'Origine de l'Église adventiste du Septième Jour*, Montréal, Les Presses Eben-Ezer, 1987, p. 7.

l'Église adventiste n'est pas et ne *peut* pas devenir membre du Conseil œcuménique des Églises. Et cela pour les raisons suivantes: 1) l'Église adventiste ne croit pas à l'unité de l'Église réalisée à partir du remembrement de blocs séparés; 2) elle répudie la dimension sociopolitique du Conseil œcuménique des Églises; 3) elle croit que son message à elle est au-delà des divisions; 4) les autres Églises chrétiennes observent le dimanche qui sera la marque de l'apostasie au jour du Seigneur qui est si proche.

Culte et pratiques

Les Adventistes pratiquent une morale fondée sur la stricte observance du décalogue et des autres lois morales consignées dans la Bible. Cette éthique touche tous les aspects de l'existence humaine. Les Adventistes s'abstiennent de l'alcool, du tabac, des narcotiques, du thé et du café et ils recommandent fortement un régime alimentaire végétarien ou, en tous cas, l'abstinence de «viandes à risque», de viandes impures (porc, boudin, charcuterie, crustacés). Ils insistent sur l'hygiène, la santé, la modestie, la qualité de vie et ils sont très réservés dans leur tenue vestimentaire, dans leur choix de loisirs, de lectures et de spectacles. Refus de se conformer au siècle présent et de se dissoudre dans les attraits du monde. Promotion de l'institution familiale; condamnation des relations sexuelles avant le mariage, du divorce sauf pour cause d'infidélité.

Les Adventistes donnent une place centrale au quatrième commandement du décalogue concernant le sabbat. La validité du sabbat juif demeure permanente: le sabbat est le signe permanent de l'Alliance éternelle entre Dieu et ses fidèles; il constitue le test de loyauté à l'égard de Dieu. Le dimanche sera la marque distinctive de la collaboration des Églises avec l'Antéchrist; il permettra de distinguer le bon grain de l'ivraie. L'observance du dimanche sera le signe définitif de l'apostasie lors du retour du Christ.

Le repos du sabbat commence le vendredi au coucher du soleil. Toute activité séculière est interdite. La matinée du samedi est consacrée tout entière à l'Église. Le repas est pris en famille. L'après-midi est consacrée soit à des activités organisées à l'Église, soit à la visite des malades et des amis, soit à une promenade. Le sabbat se termine par un culte en famille.

La dîme. Les Adventistes versent le dixième de leur revenu à l'Église. Même s'il n'y a que la moitié des Adventistes qui paient cette dîme qui revient de droit à Dieu, le montant recueilli en 1985 représente la jolie somme de 452 millions de dollars. En plus de la dîme, les Adventistes sont invités à offrir l'équivalent d'une demi-dîme ou davantage; ce qui représente pour la même année la somme impressionnante de 272 millions de dollars. Ces argents servent à financer les nombreuses activités missionnaires et caritatives ainsi que les institutions de l'Église: hôpitaux, écoles, dispensaires, centres de santé, industrie alimentaire.

Expansion dans le monde

Née aux États-Unis, l'Église adventiste n'a cessé de se répandre partout dans le monde. Aujourd'hui, elle compte plus de cinq millions de fidèles dont 15% seulement vivent en Amérique du Nord. Le plus fort contingent se trouve en Amérique latine (soit 33%) et en Afrique (27%). Le Canada compte 289 églises avec 36 000 membres environ.

L'organisation. L'Église adventiste est organisée selon un modèle fédératif, centralisé et démocratique. La structure de l'Église comprend cinq niveaux différents à partir de la base:

1. L'Église locale réunit en une seule assemblée un certain nombre de fidèles.
2. La Fédération ou Mission regroupe les églises d'une région donnée.
3. L'Union coordonne le travail des Fédérations.
4. La Division regroupe les Unions d'un vaste territoire et forme une section de la Conférence générale.
5. La Conférence générale est l'organe central et supérieur de l'Église; sa fonction est de coordonner les activités des Divisions. Siège: Washington, D.C.

En 1985, il y avait dans le monde 25 547 Églises locales, 410 Fédérations, 84 Unions et 11 divisions. L'Union canadienne fait partie de la Division Nord-Américaine.

Les membres des églises locales élisent des délégués qui, à leur tour, élisent les responsables des organismes supérieurs. Les Fédérations, Unions et Divisions sont administrées, chacune, par un comité dont le président jouit des pouvoirs administratifs. À l'exception du pasteur qui est nommé par la Fédération, les responsables des autres offices de l'Église locale sont élus à main levée.

Le recrutement. Plus de 80% des Adventistes le sont devenus grâce à des amis ou à des parents adventistes. Le zèle missionnaire, les œuvres caritatives, les activités pour les jeunes, les groupes d'étude biblique, l'engagement des membres dans leur milieu respectif sont les principaux «lieux» de recrutement.

Émissions et périodiques

Les Adventistes savent utiliser les médias d'information. À côté des innombrables émissions de radio, plus de 410 studios adventistes de télévision diffusent un programme hebdomadaire dans 72 pays. L'Église possède de nombreuses maisons d'édition, publie un nombre considérable de revues et périodiques dont une douzaine en langue française.

Registres civils

L'Église a la permission de tenir les registres civils de ses membres.

Bibliographie

Publications internes

* LEHMANN, Richard, *Les Adventistes du Septième Jour,* Maredsous, Éditions Brépols, 1987 (N.B.: Nous avons tiré les données statistiques de ce volume).

  MILLER, W., *The Bible Student's Manual of Chronology and Prophecy,* Boston, J.V. Hims, 1841.

* WHITE, Ellen G., *Cosmic Conflict. Good and Evil Wage War for Planet Earth,* Washington, D.C., Herald Publishing Ass., 1982.

* WHITE, Ellen G., *Jesus-Christ,* Dammarie les Lys, Éd. Vie et Santé, 1986.

  YOUTE, Vaillant, *L'origine de l'Église Adventiste du Septième Jour,* Montréal, Les Presses Eben-Ezer, 1987.

Publications externes

* BOA, Kenneth, *Cults, World Religions, and You,* Wheaton, Illinois, Victor Books, 1980, pp. 90-97.

* CHERY, H.-Ch., *L'offensive des sectes,* Coll. Rencontres, Paris, Cerf, 1961, pp. 39-43, pp. 135-170.

* COLINON, Maurice, *Le phénomène des sectes au XXième Siècle,* Coll. Je Sais — je crois, Paris, Fayard, 1959, pp. 15-23.

* DE PLAIGE, Didier et LEDUC, Jean-Marie, *Les nouveaux prophètes,* Paris, Buchet/Chastel, 1978, pp. 46-48.

  DINAN, C. de, *Pourquoi je ne suis pas adventiste du Septième jour?,* Paris, Librairie St-François, 1949.

  FUCHS, E., *Les Adventistes du Septième Jour,* Paris, Neufchâtel, Librairie St-François, 1963.

* LABRECQUE, Claude, *Les voiliers du crépuscule,* Montréal, Éditions Paulines, 1986, pp. 105-107.

* LONGTON, Joseph, *Fils d'Abraham,* Coll. Fils d'Abraham, Turnhout, Belgique, Brépols, 1987, pp. 15-17.

* MARTIN, Walter, *The Kingdom of the Cults,* Minneapolis, Bethany Fellowship, 1977, pp. 360-423.

* MELTON, J. Gordon, *American Cult and Sect Leaders,* New York, Garland Publ., 1986, pp. 182-306.

  NICOLE, J.M., *Les Adventistes du Septième Jour ont-ils raison?,* Verns sur Lausanne, 1960.

* QUENTIN, Bernard, «Sectes et prophètes du 20ième siècle», dans *Historama,* n° 36 (oct. 1978), pp. 55-64.

* ROCHETTE, Jean, *Qui croire? Essai sur les Nouvelles Religions,* Saint-Georges-de-Beauce, Éditions Jean Rochette, 1983, pp. 79-80.

* SANDRI, Dominique, *À la recherche des sectes et sociétés secrètes d'aujourd'hui,* Paris, Presses de la Renaissance, 1978, pp. 58-81.

* VERMANDER, Jean-Marie, *Des sectes diablement vôtres,* Paris, Éditions Socéval, 1981, p. 55.

ÉGLISE DE JÉSUS CHRIST DES SAINTS DES DERNIERS JOURS

Nom officiel du groupe

Église de Jésus Christ des Saints des Derniers Jours.

Le fondateur et les circonstances de fondation

Au printemps 1820, le jeune Joseph Smith (1805-1844), de Palmyra New York, se questionne sur l'authenticité des groupes évangéliques, millénaristes et utopistes qui pullulent dans sa ville. Dans ses recherches il découvre un passage de la Bible qui dit: «Si quelqu'un d'entre vous manque de sagesse, qu'il la demande à Dieu qui donne à tous simplement et sans reproche, et elle lui sera donnée» (Jc 1, 5). Il décide de mettre en pratique cette recommandation et il se retire en forêt pour prier Dieu. Soudainement, une lumière intense apparaît au-dessus de sa tête et deux personnages (Dieu et Jésus) lui disent de ne joindre aucun mouvement.

L'histoire raconte que dans la nuit du 21 septembre 1823, un ange nommé Moroni apparaît à Joseph Smith et lui révèle l'existence de tablettes d'or racontant l'histoire de la première communauté chrétienne précolombienne en Amérique. En plus il lui confie la mission de récupérer ces tablettes, de les traduire et de les diffuser. C'est le 22 septembre 1827 que Joseph Smith prend possession des tablettes et qu'il se met à la traduction, assisté de Martin Harris puis d'Oliver Cowdery.

En juin 1829 l'œuvre de traduction est terminée; mais avant de redonner les plaques à Moroni, Joseph Smith est censé les avoir montrées à trois, puis à huit personnes qui témoignent de leur réalité. Le livre est imprimé au printemps 1830 et on lui donne le nom de *Livre de Mormon*, en l'honneur du rédacteur des plaques, le père de Moroni. L'Église est fondée officiellement le 6 avril de la même année, et c'est à ce moment que Joseph Smith est désigné comme voyant, prophète et apôtre de Jésus Christ. Plus tard l'Église prend son nom officiel, car c'est l'Église de Jésus Christ rétablie sur la terre dans les derniers jours.

Les nombreuses conversions suscitées par le *Livre de Mormon* amènent des persécutions qui obligent la nouvelle communauté à se déplacer vers l'ouest. Durant les années 1831-1841 les activités de l'Église se concentrent en Ohio et au Missouri. C'est à cette époque que la plupart des révélations qui régissent l'Église sont reçues, dont celle de la redistribution des surplus aux plus démunis de la communauté. C'est aussi à cette époque que le plan d'urbanisme mormon est élaboré et que le premier temple est construit à Kirtland. C'est là que commence le travail d'évangélisation à l'extérieur des États-Unis, par l'envoi de missionnaires en Angleterre. Suite à un emprisonnement du prophète, les Saints doivent quitter Kirtland en 1837 en laissant derrière eux tous leurs biens.

Les Mormons s'installent à Commerce, Illinois, où ils assèchent les marais et édifient une ville qu'ils baptisent Nauvoo qui veut dire bel endroit. C'est à Nauvoo que Joseph Smith reçoit la révélation pour la pratique des baptêmes des morts dans le temple. L'instauration de la polygamie en 1842 est la cause de dissensions et de querelles dans la communauté mormone. La candidature de Joseph Smith à la présidence des États-Unis et la destruction de l'imprimerie d'un clan opposé soulèvent des émeutes qui se soldent par la mort du prophète le 27 juin 1844.

La succession au rôle de prophète provoque des schismes à l'intérieur du mouvement. Brigham Young président du Conseil des douze est choisi comme successeur. Le nouveau prophète décide de chercher un endroit où les Saints pourraient vivre en paix. En février 1846 il donne le signal du départ en direction de l'ouest, suivant ainsi une prophétie du fondateur.

C'est en 1847 que les Mormons s'installent en Utah et qu'ils commencent à coloniser la région. Salt Lake City est construite selon les plans que Joseph Smith avait préparés pour Sion. Des milliers de convertis d'Europe et de Scandinavie immigrent dans la ville sainte. Des conflits violents opposent les Saints au gouvernement fédéral jusqu'au moment où ils abandonnent la pratique de la polygamie en 1890. En 1896, l'Utah devient le quarante-cinquième État de l'Union. Les années qui suivent marquent l'américanisation de l'Église. Avec l'abandon de la doctrine du rassemblement à Sion, l'Église s'ouvre au monde. L'adoption, après la deuxième guerre mondiale, de la technique du porte à porte favorise la diffusion de la foi mormonne. L'expansion de l'Église se fait en Europe, en Amérique Latine et en Asie. En 1970, les missionnaires se trouvent dans plus de 75 nations. En 1978, la prêtrise est ouverte aux noirs.

Enseignement et doctrine

Articles de Foi de l'Église de Jésus Christ des Saints des Derniers Jours, rédigés par Joseph Smith:

1. *Nous croyons en Dieu, le Père éternel, en son Fils Jésus Christ, et au Saint-Esprit.* La trinité est formée de trois personnes distinctes: le Père, le Fils et l'Esprit Saint. Le Père a la forme d'un homme, c'est un personnage réel. Il est le père des esprits de tous les hommes. Il est tout-puissant et d'une sagesse infinie. Il a suivi un cheminement qu'il a reproduit pour l'humanité; il était homme et il a progressé jusqu'à devenir Dieu. C'est lui qui préside la trinité. Son fils Jésus Christ, est engendré dans la chair. Il est le sauveur et le rédempteur des hommes selon un plan

établi avant que le monde ne fût créé. Le Saint-Esprit est une personne d'esprit, mais il a une personnalité individuelle. Il éclaire et ennoblit l'esprit, il purifie et sanctifie l'âme, il incite aux bonnes œuvres et révèle les choses de Dieu.

2. *Nous croyons que les hommes seront punis pour leurs propres péchés et non pour la transgression d'Adam.* La chute originelle était prévue dans le plan de salut de Dieu. Le but de Dieu était de mettre à la portée des esprits engendrés par lui dans les cieux le moyen de l'effort individuel et l'occasion d'obtenir non pas simplement la rédemption de la mort, mais aussi le salut et même l'exaltation, avec le pouvoir de progresser et de croître éternellement. Adam et Ève ont été choisis pour être les premiers parents de l'humanité. Pour assurer leur salut et celui des hommes, ils devaient transgresser la loi afin d'avoir accès à la mortalité, étape essentielle à l'exaltation. La chute originelle n'est donc pas un péché mais une transgression de la loi.

3. *Nous croyons que par le sacrifice expiatoire du Christ, tout le genre humain peut être sauvé, en obéissant aux lois et aux ordonnances de l'Évangile.* Les humains ont une âme immortelle et vivaient comme enfants spirituels de Dieu dans une existence prémortelle. Ils ont pris un corps de chair et d'os pour expérimenter la différence entre le bien et le mal. La vie sur terre est cruciale dans la quête de vie éternelle. Grâce au corps, nous pouvons être mis à l'épreuve pour apprendre l'obéissance et le contrôle de soi afin de retourner vivre avec Dieu. C'est une opportunité de développer nos attributs divins. Nous devons accomplir certaines épreuves sur terre afin d'avoir accès aux mondes éternels. Mais comme nous péchons nous pourrions rester sujets de Satan sans la rédemption du Christ. Grâce au sacrifice expiatoire de Jésus Christ nous sommes rachetés de la malédiction de notre état déchu, nous pouvons retourner en présence de Dieu.

4. *Nous croyons que les premiers principes et ordonnances de l'Évangile sont:* (1) *La foi au Seigneur Jésus Christ*; c'est-à-dire l'acceptation de son Évangile et l'allégeance à ses commandements et à lui-même comme l'unique sauveur des hommes. Le salut ne peut s'obtenir que par la médiation et l'expiation du Christ, et cela ne s'applique au péché individuel que dans la mesure où il y a obéissance aux lois de la justice. (2) *La repentance*; c'est-à-dire la contrition des péchés du passé et la prévention des péchés futurs. Cette preuve de sincérité, ce commencement d'une vie meilleure, est exigé de tout candidat au salut. Le repentir est adressé directement à Dieu sans intermédiaire. (3) *Le baptême par immersion*; aucune âme ne peut être sauvée dans le royaume de Dieu avec des péchés non pardonnés. Le baptême est pour la rémission des péchés commis par l'individu. C'est la porte d'entrée dans le troupeau du Christ. (4) *L'imposition des mains pour le don du Saint-Esprit*; la personne qui reçoit le Saint-Esprit entre en relation étroite avec Dieu.

5. *Nous croyons qu'un homme doit être appelé de Dieu par prophétie et par l'imposition des mains, par ceux qui détiennent l'autorité, pour prêcher l'Évangile et en administrer les ordonnances.* Par la prêtrise Dieu délègue son pouvoir à

l'homme pour le salut de l'humanité. C'est le médium par lequel Dieu nous communique sa lumière, son intelligence, ses pouvoirs temporels et spirituels de salut. Par prophétie, on entend le droit de recevoir et le pouvoir d'interpréter les manifestations de la volonté divine.

6. *Nous croyons à la même organisation qui existait dans l'Église primitive, savoir: apôtres, prophètes, pasteurs, instructeurs, évangélistes, etc.* Pour les Mormons l'Évangile de Jésus Christ a été proclamé au ciel avant que le monde ne fut créé. Il fut proclamé sur terre mais l'humanité s'en est détachée. Il fut restauré en plusieurs occasions par Abraham, Moïse, etc... Les apôtres choisis par Jésus-Christ étaient essentiels à la survie de l'Église. Ils recevaient des révélations de Dieu pour la direction de l'Église. Avec leur mort l'Église est laissée sans autorité valide, c'est l'apostasie. C'est pourquoi Joseph Smith a eu comme mission de rétablir la véritable Église de Jésus Christ sur terre et de réinstaurer les prêtrises d'Aaron et de Melchisédech.

7. *Nous croyons au don des langues, de prophétie, de révélation, de vision, de guérison, d'interprétation des langues, etc.* Ces dons sont des attributions de pouvoir et d'autorité, grâce auxquelles les buts de Dieu s'accomplissent. Dieu donne la Vérité à ses enfants par des révélations. Il existe deux formes de révélations: la révélation prophétique reçue par la présidence pour l'Église et la révélation individuelle pour guider la personne.

8. *Nous croyons que la Bible est la parole de Dieu, pour autant qu'elle est traduite correctement; nous croyons que le Livre de Mormon est la parole de Dieu.* La Bible est acceptée comme le premier livre canonique des Saints et elle est reconnue comme parole de Dieu en autant qu'elle est traduite correctement. La version King James de la Bible est utilisée. Le Livre de Mormon est la chronique des habitants d'Amérique avant l'arrivée de Christophe Colomb. Il relate la fuite de Terre Sainte d'une tribu israélite qui voyagea par caravane jusqu'à l'océan Indien où elle construisit un bateau et s'embarqua pour la terre promise sur la côte ouest américaine. Dans le nouveau monde, des conflits les divisèrent en deux clans. Après sa crucifixion le Christ vint en Amérique et organisa son Église, annonçant qu'il apparaîtra aux autres tribus séparées de la maison d'Israël. Les deux siècles qui suivirent cette visite furent une époque de paix et d'harmonie. Le désaccord resurgit de nouveau et les hostilités reprirent. Vers 421 de notre ère, les Lamanites, ancêtres des amérindiens, réussirent à éliminer complètement les Néphytes. Moroni, le dernier prophète du groupe détruit, enfouit les annales de son peuple dans la colline de Cumorah où elles furent préservées jusqu'à ce qu'elles témoignent de la divinité du Christ dans les derniers jours. Pour les Mormons, nous retrouvons traces du passage de Jésus Christ en Amérique dans la théologie des Mayas et leur livre sacré le Popol Yuh. Jésus serait le dieu blanc que les traditions amérindiennes nommaient Quetzalcoatl, Yotan, Wixepechocha etc... Les autres écrits de base sont: *Doctrine et Alliances,* qui est composé des révélations reçues par Joseph Smith et les autres présidents, et la *Perle de Grand-Prix,* qui est une sélection des traduc-

tions de certains passages de la Bible et d'un papyrus égyptien exécutées par Joseph Smith. On y retrouve aussi l'histoire de Joseph Smith et les articles de foi des Saints.

9. *Nous croyons tout ce que Dieu a révélé, tout ce qu'il révèle maintenant, et nous croyons qu'il révélera encore beaucoup de choses, grandes et importantes, concernant le royaume de Dieu.* La révélation est progressive, Dieu aide l'Église au fur et à mesure qu'elle grandit ou qu'elle en a besoin.

10. *Nous croyons au rassemblement littéral d'Israël et à la restauration des dix tribus. Nous croyons que Sion (la Nouvelle-Jérusalem) sera bâtie sur le continent américain; que Jésus régnera en personne sur la terre, que la terre sera renouvelée et recevra sa gloire paradisiaque.* Les conditions de vie du millenium seront celles d'avant la chute de l'homme. Le processus de régénération continuera. Il y aura une résurrection des corps avec l'esprit dans le monde des esprits et nous serons jugés selon les œuvres que l'on a faites sur terre. Dans le royaume de Dieu, il y a de nombreux degrés ou gradations préparés pour ceux qui en sont dignes.

11. *Nous réclamons le droit sacré d'adorer Dieu tout-puissant selon les inspirations de notre conscience, et nous concédons à tous les hommes ce même droit d'adorer comme ils veulent, où ils veulent, ou ce qu'ils veulent.*

12. *Nous croyons que nous devons nous soumettre aux rois, aux présidents, aux gouverneurs et aux magistrats; obéir aux lois, les honorer et les soutenir.*

13. *Nous croyons que nous devons être honnêtes, fidèles, chastes, bienveillants et vertueux, et que nous devons faire du bien à tous les hommes; en effet, nous pouvons dire que nous suivons l'exhortation de Paul: nous croyons tout, nous espérons tout, nous avons enduré beaucoup de choses et nous espérons être capables d'endurer toutes choses. Nous aspirons à tout ce qui est vertueux, aimable, de bonne réputation ou digne de louanges.*

Culte et pratiques

Le baptême est la première pratique dans la vie d'un Mormon. Le baptême par immersion est habituellement pratiqué vers l'âge de huit ans. Il n'est pas pratiqué avant, car l'enfant ne sait pas faire la différence entre le bien et le mal. Le baptême peut être administré par quelqu'un ayant l'autorité de la prêtrise, c'est-à-dire l'office de prêtre dans la prêtrise d'Aaron ou tout officier de la prêtrise de Melchisédech. En même temps, la personne reçoit la confirmation qui est la plus haute forme de baptême. Elle doit être faite par un membre de la prêtrise de Melchisédech.

Vers l'âge de douze ans les garçons sont ordonnés dans la prêtrise d'Aaron. La prêtrise d'Aaron habilite la personne à s'occuper des aspects matériels de l'Église. Le premier degré est celui de Diacre qui permet au jeune garçon d'agir au nom de Dieu et de distribuer la communion. Le deuxième degré est celui d'instructeur qui est reçu vers l'âge de quatorze ans et le dernier est celui de Prêtre qui est reçu vers l'âge de seize ans et qui permet à la personne de bénir la communion.

Vers l'âge de dix-neuf ans les garçons et les filles peuvent servir la mission. Pendant deux ans (18 mois pour une fille) le missionnaire servira Dieu en propageant sa parole là où il y a besoin, aux frais de sa famille. Avant de partir le jeune homme accédera à la prêtrise de Melchisédech dans l'office des Anciens. La prêtrise de Melchisédech est la prêtrise supérieure qui s'occupe des affaires spirituelles de l'Église.

Au retour, la majorité des jeunes se marient et font sceller leur mariage au temple. Le mariage est ainsi contracté pour l'éternité. Il est célébré par des hommes qui ont autorité pour le faire. L'homme pourra par la suite accéder aux différents ordres de la prêtrise de Melchisédech: Soixante-dix et Grands prêtres.

La famille sera un élément important de la foi mormone. Tous les lundis soirs sont consacrés à la famille. On y étudie les enseignements religieux et on organise des activités avec les enfants.

L'entraide est une chose institutionnalisée chez les Saints des Derniers Jours. 10% du revenu est versé à la communauté pour aider les plus démunis. Il en est de même pour le jeûne mensuel où l'on donne le montant économisé par cette pratique à la communauté. On recommande aux individus et aux familles d'être autosuffisants. C'est dans cet esprit qu'il est recommandé de mettre de côté des biens et de la nourriture pour les jours de détresse.

Après la mort l'esprit accède au monde des esprits. Ceux qui n'ont pas accepté ou connu l'Évangile vont en prison. En prison l'Évangile est prêché et les esprits peuvent l'accepter mais ils ne peuvent entrer au paradis avec ceux qui ont accepté l'Évangile sur terre car ils n'ont pas été baptisés. Le baptême des morts est un rituel qui permet de donner à ceux qui n'ont pu être baptisés la chance d'accéder au royaume de Dieu. Cette pratique se réfère à 1 Co 15, 29 et est faite à l'intérieur des temples qui ne sont pas accessibles aux gentils.

Le dimanche est le jour reconnu pour observer le sabbat. Le culte dominical est composé de trois parties. Dans un premier temps les personnes se rassemblent par section, les hommes par office de prêtrise, les femmes et les jeunes filles, pour prier et discuter des choses concernant l'Église. Puis par la suite c'est l'instruction religieuse adaptée à chaque niveau. Enfin la réunion de la Sainte-Cène où les fidèles prennent la parole et parlent de leur expérience religieuse. La communion est distribuée par les diacres, et la cérémonie se termine par des chants.

Les deux conférences générales en octobre et en avril, où des responsables de l'Église viennent au Québec, sont des moments importants pour la communauté.

Chez les Saints le corps est considéré comme le temple de Dieu. Suite à une révélation de Joseph Smith en 1833, l'Église a un code de santé connu sous le nom de Parole de Sagesse. L'Église enseigne l'abstinence du tabac, des boissons alcoolisées, du café et du thé ou de tout ce qui peut être dommageable à l'organisme humain. Elle encourage une diète de grains et de fruits, et recommande une consommation modérée de viande. L'Église enseigne aussi l'importance d'une bonne condition physique.

Expansion dans le monde

Joseph Smith a doté son Église de la structure que l'on connaît aujourd'hui. La prêtrise d'Aaron englobe pratiquement tous les Mormons de plus de douze ans. Ses degrés sont: Prêtre d'Aaron, Instructeur et Diacre. De la prêtrise de Melchisédech, accessible à partir de dix-huit ans, relèvent les échelons supérieurs de la hiérarchie: le Président, prophète, voyant et révélateur, qui occupe son poste à vie, ses deux conseillers, Grands-prêtres de Melchisédech, le Conseil des douze apôtres, responsable des ordinations et de l'activité missionnaire. Chaque apôtre a deux conseillers, le Conseil des soixante-dix, la Présidence de l'épiscopat et les anciens. C'est le membre le plus âgé du conseil qui succède au Président à sa mort. Toute la terre est divisée en aire géographique et il y a un président par aire. Chaque aire est divisée en pieux et paroisses dans les pays où il y a une grande concentration, et en districts et branches là où il y a moins de Saints.

Il y a plus de six millions de Saints dans le monde. 75% vivent en Amérique du Nord, 11% en Amérique latine. Il y aurait 3 860 000 Saints aux États-Unis et 113 000 au Canada, dont 5 500 au Québec. Il y a 30 pieux, 6 missions, 15 districts, 178 branches au Canada.

Émissions et périodiques

Deseret News, The Ensign of the CJCLDS, New Era, Friend, L'Étoile, Dialogue.

Registres civils

L'Église a la permission de tenir les registres civils de ses membres.

Bibliographie

Publications internes

* *The Doctrine and Covenants of the Church of Jesus-Christ of Latter-Day Saints,* Salt Lake City, 1974.

  ARRINGTON, Léonard J. et BITTON, Davis, *The Mormon Experience. A history of the Latter-day Saints,* New York, Vintage Books, 1980.

* BRODIE, Fawn, M., *No man knows my history,* The life of Joseph Smith, The Mormon Prophet Alfred A. KNOPF, New York, 1983, 449 p.

McMURRIN, Sterling M., *The Theological Foundations of the Mormon Religion,* Salt Lake City, University of Utah Press, 1965.

* RICHARDS, LeGrand, *A Marvelous Work and Wonder,* Salt Lake City, Deseret Book, 1978, 424 p.

* RICHARDS, LeGrand, *Une œuvre merveilleuse et un prodige,* Sal Lake City, Église de J.C. des Saints des Derniers Jours, 1981, 318 p.

* SMITH, Joseph, *Gaspel Doctrine,* Salt Lake City, Deseret Book, 1939, 553 p.

* SMITH, Joseph, *Le livre de Mormon,* Francfort-sur-le-Main, Église de J.C. des Saints des Derniers Jours, 1978, 524 p.

* TALMAGE, James E., *Articles de foi,* Paris, Église de J.C. des Saints des Derniers Jours, 1962, 564 p.

TULLIS, F.L., *Mormonian. A Faith for all Cultures,* Provo, Brigham Young University Press, 1978.

Publications externes

* BOA, Kenneth, *Cults, World Religions, and You,* Wheaton, Illinois, Victor Books, 1980, pp. 64-73.

BOUSQUET, G.H., *Les mormons,* Coll. Que sais-je?, Paris, P.U.F., 1967.

* CHERY, H.-Ch., *L'offensive des sectes,* Paris, Cerf, 1961, pp. 97-98, pp. 297-318.

* DE PLAIGE, Didier et LEDUC, Jean-Marie, *Les nouveaux prophètes,* Paris, Buchet/Chastel, 1978, pp. 224-227.

GILLETTE, Alain, *Les mormons: Théocrates du désert,* Paris, Desclée de Brouwer, 1985.

* LABRECQUE, Claude, *Les voiliers du crépuscule,* Montréal, Éditions Paulines, 1986, pp. 90-94.

* LARSON, Bob, *Larson's Book of Cults,* Wheaton, Illinois, Tyndale House Publ., 1983, pp. 156-165.

* LONGTON, Joseph, *Fils d'Abraham,* Coll. Fils d'Abraham, Turnhout, Belgique, Brépols, 1987, pp. 159-163.

* MARTIN, Walter, *The Kingdom of the Cults,* Minneapolis, Bethany Fellowship, 1977, pp. 147-198.

* MARTIN, Walter, *Mormonism,* Minneapolis, Bethany House Publ., 1981, 32 p.

* MAYER, Jean-François, *Les mormons et la polygamie,* Fribourg, Les Trois Normes, 1986, 144 p.

* MELTON, J. Gordon, *Cults in America,* New York, Garland Publ., 1986, pp. 29-34.

* SANDRI, Dominique, *À la recherche des sectes et sociétés secrètes d'aujourd'hui,* Paris, Presse de la Renaissance, 1981, pp. 52-54.

SHIPPS, Jan, *Mormonism. The Story of a New Religious Tradition,* Chicago, University of Illinois Press, 1985.

* TRINGLE, Donald S., «Latter-day Saints (Mormons)» dans Enroth, R., *A Guide to Cults and New Religions,* Downers Grove, Inter Varsity Press, 1983, pp. 117-134.

* VERMANDER, Jean-Marie, *Des sectes diablement vôtres,* Paris, Socéval, 1981, pp. 52-54.

ÉGLISE DE L'UNIFICATION

Nom officiel du groupe

Association de l'unification du christianisme mondial (A.U.C.M.) *ou* Église de l'unification *ou* Pionniers du Nouvel Âge.

Filiales:

- Mouvement universitaire pour la recherche des valeurs absolues.
- Aux États-Unis: Project Unity; One World Crusade; International Cultural Foundation; International Federation for Victory over Communism.
- Conférence internationale sur l'unité des sciences.
- Association des professeurs pour la paix mondiale.
- Nouvelle association de recherches œcuméniques.
- Conseil national pour l'Église et l'action sociale.
- CAUSA (Confédération d'associations pour l'unification des sociétés américaines.

Le fondateur et les circonstances de fondation

Le fondateur de cette secte est le Coréen Sun Myung Moon, né le 6 janvier 1920. Il affirme qu'à l'âge de seize ans, le Christ lui est apparu le jour de Pâques pour lui demander d'accomplir sa mission encore inachevée. D'abord presbytérien (religion d'où il sera excommunié en 1948), Moon commence sa vie publique en 1946:

> «À la fin de la Deuxième Guerre mondiale, alors électricien, il entre dans une église pentecôtiste à Pyongyang, capitale de la Corée du Nord. Prêchant un messianisme coréen, avec quelque succès, il est arrêté et torturé par les communistes. Libéré en 1950 par les forces des Nations Unies, il fonde sa nouvelle Église quatre ans plus tard[1].»

---

[1] WOODROW, Alain, *Les nouvelles sectes,* Coll. Points, Paris, Seuil, 1977, p. 38.

Les premiers écrits de Moon datent de 1945: *Les principes divins* furent définitivement mis au point à cette époque et c'est en 1957 qu'ils deviennent l'enseignement fondamental de l'Église. Selon Alain Woodrow, *Les principes divins* par leur structure littéraire auraient pu être écrits par plusieurs personnes et seraient peut-être antérieurs à Moon. On sait d'ailleurs que Moon a passé six mois, en 1946, dans une communauté religieuse à Paju, au nord de Séoul, appelée «Israël Soodo Won» (le monastère d'Israël) dont le fondateur Paik Moon Kim établit une doctrine eschatologique ressemblant à celle des *principes*.

En 1956, Madame Young Don Kim traduit en anglais les principes et y apporte un éclairage nouveau, mieux adapté à la mentalité et à la culture occidentales. Mme Kim est mandatée par Moon pour rendre la doctrine des *principes* plus accessible aux croyances occidentales. Elle dégagera de la doctrine unificationiste les éléments pouvant le mieux s'adapter à la tradition judéo-chrétienne et élaborera une interprétation détaillée de l'histoire occidentale débutant avec la mort du Christ et jusqu'à la venue du second avènement.

En mars 1960, Moon épouse la «nouvelle Ève», une étudiante de dix-huit ans, nommée Han-Hak-Ja; leur union, seule authentique de toute l'histoire du monde, inaugure une ère nouvelle. «Ce mariage est considéré par les adeptes de la secte comme les 'noces de l'Agneau' (Ap 19, 7), et Han est appelée 'mère de l'univers' ou 'la vraie mère'. Le couple est appelé dans l'Église 'les vrais parents', cependant que leurs sept enfants sont appelés 'les enfants sans péché'. Les fidèles, eux, sont les membres de la famille[2].» Ayant reçu l'appui de la Corée du Sud, son Église y est florissante, si bien que depuis 1973, l'Église a entrepris une croisade mondiale pour l'unification.

But: «Unir le genre humain dans une famille parfaite, sous la houlette de Moon et sa femme, 'vrais parents', en vue de la victoire — pacifique ou violente — sur le communisme et de la réunification de la Corée, nouvelle terre promise[3].»

Enseignement et doctrine

Principes de base

> «Dieu est l'union des forces mâles et femelles et le but de la création (qui eut lieu 4000 ans av. J.C.) était l'établissement du royaume de Dieu sur terre. Dieu voulait donc que l'union d'Adam et Ève produise une famille parfaite pour gouverner ce royaume. Mais Ève fut séduite par Satan et corrompit Adam et sa progéniture. (...) Dieu (...). a envoyé son fils Jésus sur terre pour qu'il trouve une femme parfaite et engendre la première race d'enfants parfaits. Mais ce fut à nouveau l'échec avec la crucifixion (et le célibat de Jésus...). (...). Dieu attendit donc deux mille ans avant de recommencer l'expérience. Les temps sont

---
[2] *Ibid.*, p. 39.
[3] *Ibid.*, p. 307.

maintenant venus pour qu'apparaisse un nouveau Messie. Ce deuxième Jésus ou troisième Adam est (...) Moon (...). Dieu voulant une victoire définitive sur Satan, il a choisi la Corée et Moon, respectivement, pour être le nouvel Israël et le nouveau Messie[4]. »

Moon justifie le choix de la Corée de la façon suivante: le Christ doit revenir au sein d'une nation où la providence a préparé les cœurs des hommes. Étant donné que toutes les nations se déchirent par des oppositions religieuses, il y a très peu d'endroits où l'on peut voir l'unité préparée par la Providence. Le seul endroit existant est au pays du soleil levant où bouddhistes, confucianistes et chrétiens vivent et se respectent: la Corée. Ce pays, pour Moon, est le seul où règne le respect œcuménique.

Doctrine

Il s'agit d'une doctrine syncrétiste inspirée du christianisme pentecôtiste, du mysticisme oriental, du confucianisme, du bouddhisme, de l'éthique sexuelle victorienne et de l'anticommunisme.

L'Église de l'unification est le point de convergence de toutes les religions; l'unification du monde se réalisera à partir de l'unification de toutes les religions: « puisque les divisions et les différences représentent l'esprit du mal autant sur le plan spirituel que temporel, en conséquence, toutes les Églises devront se rallier aux projets de l'Église de l'Unification. (...). Le projet qu'elle sous-tend vise à éliminer toute différence, toute manifestation de la particularité[5] ». La secte entend donc « freiner le travail dévastateur de la contestation, de l'athéisme, de l'immoralité[6] ».

« La restauration de l'humanité passe par les États-Unis, nation bénie qui seule peut détruire le communisme. (...). L'éclosion de l'humanité nouvelle présuppose la destruction des systèmes communistes qui sont l'œuvre de Satan[7]. » L'Église de l'unification veut « protéger la démocratie face au totalitarisme communiste[8] »; c'est pourquoi « l'Occident a besoin d'être régénéré spirituellement pour résister à l'influence des communistes[9] ».

La Corée est la patrie spirituelle des moonistes, c'est la « nouvelle terre promise qu'il faudra défendre jusqu'au prix de leur vie. D'où la croisade anticommuniste lancée par Moon, en vue de l'éventuelle réunification de la Corée[10] ».

---

[4] GOSSELIN, Jean-Pierre et MONIÈRE, Denis, *Le trust de la foi*, Montréal, Éditions Québec/Amérique, 1978, pp. 142-143.

[5] *Ibid.*, pp. 144-145.

[6] *Ibid.*, p. 142.

[7] BERGERON, Richard, *Le cortège des fous de Dieu. Un chrétien scrute les nouvelles religions*, Montréal, Éditions Paulines, 1982, p. 96.

[8] MONIÈRE, *op. cit.*, p. 142.

[9] *Ibid.*, p. 146.

[10] WOODROW, *op. cit.*, p. 39.

La fin du monde est proche et surviendra après une troisième guerre mondiale entre les communistes et les non-communistes. «Cette catastrophe finale ne pourra être évitée que si les forces du monde libre se rallient à l'Église de l'Unification et confient au Père de l'humanité le soin de diriger les destinées du monde[11].»

Culte et pratiques

Pratiques morales

Les adeptes «se contentent d'un minimum de sommeil (maximum de 6 heures) et d'une nourriture frugale (pauvre en protéines); ils répugnent à l'usage du tabac et de l'alcool; ils s'abstiennent de toutes relations sexuelles avant le mariage; ils évitent les mondanités. Leur tenue est toujours seyante, leur attitude courtoise et leur action, sans esclandre[12]».

Les mariages entre membres de la secte sont décidés par les dirigeants qui choisissent le ou la partenaire parmi une liste de cinq candidats possibles. Les conditions pour accéder au bonheur conjugal par l'amour sur commande sont de fournir une photo, avoir milité quatre ans au moins dans le mouvement et avoir recruté trois nouveaux membres pour l'Église. (...). Enfin, l'ultime épreuve, les nouveaux conjoints devront s'abstenir pendant quarante jours de consommer charnellement leur union[13].»

Seul Moon est autorisé à officier les mariages (concélébrant avec sa femme) car seul un homme pur peut réparer l'erreur d'Adam et Ève. Les adeptes doivent rompre avec leur famille, leur(s) ami(es) et leur mode de vie antérieur. Souvent, ils doivent s'expatrier aux États-Unis, au Japon ou en Corée du Sud. Il arrive même que des couples bénis par Moon soient séparés afin que les conjoints puissent remédier au manque de ressources de la communauté. Ceux et celles qui restent en dehors de la secte sont soumis au péché originel.

De plus, les membres de l'Église de l'unification promettent une obéissance inconditionnelle aux «vrais parents» (Moon et sa femme). Les adeptes font de longues heures de travail et d'étude; ils doivent recruter le plus possible pour l'Église et recueillir des fonds en vendant des fleurs.

Sur le plan intellectuel, la secte méprise la connaissance scientifique; tout ce qui compte, c'est la connaissance spirituelle, ce qui a pour effet que toute pensée personnelle et tout esprit critique sont évacués.

Alimentation

Les unificationistes ont un régime alimentaire à base de riz, de légumes,

---

[11] MONIÈRE, *op. cit.*, p. 146.
[12] BERGERON, *op. cit.*, p. 96.
[13] MONIÈRE, *op. cit.*, p. 134.

de tofu et de fruits. En fait, l'AUGM suggère à ses membres une alimentation naturelle. La viande n'est pas interdite, mais n'est pas valorisée comme source alimentaire.

Pratique sexuelle

Aucune pratique sexuelle avant le mariage. On oblige les membres qui ont des tentations à se donner des douches froides, à méditer et, bien sûr, à en discuter avec leurs supérieurs.

Nous n'avons pas de données pour le moment en ce qui concerne les pratiques sexuelles permises pour les couples dûment mariés par Moon.

Les thérapies

Consultation périodique avec ses supérieurs, séances communautaires où les membres dévoilent leurs faiblesses. Activités sportives communautaires, entre autres les arts martiaux. Il y a probablement d'autres formes de thérapies, mais nous n'avons pour le moment aucune source fiable nous permettant de les citer.

Les interdits

Sexualité hors mariage, alcool, drogues, cigarettes, fréquentation de l'ancien univers social, initiatives personnelles sans avoir consulté au préalable ses supérieurs, romantisme (au niveau de la romance amoureuse), lecture de documents ou de livres sans en aviser ses supérieurs, interdiction de quitter le mouvement si l'on est permanent sans avertir ses supérieurs; pour les permanents, seules les activités entreprises par l'AUCM sont permises.

Pratiques cultuelles

Chose étonnante, les rituels sont peu nombreux chez les unificationistes. Certes, il y a des rituels, mais ils n'ont pas la même signification sacramentelle que dans l'Église catholique. Leurs offices quotidiens s'inspirent de la réforme. Leurs assemblées sont très dénudées. Tous les matins vers 5 h 30 ou 6 h 00, la communauté se rassemble pour prier. À chaque repas, la prière a sa place. Habituellement, elle est courte et discrète. Durant la soirée, il y a lecture et étude de la Bible et des principes. Vers 23 h 00, prière communautaire, qui symbolise la fin de la journée. La prière du soir est aussi importante, car elle permet de se débarrasser des mauvaises influences auxquelles les adeptes ont dû faire face dans le monde.

En réalité, leurs offices quotidiens ressemblent aux offices évangéliques. Le dimanche matin, toute la communauté se retrouve à la chapelle. Il y a chants et louanges accompagnés de musique; Il y a prière, lectures, prêches dans une ambiance calme et ordonnée. C'est une célébration très disciplinée, tout semble prévu, aucun geste n'est inutile.

Comme dans la plupart des mouvements sociaux, l'AUGM a très tôt établi ses fêtes. À partir de 1962, l'AUGM élabore progressivement et met en place des fêtes qui auront comme fonction de renforcer et cimenter la solidarité et l'appartenance au mouvement. Les fêtes importantes sont:

— l'anniversaire de Moon;

— l'anniversaire de son mariage;

— la date de libération des camps communistes;

— le jour de l'univers, référant à la date où Moon proclama la rédemption de l'univers.

«Chaque dimanche, à deux heures, les communautés moonistes prononcent un curieux serment qui témoigne de la sujétion absolue des dévots de Moon: «Ô Maître, nous te jurons fidélité jusqu'à notre mort. Nous te donnons notre sang, notre sueur, notre bien passé, présent et futur.» La secte célèbre également des mariages multiples regroupant des centaines de couples.

Expansion dans le monde

L'Église de l'Unification a des missions dans plusieurs pays d'Europe, d'Amérique et d'Asie. En Corée et au Japon, l'Église a des assises solides depuis 1950.

Aux États-Unis, l'implantation de l'AUCM remonte aux années '60, tandis que son expansion ne s'est réellement faite qu'à partir de 1971. L'Église est présente en Angleterre, en Italie, en France et dans les Pays-Bas. On la retrouve également en Finlande et en Hollande. En fait, l'Église s'est implantée depuis les années '60 dans plusieurs pays industrialisés.

Depuis 1980, l'AUCM tente de s'installer dans certains pays du tiers monde dont le Zaïre, la Zambie et le Congo. Certains pays comme le Chili, l'Uruguay, le Brésil et l'Argentine ouvrirent, en 1980, leurs frontières aux investissements de l'AUCM.

Au Québec, son enracinement est plus discret. L'Église a un centre de vie communautaire au 368A, avenue du Musée à Montréal. Le nombre d'adhérents moonistes pour la région métropolitaine nous échappe, mais nous savons que, en 1984, le nombre d'adhérents et de sympathisants ne dépassait pas les 50 personnes. Il est difficile de préciser le nombre d'adeptes dans le monde. Il serait entre un et deux millions, dont 500 000 en Corée, 60 000 au Japon et 50 000 aux États-Unis.

On est considéré comme membre après avoir passé un certain nombre d'étapes. Chaque nouvelle recrue devra en général passer de 3 à 5 ans au «fundraising», à vendre sur les voies publiques journaux, bonbons, fleurs et cartes.

Les 3 premières années de la recrue se partageront comme suit: «fundraising», études théologiques et humanistes, travail communautaire pour l'organisation. Après 5 ou 7 ans d'implication dans le mouvement, la recrue sera autorisée à faire une demande de mariage. Si le mariage est accepté, cela signifie que le groupe a une pleine confiance et que la recrue est enfin prête à participer à la restauration. Le mariage est, pour les unificationistes, un sacrement et une confirmation de leur appartenance au mouvement.

Mode de recrutement

Le recrutement se fait généralement sur la place publique et compte un aspect commercial ou une sollicitation pour un don en argent. Ce sont les équipes mobiles ou «teams» qui ont la charge de faire le recrutement. Chaque membre a la responsabilité de recruter un adepte par mois, qui sera pris en charge par un parrain, qui suivra de près sa formation. Dans les campus universitaires, on invite des jeunes à passer la fin de semaine dans des ateliers d'exploration des valeurs. Ces ateliers sont présentés aux futures recrues comme étant des lieux de discussion et d'échange pouvant avoir un impact dans la vie de tous les jours. On retrouve de tout dans ces ateliers: discussions sur la maladie mentale, la guerre, la souffrance dans le monde, ateliers sur la religion, etc.

Selon Bromley et Shupe, l'Église de l'Unification depuis 1980 est moins portée vers le recrutement qu'en 1970. Financièrement bien établie, l'Église insiste davantage sur le besoin d'acquérir crédibilité et respectabilité que sur le recrutement.

La crédibilité et la respectabilité sont recherchées par Moon. Pour l'acquérir, il a entrepris de financer colloques et congrès à travers le monde. En 1971, Moon fonde «*The International Culture Foundation*», qui a comme but de réunir des spécialistes et des savants afin de promouvoir l'avancement des sciences. En 1961, l'Église crée la *Fédération Internationale pour la Victoire sur le Communisme* (C.I.V.C.). Fondé au Japon en 1962 et propagé aux États-Unis en 1974, le *Mouvement Universitaire pour la Recherche des Valeurs Absolues* (M.U.R.V.A.) a pour fonction de sensibiliser les universitaires à la révolution spirituelle qui, selon Moon, va se produire d'ici peu.

En 1972, Moon crée à New York la *Conférence Internationale sur l'Unité des Sciences* qui regroupe chaque année des personnalités du monde scientifique pour discuter des grandes découvertes de la science. L'Église a également créé l'*Association des Professeurs pour la Paix Mondiale* (A.P.P.M.). Elle veut rejoindre par cette association les intellectuels et les éducateurs qui se préoccupent de la crise que traverse la civilisation moderne.

En 1980, le séminaire théologique de l'Unification fonde la *Nouvelle Association de Recherches Œcuméniques* dont les premières conférences sont présentées et organisées par un professeur de théologie torontois, Herbert Richardson.

En 1977, le *Conseil National pour l'Église et l'Action Sociale* est fondé (C.N.E.A.S.). Moon crée en 1978 la *Conférence Internationale sur les Droits et Libertés Individuelles* et l'*Alliance Internationale des Minorités*, préoccupé par la pauvreté et le racisme dans le monde. Le dernier-né des projets de Moon est le *Youth Seminar on World Religions* qui, en 1983 et 1984 a regroupé plus de 300 jeunes des quatre coins du monde pour participer à un voyage autour du monde, toutes dépenses payées, à la découverte des richesses religieuses de l'humanité.

Les arts

La chorale «*New Hope Singers International*» qui regroupe 60 chanteurs de toutes les races est une initiative de l'AUCM. En Europe, l'Église fonde en 1975 le groupe de Gospel «*Sunburt*». Un ballet populaire coréen, le «*Korean Folk Ballet*», est créé en 1970 afin de faire connaître les 4 000 ans de tradition musicale coréenne.

Activités spéciales

En Thaïlande, en Malaisie et au Zaïre, l'AUCM est responsable de la *Fondation Internationale de Secours et d'Amitié* qui a pour but de venir en aide aux pays sinistrés ou financièrement en difficulté dans certains secteurs de leur économie.

En Californie, le groupe crée en 1975 le *Projet Volontaire* qui a pour objectif d'apprendre aux gens à s'engager. Exemple: nettoyage des rues, recyclage de papier, activités sportives pour handicapés, bénévolat dans les hôpitaux. Dans les pays en voie de développement, le *Projet Volontaire* offre une formation professionnelle.

L'Église crée en 1980 un projet à but non lucratif, mais qui se révèle en fait être fort lucratif, l'Église Océan. Au tout début, ce projet se présente comme un tournoi mondial de pêche au thon bleu de l'Atlantique, qui a comme objectif d'encourager l'esprit sportif dans le but de répondre à la léthargie et à l'apathie des jeunes causées par les méfaits de la drogue et de l'alcool et d'une vie sans référence aux valeurs absolues. Mais les participants à ce projet sont en général des membres de l'Église de l'Unification qui, sous le prétexte de participer à un tournoi mondial de pêche, sont fortement encouragés à augmenter leur productivité. En fait, l'Église Océan est un organisme créé par l'Église afin de valoriser chez ses membres le travail dans l'industrie de la pêche. L'Église rêve depuis les années '60 de développer un empire dans cette industrie.

Ressources

«Le messie doit être riche.» Ceci est un slogan fort répandu à l'AUCM. Les membres ressentent une grande fierté à divulguer tout ce que l'Église entreprend.

Voici ce que dit un dirigeant mooniste sur l'argent: «Aimeriez-vous rendre heureux les billets verts? Quand les billets verts sont dans les mains d'hommes déchus, peuvent-ils être heureux? Pourquoi ne les rendez-vous pas heureux? Il y a tant de billets verts qui pleurent. Vous ne les avez jamais entendu pleurer? Pas encore? il faut les entendre. Ils sont tous destinés à aller à Père (Moon)[14].»

---

[14] *Op. cit., Dossier Moon*, p. 45.

Dans les principes divins, nous retrouvons qu'il est préférable d'être riche et pur que d'être pauvre.

La fortune de Moon provient en grande partie de la surexploitation du travail des adeptes œuvrant sans salaire, sans sécurité sociale. Certains gouvernements ont obligé les entreprises de Moon à verser des salaires. Mais les employés les remettent à l'entreprise dont ils font partie. En plus des profits de l'industrie, il faut ajouter ceux de la quête et de la vente de gadgets dans les rues. Il y a également comme source de revenu les subventions du gouvernement sud-coréen et, bien sûr, l'exemption d'impôts aux États-Unis pour les Églises.

Si l'on compare la vie des disciples à celle de Moon, on voit de quelle humilité parle Moon. Cet homme supposément très ascétique possède une somptueuse villa de 625 000$ dans l'état de New York, deux yachts de 250 000$ chacun, un avion particulier, une Lincoln blindée et quoi d'autre? Ceci n'est que la pointe de l'iceberg. L'AUCM, en 1974, achète pour un million et demi de dollars un séminaire catholique qui deviendra le séminaire «mooniste» de Barrytown, N.Y. En 1975, l'AUCM achète un immeuble de Manhattan, le Columbia University Club (1,2 million $). Moon est également propriétaire de la Tongil Industrial Company, à Séoul (armements légers), de la Korea Titanium Company, de l'Iowa Pharmaceutical Company, de l'Ilshin Handicraft Company et de la Tonga Titanium Industrial Company.

Moon achète sans arrêt aux États-Unis. Il a un hôtel de la chaîne Hilton, le New York (2 000 chambres, 25 millions $). L'AUCM se lance maintenant dans l'imprimerie et les banques.

Aux États-Unis, l'AUCM crée à Washington la National Diplomatic Bank, qui est liée aux exportations de Ginseng et des produits Tongil (armements). Le Washington Times «appartient» à l'Eglise, de même que le quotidien de langue espagnole de New York *Noticias del Mundo*.

En France, l'Église possède la fabrique de chaussures Servonnat. En Europe, l'Église fait de l'importation de ginseng et a des occupations bien «connues» dans les bijouteries.

Aux États-Unis comme au Japon, l'Église rêve de développer un empire dans l'industrie de la pêche. Ils ont déjà commencé à réaliser leur rêve au Japon, au large des côtes d'Hokkaïdo où ils ont acheté une flotte de cargos.

Registres civils

Non.

Bibliographie

Publications internes

* MOON, Sun Myung, *Les principes divins,* Paris, A.U.C.M., 1977, 199 p.
* MOON, Sun Myung, *Nouvel espoir,* douze conférences de Sun Myung Moon, Paris, A.U.C.M., 1975, 138 p.

Publications externes

* BIERMAND, John T., *The Odyssey of New Religious Movements,* Lewiston, N.Y., Symposium Serie, Vol. 19, Edwin Millen Press, 1986, 216 p.
* BOA, Kenneth, *Cults, World Religions, and You,* Wheaton, Illinois, Victor Books, 1980, pp. 167-178.
* BOYER, Jean-François, *L'empire Moon,* Paris, La Découverte, 1986, 418 p.
* BURRELL, Maurice C., *The Challenge of the Cults,* Grand Rapids, Michigan, Baker Book House, 1982, pp. 52-72.
* CHERY, H.-Ch., *Ces sectes qui nous viennent d'Orient,* Paris, Centre de documentation sur les Églises et les Sectes, pp. 29-44. (s.d.)
* DE PLAIGE, Didier et LEDUC, Jean-Marie, *Les nouveaux prophètes,* Paris, Buchet/Chastel, 1978, pp. 206-224.
* GOSSELIN, Jean-Pierre et MONIÈRE, Denis, *Le trust de la foi,* Montréal, Québec/Amérique, 1978, pp. 131-150.
* LABRECQUE, Claude, *Les voiliers du crépuscule,* Montréal, Éditions Paulines, 1986, pp. 114-120.
* LARSON, Bob, *Larson's Book of Cults,* Wheaton, Illinois, Tyndale House Publ., 1983, pp. 224-233.
* LOCHHAAS, Philip H., *The new Christian Religions,* St-Louis, Missouri, Concordia Publ. House, 1979, pp. 20-24.
* LONGTON, Joseph, *Fils d'Abraham,* coll. Fils d'Abraham, Turnhout, Belgique, Brépols, 1987, pp. 156-158.
* MAYER, Jean-François, *Sectes nouvelles, un regard neuf,* Paris, Cerf, 1985, pp. 45-47.
* MELTON, J. Gordon, *Cults in America,* New York, Garland Publ., 1986, pp. 193-199, pp. 223-226.
* ROCHETTE, Jean, *Qui croire? Essai sur les nouvelles religions,* Saint-Georges-de-Beauce, Éditions Jean Rochette, 1983, pp. 257-262.
* SANDRI, Dominique, *À la recherche des sectes et sociétés secrètes d'aujourd'hui,* Paris, Presses de la Renaissance, 1978, pp. 167-193.

* SEBIRE, Martin, «Sectes et prophètes du 20e siècle» dans *Historama,* 36 (oct. 1978) pp. 121-134.
* SONTAG, Frederick, *Sun Myung Moon and the Unification Church,* Nashville, Abingdon, 1977, 224 p.
* VERMANDER, Jean-Marie, *Des sectes diablement vôtres,* Paris, Socéval, 1981, pp. 74-77.
* YAMAMOTO, J. Isamu, *The Puppet Master,* Downers Grove, Illinois, Inter Varsity Press, 1977, 136 p.
* YAMAMOTO, J. Isamu, «Unification Church Moonies», dans ENROTH, Ronald ed. *A guide to cults and new religions,* Downers Grove, Illinois, Inter Varsity Press, 1983, pp. 151-172.

ÉGLISE DE SCIENTOLOGIE

Nom officiel du groupe

L'Église de scientologie.

Le fondateur et les circonstances de fondation

Lafayette Ron Hubbard est le fondateur de l'Église de scientologie. Né aux États-Unis en 1911, dans l'État du Nebraska, Hubbard est décédé en 1986. Hubbard exerça divers métiers au cours de sa vie: il fut tour à tour explorateur, officier de marine, aviateur et auteur de romans de science-fiction avant de devenir en 1950 le fondateur de la dianétique* et de la scientologie. C'est en 1950 que Hubbard publie l'ouvrage qui devait assurer son succès: *La dianétique: la science moderne de la santé mentale*. Cet ouvrage lançait sur le marché une nouvelle thérapie (la dianétique) qui se voulait simple et à la portée de tous. Au lieu de reculer devant l'opposition manifeste de l'Association des psychologues américains qui refusait de reconnaître la valeur de la dianétique, Hubbard créa en 1954 l'Église de scientologie qui eut pour effet de faire évoluer la dianétique d'un statut purement thérapeutique vers un statut religieux.

Enseignement et doctrine

La dianétique enseigne que l'homme est composé d'un corps et d'un mental, lui-même subdivisé en mental analytique (le conscient) et en mental réactif (l'inconscient). Le but de la dianétique est de produire un être «CLAIR», un humain débarrassé de ses «ENGRAMMES». Ces derniers sont un peu comme des poches d'ombre qui sont enfouies dans le mental réactif à la suite de douleurs physiques ou mentales subies au cours de la vie. Ces «engrammes» enregistrés dans le mental réactif obscurcissent la lucidité et la rationnalité dont les humains sont généralement capables et, en conséquence, gênent le fonctionnement normal de la personnalité. Grâce à l'AUDITION*, la dianétique prétend être capable d'effacer les engrammes en faisant revivre aux personnes les moments de douleur déjà éprouvés.

La scientologie reprend tous les éléments de la dianétique mais en les absorbant dans une doctrine plus haute, de nature philosophico-religieuse. En vertu de cette doctrine, l'homme n'est plus seulement un corps et un mental, il est aussi et il est surtout un thétan*, mot venant de deux mots grecs théos (dieu) et anthropos (homme) et signifiant donc homme-dieu. Selon la scientologie, l'homme est donc essentiellement un être spirituel et éternel et c'est à l'aider à découvrir cette vérité de lui-même qu'elle s'emploie. Une fois devenu «Clair» grâce à la dianétique, la personne peut donc se mettre sur la voie des degrés «O.T.», ce chemin sans fin qui l'amènera à découvrir de plus en plus la puissance divine de son être. Dianétique et scientologie visent à permettre aux humains de devenir vraiment les maîtres-d'œuvre de leurs vies plutôt que de la subir. Dans le jargon scientologique, on dira qu'on vise à devenir «Cause» de sa vie plutôt qu'effet. Dianétique et scientologie ont aussi toutes deux recours à la technique de l'audition, bien qu'avec des modalités différentes. En dianétique on est audité par une autre personne et l'audition se limite à scruter la vie présente, alors qu'en scientologie, on s'audite soi-même et on nettoie les engrammes aussi bien de ses nombreuses vies passées que ceux qui obstruent la piste de temps de l'espèce humaine dans son ensemble.

Culte et pratiques

L'audition est le rituel majeur de l'Église de scientologie. Cependant, l'Église s'est donné des cérémonies qui s'apparentent à celles des grandes Églises pour marquer les événements déterminants de la vie de ses adeptes: les cérémonies de don du nom pour la naissance d'un enfant, les cérémonies de mariage et de funérailles. Ces cérémonies sont toutes imbues de la vision scientologique de la vie humaine. Quant aux styles de vie, les scientologues ne se distinguent pas des autres. Leurs styles de vie s'apparentent en effet à ceux qui sont généralement de mise au sein de notre société.

Expansion dans le monde

L'Église de scientologie est aujourd'hui répandue dans presque tous les pays du monde, bien que ce soit aux États-Unis qu'on trouve le plus gros contingent de ses troupes. On compterait environ cinq millions d'adeptes de la scientologie à travers le monde.

Au Québec, l'Église a rejoint, depuis sa première implantation dans les années «70», environ quatre à cinq mille personnes. Cependant, il faut distinguer dans ce nombre les simples clients qui ont un jour eu recours aux services de l'Église sans y retourner par la suite des clients qui continuent d'avoir recours à ses services et enfin, des personnes qui se dévouent à plein temps à assurer l'expansion de l'Église au Québec. Ces dernières personnes sont au nombre d'environ cent à travers le Québec. Elles signent un contrat de travail de cinq ans avec l'Église et leurs salaires, généralement très bas, varient selon les fonctions qu'elles occupent au sein de l'Église. Certains signent même des contrats à vie.

La scientologie se présente sous deux figures à ses potentiels clients. Elle fonctionne sous une raison sociale séculière à l'intérieur des CENTRES DE CÉLÉBRITÉS et sous une raison sociale religieuse à l'intérieur des ÉGLISES DE SCIENTOLOGIE.

Les coûts de ses services qui se résument essentiellement à des cours et à de l'audition sont assez élevés. Une session intensive d'audition qui dure dix heures et demie coûte plus de mille dollars et il en faut quelques-unes afin de conduire quelqu'un au degré de CLAIR.

L'organisation de l'Église est extrêmement bien pensée. On distingue les missions qui n'offrent que quelques cours de base en dianétique des églises qui acheminent les gens jusqu'au degré de CLAIR et enfin, des grands centres internationaux comme Clearwater en Floride qui, eux, peuvent offrir les degrés avancés d'O.T.

De plus, l'organisation est tout orientée vers le recrutement de nouveaux clients. Une scientologue qui amène une personne en scientologie se voit accorder un rabais de 10% sur le prix de ses prochains cours ou de ses prochaines sessions intensives d'audition. L'Église, dont l'organisation est très bureaucratique, exerce un contrôle étroit sur son personnel ainsi que sur ses clients.

Le recrutement se fait généralement sur la rue où les passants sont invités à remplir un test de personnalité gratuit. Ce test a pour but de révéler les déficiences de la personnalité, ce qui permet aux scientologues de faire miroiter aux yeux des gens leurs promesses d'une plus grande réalisation de soi. La vente de livres, l'organisation de conférences sur la scientologie ou de sessions de dianétique peuvent aussi être l'occasion de recruter de nouveaux membres.

En 1982, un schisme est intervenu dans l'Église de scientologie. David Mayo, un scientologue de haut rang, quitte l'Église parce qu'elle est devenue trop autoritaire et qu'elle demande des prix trop élevés pour ses services. Il fonde en Californie l'«Advanced Ability Center» en vue de relancer la scientologie sur des bases nouvelles. Ce nouveau courant, désigné en français sous le nom de «zone libre», rencontre l'opposition farouche de l'autre groupe des scientologues regroupés dans le «Religious Technology Center» et dirigé par David Miscavige, Pat et Ann Broeker.

Émissions et périodiques

L'Église de scientologie fait beaucoup de publicité dans les journaux locaux et sur les ondes des stations de radio et de télévision. La publicité met l'accent sur les promesses d'une vie plus réussie, d'une personnalité plus épanouie grâce à la scientologie. L'Église diffuse aussi en diverses langues des journaux et des revues. Voici le titre de quelques-uns: *Freedom. The Independent Journal* published by the Church of Scientology; *The Auditor. The Monthly Scientology Journal; Justice et Liberté. Le Journal indépendant* publié par l'Église de Scientologie. Parmi les revues, mentionnons *Advance. Magazine of the Advanced Organizations; Celebrity. The Magazine of Celebrity Centre International; Liberty. A Magazine of Religious Freedom.*

Registres civils

L'Église de scientologie a souvent requis des États où elle est installée la permission de tenir les registres civils de ses membres. Jusqu'à ce jour, le Canada lui a refusé cette permission.

Justice

L'Église de scientologie est sans doute l'Église qui a eu le plus de démêlés avec la justice dans les divers pays où elle est installée. Le plus souvent, il s'agit de disputes concernant son statut de groupe religieux. Il s'est aussi souvent agi de disputes concernant des arrérages d'impôt et de réclamations d'ex-membres désireux de se faire rembourser pour le coût de services passés jugés trop élevés ou encore pour des torts subis à la suite de leur passage dans l'Église.

Bibliographie

Publications internes

* HUBBARD, L. Ron, *La dianétique,* La science moderne de la santé mentale, Montréal, Éditions du Jour, 1976, 469 p.

  HUBBARD, L. Ron, *Les fondements de la Vie et de la Pensée,* Éditions Philosophie Appliquée.

* MINSHULL, Ruth, *Les hauts et les bas,* Versailles, Éditions Philosophie Appliquée, 1977, 96 p.

Publications externes

* BURRELL, Maurice C., *The Challenge of the Cults,* Grand Rapids, Michigan, Baker Book House, 1982, pp. 125-150.

* CHAGNON, Roland, *La Scientologie: une nouvelle religion de la puissance,* Montréal, Hurtubise HMH, 1985, 263 p.

* DE PLAIGE, Didier et LEDUC, Jean-Marie, *Les nouveaux prophètes,* Paris, Buchet/Chastel, 1978, pp. 277-290.

* DERICQUEBOURG, Régis, *Religions de guérison,* Coll. Bref, Montréal, Fides, 1988, pp. 79-108.

* ELLWOOD, Robert S., *Religious and Spiritual Groups in Modern America,* Englewood Cliffs, N.J., Prentice-Hall, 1973, pp 168-176.

* LABRECQUE, Claude, *Les voiliers du crépuscule,* Montréal, Éditions Paulines, 1986, pp. 169-173.

* LARSON, Bob, *Larson's Book of Cults,* Wheaton, Illinois, Tyndale House Publ., 1983, pp. 312-335.
* MAYER, Jean-François, *Sectes nouvelles, un regard neuf,* Paris, Cerf, 1985, pp. 47-54.
* MELTON, J. Gordon, *American Cult and Sect Leaders,* New York, Garland Publ., 1986, p. 296.
* MELTON, J. Gordon, *Cults in America,* New York, Garland Publ., 1986, pp. 128-134.
* ROCHETTE, Jean, *Qui croire? Essai sur les nouvelles religions,* Saint-Georges-de-Beauce, Éditions Jean Rochette, 1983, pp. 115-125.
* SANDRI, Dominique, *À la recherche des sectes et sociétés secrètes d'aujourd'hui,* Paris, Presses de la Renaissance, 1978, pp. 218-245.
* TAILLEFER, André, «Sectes et prophètes du 20e siècle, dans *Historama,* n° 36 (oct. 1978), pp. 77-88.
* VERMANDER, Jean-Marie, *Des sectes diablement vôtres,* Paris, Socéval, 1981, pp. 62-65.

  WALLIS, Roy, *The road to total freedom: A sociological analysis of Scientology,* London, Heinemann, 1976, 282 p.

ÉGLISE UNIVERSELLE DE DIEU

Nom officiel du groupe

À l'origine, en 1934 et jusqu'en 1968, ce groupe s'appelait RADIO CHURCH OF GOD (en français: Église radiophonique de Dieu). Il est maintenant connu comme l'ÉGLISE UNIVERSELLE DE DIEU ou «the WORLDWIDE CHURCH OF GOD».

Il n'est pas rare de trouver dans les publications de ce groupe l'expression ÉGLISE DE DIEU (voir, par exemple, le mot de présentation de la revue *La pure vérité*). Il faut noter que cette dernière expression désigne aussi un des rejetons du mouvement adventiste que le fondateur de l'Église universelle de Dieu a quitté après y avoir reçu le baptême et y avoir exercé un ministère (voir ci-dessous).

Le fondateur et les circonstances de fondation

Herbert W. Armstrong (1892-1986) est issu d'une famille de Quakers (ou de la «Société des amis») qui habitait à DesMoines en Iowa (États-Unis). Son éducation porte donc la marque du piétisme*. Dans *Les sept lois du succès* (Ambassador College 1966, 1969, 1973), Armstrong raconte qu'à l'âge de vingt-trois ans il faisait partie du personnel de la rédaction d'une revue américaine, *The Merchants Trade Journal*, (DesMoines, Iowa, 1912-1915). Bientôt, engagé dans les affaires, il connaît la réussite financière mais aussi deux faillites (en 1920 et en 1926). En 1928, suite à l'échec financier de sa firme de publicité, selon ses dires, il connaît la pauvreté, la faim et ne porte que de vieux vêtements (*La pure vérité*, oct. 1979). C'est dans ce contexte qu'il lui a été révélé que ses croyances au sujet des Écritures et de Dieu étaient erronées. À cette époque, son épouse Loma s'engage dans l'Église de Dieu, une branche du mouvement adventiste*. En 1927, à Portland en Oregon, il reçoit le baptême au sein de cette même Église et y devient ministre. En 1928, il y fait son premier sermon. C'est en 1933, qu'il percevra que Dieu lui confie la direction d'une nouvelle Église, identique à celle des origines, qui portera plus tard le nom d'Église universelle de Dieu. En 1934, il produit sur les ondes une émission radiophonique. C'est le début de la RADIO CHURCH OF GOD. La même année, à Eugene (Oregon) paraît la revue *The Plain Truth* (en français: *La pure vérité*), de facture modeste, à deux cent cinquante exemplaires. Dans les années quarante, il quitte l'Oregon pour la Californie. En 1947, il installe à Pasadena un collège dit universitaire «the Ambassador College» (jusqu'à maintenant les autorités américaines ne reconnaissent pas le statut universitaire de cette institution). C'est en 1968 que le nom officiel du groupe devient WORLDWIDE CHURCH OF GOD. Le second fils d'Armstrong, Garner Ted, devient le vice-président de l'Église et, à ce titre, le premier responsable après son père. Ce dernier est la voix anglophone dans l'émission «The World Tomorrow» que produit l'Église universelle de Dieu pour faire connaître son enseignement. Pour sa part, Dibar Apartian est la voix francophone à cette émission depuis 1960 et, depuis 1963, il occupe le poste de rédacteur en chef de la revue *La pure vérité*, le principal véhicule promotionnel de l'enseignement dispensé par Armstrong. En février 1989, Joseph W. Tkach devient responsable de la revue; D. Apartian est affecté à l'édition française.

Enseignement et doctrine

L'Église Universelle de Dieu présente un enseignement qu'elle base sur la Bible, en mettant l'emphase sur l'Ancien Testament. Cet accent est remarquable par l'intérêt qu'on porte aux dix commandements, aux fêtes et aux tribus d'Israël. Sans mésestimer l'importance de cette référence à la Bible, on constate les parentés qu'il y a entre l'enseignement de cette Église et deux groupes qui l'ont précédée dans le temps. Comme les adventistes en général et surtout l'Église de Dieu qu'Armstrong a bien connue, comme l'organisation des Témoins de Jéhovah, l'Église Universelle de Dieu met de l'avant les doctrines de la mortalité de l'âme, de l'impersonnalité de l'Esprit (force active de Dieu) et du caractère non trinitaire de Dieu par exemple. On trouve ici encore un discours apocalyptique/millénariste* où le calcul des dates de la fin est présent. On trouve aussi et enfin, comme dans le courant du fondamentalisme chrétien en général, le rejet de l'évolutionnisme, jugeant cette thèse incompatible avec la doctrine de la Création qu'on puise dans le livre biblique de la Genèse.

Les particularités de l'enseignement de l'Église universelle de Dieu tiennent surtout au rôle que doit jouer cette Église dans l'histoire et à l'anglo-israélisme.

1. Après la chute d'Adam relatée au livre de la Genèse, Dieu a accordé six mille ans au monde. Avant le septième et dernier millénaire qui verra le règne de Dieu, l'humanité est laissée libre de choisir Dieu ou d'organiser les choses à sa façon. Voyant à quel point, l'humanité s'est dévoyée, Dieu a fondé son Église. L'Église de Dieu remonte à la Pentecôte, le 18 juin 31. Là encore, l'histoire de l'Église est répartie en périodes qu'on qualifie diversement au moyen des sept lettres aux Églises qui appartiennent aux chapitres 2 et 3 du livre biblique de l'Apocalypse. Pour Armstrong, le véritable Évangile de Dieu n'a pas été prêché depuis la mort des apôtres au premier siècle de notre ère. Il est prêché de nouveau depuis qu'Armstrong a été appelé à prendre la direction de l'Église universelle de Dieu. L'Église universelle de Dieu est la mère spirituelle de ses membres, elle les enfante en quelque sorte pour le salut. Cette Église se présente encore comme la réalisation historique de l'Église de Philadelphie (voir Ap 3, 7 et suiv.) qui devait apparaître au temps de la Fin.

Dieu a donné à l'Église apostolique du premier siècle deux cycles de dix-neuf ans pour donner l'Évangile au «vieux monde». Cette période d'évangélisation s'est terminée en l'an 69, selon Armstrong. Cent cycles de dix-neuf ans après le début du ministère de Jésus, Armstrong se voit accordé à son tour deux cycles de dix-neuf ans dès 1934 pour prêcher l'Évangile que n'ont pas pu donner les Églises placées depuis dix-neuf siècles sous l'emprise de Satan. Ces cycles devaient en principe se terminer en 1972.

2. L'anglo-israélisme repose sur la promesse qui aurait été faite à Abraham pour les tribus d'Éphraïm et de Manassé. Dieu aurait promis à l'un, le sceptre (qui signifie la venue du sauveur dans sa descendance, au siège de la royauté) et à l'autre, le droit d'aînesse ou la prospérité matérielle. Pour Armstrong, l'Angleterre) où le trône est occupé par un descendant de Salomon) et les États-Unis (où la prospérité s'est déjà manifestée) sont les héritiers véritables de ces promesses. Pour le montrer, il remonte en 721 av. J.C., époque où les tribus d'Israël ont été disséminées par l'invasion des Assyriens. Les Saxons et les Scythiens en ce temps-là auraient envahi l'Europe par le Nord devenant ainsi les ancêtres israélites des peuples anglo-saxons. Jugeant que ces peuples bénis de Dieu ont vécu dans l'immoralité, loin de Dieu et des préceptes qu'il a établis pour son peuple, Armstrong annonce qu'au temps de la Fin, ils seront tous deux châtiés par Dieu. Cette «correction» devrait être administrée par l'Allemagne de nouveau menée par les nazis et, cette fois, dirigée par la Bête de l'Apocalypse, l'Antéchrist. Après une grande détresse, se produira le second avènement du Christ en terre anglo-saxonne.

Culte et pratiques

Parmi les pratiques à incidence cultuelle, le baptême par immersion, la célébration du sabbat et des fêtes diverses qui se rapportent à la tradition juive retiennent l'attention dans l'Église universelle de Dieu.

Baptême par immersion. À la sortie de l'eau, par l'imposition des mains (voir He 6, 2 et Leçon 11, p. 11 du *Cours par correspondance*, d'Ambassador College), on reçoit le Saint-Esprit qui se trouve à être non pas une personne divine distincte mais une force de Dieu pour le croyant.

Célébration du sabbat (Mt 12, 40 et Gn 1, 5). Cette célébration est exigée par le quatrième commandement (Ex 20, 8). Quiconque contrevient à cette loi risque l'excommunication. Dans une brochure intitulée *La résurrection n'eut pas lieu un dimanche*, Ambassador College 1961, 1973, Armstrong affirme que Jésus est mort et a été enseveli un mercredi. En citant Mt 12, 40 qui dit que «le Fils de l'homme sera trois jours et trois nuits dans le sein de la terre», il calcule que le jour du sabbat ou de la résurrection se trouve à être le samedi et non le dimanche, entre le coucher du soleil le vendredi et le samedi.

Célébration de fêtes d'origine juive. Parmi ces fêtes respectées dans l'Église universelle de Dieu, il y a la Pâque qui débute l'année des célébrations à la mi-mars. Cette fête donne lieu à une semaine placée sous l'égide du pain sans levain. Au calendrier prennent place ensuite la fête des prémices ou de l'offrande des premiers fruits des récoltes, la fête des trompettes, la fête de l'expiation avec son jeûne de vingt-quatre heures, la fête des tabernacles ou des tentes qui dure une semaine et qui se conclut par un sabbat qu'on appelle le grand jour.

À part les pratiques à incidence cultuelle comme celles qui ont été évoquées, il y a d'autres exigences concrètes qui sont indiquées aux membres de l'Église universelle de Dieu. De façon générale, on rappelle le caractère normatif des dix commandements énumérés en Ex 20. Certaines prescriptions plus particulières se formulent comme des interdits: le divorce est condamnable; on doit s'abstenir d'aliments dits impurs comme le porc, les huîtres et certaines sortes de poissons; les fêtes d'origine païenne parmi lesquelles on trouve Noël doivent être ignorées et réprouvées; les femmes ne doivent pas porter le pantalon. Par ailleurs, on préconise la circoncision même si elle n'est plus ordonnée par Dieu en tant que rite religieux (voir *Une éducation sexuelle enfin complète*, Ambassador College 1975, pp. 74-75); elle doit toutefois être pratiquée après le neuvième jour de la naissance selon Gn 17, 12.

Expansion dans le monde

L'Organisation de l'Église universelle de Dieu, même après la mort du fondateur, est centralisée à Pasadena (Californie). À part les trois campus de Pasadena (Californie), de Big Sandy (Texas) et de Bricket Wood (Angleterre) qui sont des centres de rayonnement pour cette Église, les sièges sociaux dans plusieurs pays demeurent la clef de voûte de l'Organisation et donnent une bonne idée de l'expansion dans le monde du mouvement. On peut signaler parmi les sièges sociaux Vancouver (Canada), Johannesburg (Afrique du Sud), Manille (Philippines), Düsseldorf (Allemagne de l'Ouest), Genève (Suisse), Charleroi (Belgique), Paris (France). C'est en lien avec ces sièges sociaux que naissent et se développent la base même de l'Organisation: les congrégations. À Montréal, en 1985, il y avait trois congrégations (deux francophones et une anglophone) qui réunissaient alors neuf cent cinquante participants comprenant les ministres et les autres membres (baptisés).

Au chapitre des ressources financières: en 1984, on les évaluait à cent trente millions de dollars. À part les contributions volontaires des quelque sept millions de lecteurs de *La pure vérité*, le financement compte sur la stabilité des dons réguliers des membres. Il y a d'abord la dîme (10% du gain annuel brut), ensuite un don pour la fête des Tabernacles (un autre 10%) et enfin, un versement tous les trois ans (de l'ordre de 10%).

Émissions et périodiques

À la radio et à la télévision, il y a *The World Tomorrow* ou *Le monde à venir*. (Pour l'horaire, chaque numéro de *La pure vérité*.)

Les périodiques de l'Église universelle de Dieu sont au nombre de trois. Il y a d'abord *La pure vérité*, revue mensuelle distribuée gratuitement en divers lieux (stations de métro, centres commerciaux, chaînes de produits pharmaceutiques). Le tirage de cette revue était en 1985 de sept millions d'exemplaires. Incidemment, sa gratuité repose sur Mt 10, 8 et Ac 20, 35 aux yeux de ses producteurs. Une deuxième revue s'adresse aux souscripteurs de l'Église depuis 1973, il s'agit de la revue *The Good News*. Entre 1969 et 1972, la revue *Tomorrow's World* visait le même public.

Registres civils

Non.

Bibliographie

Publications internes

* ARMSTRONG, Garner Ted, *L'éducation des enfants,* Pasadena (CA), Ambassador College, 1967 et 1974.
* ARMSTRONG, Herbert W., *Les anglo-saxons selon la prophétie,* Pasadena (CA), Worldwide Church of God, 1982.
* ARMSTRONG, Herbert W., *L'apocalypse enfin dévoilée,* Pasadena (CA), Ambassador College, 1973.

   The Autobiography of Herbert W. Armstrong, Pasadena, (Vol. 1), Ambassador College, 1967.
* ARMSTRONG, Herbert W., *Comment mettre fin à vos soucis financiers,* Pasadena (CA), Ambassador College, 1970 et 1973.
* ARMSTRONG, Herbert W., *Une éducation sexuelle enfin complète,* Pasadena (CA), Ambassador College, 1975.
* ARMSTRONG, Herbert W., *Pourquoi êtes-vous nés?* Pasadena (CA), Ambassador College, 1972.
* ARMSTRONG, Herbert W., *Qu'entend-on par salut?,* Pasadena (CA), Ambassador College, 1964 et 1973.
* ARMSTRONG, Herbert W., *Les sept lois du succès,* Pasadena (CA), Ambassador College, 1966, 1969, 1973.
* ARMSTRONG, Herbert W., *Votre avenir merveilleux. Ce que la religion vous cache,* Pasadena (CA), Worldwide Church of God, 1980.

Publications externes

* BENWARD, Paul N., *Ambassadors of Armstrongism,* Fort Washington, Penn., Christian Literature Crusade, 1984, 182 p.

* BURRELL, Maurice C., *The Challenge of the Cults,* Grand Rapids, Michigan, Baker Book House, 1982, pp. 21-23.

* LABRECQUE, Claude, *Les voiliers du crépuscule,* Montréal, Éditions Paulines, 1986, pp. 107-110.

* LARSON, Bob, *Larson's Book of Cults,* Wheaton, Illinois, Tyndale House Publ., 1983, pp. 181-186.

* MARTIN, Walter, *The Kingdom of the Cults,* Minneapolis, Bethany Fellowship, 1977, pp. 295-323.

* MELTON, J. Gordon, *Cults in America,* New York, Garland Publ., 1986, pp. 53-55.

* ROBERTSON, David, *Herbert Armstrong Tangled Web,* Tulsa, Okla., John Hadden Publ., 1980, 268 p.

* ROCHETTE, Jean, *Qui Croire? Essai sur les Nouvelles Religions,* Saint-George-de-Beauce, Éditions Jean Rochette, 1983, pp. 263-268.

ÉGLISE VIE ET RÉVEIL

Nom officiel du groupe

Église Vie et Réveil du Québec.

Le Fondateur et les circonstances de fondation

Le fondateur, Alberto Carbone, est né à Montréal en 1946. À 22 ans, sa quête spirituelle l'amène à se «décider pour Christ». Appelé au ministère à 24 ans, il entreprend des études théologiques au Collège biblique Miracle Valley en Arizona (1970-1972). Ce collège a un corps professoral constitué de personnes qui se réclament de l'expérience de Pentecôte. La formation comprend des cours (Bible, counselling), une vie de prière et des périodes de jeûne. En 1974, Alberto Carbone obtient une licence des Assemblées de Dieu Indépendantes de Toronto à titre de ministre de la Parole.

La même année, il fonde l'Église Vie et Réveil «où plusieurs attestent voir leurs besoins physiques et spirituels être rencontrés (sic) par son ministère[1]». Les débuts sont modestes: le fondateur se fait d'abord connaître en chantant et en distribuant des dépliants sur la rue. Puis, petit à petit, il forme un premier groupe qu'il réunit chez lui. Trois ans plus tard, il fonde le Collège Moderne Vie et Réveil en Haïti et l'Institut biblique Vie et Réveil à Montréal.

À partir de 1978, il entame ses prédications à la radio. «Son ministère s'étend vers tous ceux qui ont faim et soif de Dieu[2].» Il offre également ses prédications sur cassettes (ex. de thèmes: «Guéri dans le nom de Jésus»; «Régner avec Christ»; «Se garder soi-même»), en plus d'être l'auteur de plusieurs livres. Enfin, il prêche à la télévision dans le cadre de son émission «Le ministère d'Alberto Carbone» le dimanche matin à TQS et en semaine, sur le câble.

Il est marié et son épouse s'appelle June.

---

[1] CARBONE, Alberto, *Du naturel au surnaturel*, Saint-Hubert, Éditions Parole de Vie, 1978, 42 p. couverture arrière.

[2] *Ibid.*

Enseignement et doctrine

L'Église Vie et Réveil est issue du Pentecôtisme, mais elle ne fait pas partie de la Fédération des Assemblées de Pentecôte. Elle s'inspire uniquement de la Bible (traduction de Louis Segond), suprême et seule autorité pour la foi et la vie pratique. La Bible est l'infaillible Parole de Dieu et la révélation complète. Le texte biblique est tout entier inspiré par l'Esprit.

La doctrine de l'Église Vie et Réveil se structure autour d'un credo qui comprend vingt-et-un articles. Le credo pose au départ le mystère du Dieu trinitaire, Père, Fils et Esprit et il confesse que le salut s'accomplit par le sang expiatoire du Christ. L'homme, qui est profondément corrompu, est justifié par la foi seule à Jésus qui est le Sauveur personnel de celui qui l'accueille.

Le rôle de l'Esprit est affirmé avec insistance. C'est l'Esprit qui regénère, oint, habite, guide, enseigne chaque croyant. C'est lui qui opère des guérisons, fait parler en langues, produit des expériences intérieures. Le Baptême de l'Esprit et l'imposition des mains sont pratiques courantes.

Le credo insiste sur la corruption de la nature humaine et des institutions sociales. Satan est à l'œuvre dans le monde; aussi les fidèles doivent-ils se séparer «de toutes pratiques, associations et plaisirs mondains et pécheurs». Le jugement de Dieu menace même les fidèles qui ne sont pas irréprochables devant lui.

Culte et pratiques

Il y a d'abord les *Assemblées*: cinq assemblées par semaine dont trois en français (mercredi, samedi, dimanche) et une en anglais (dimanche). Le déroulement d'une Assemblée est le suivant: louanges et cantiques, communiqués concernant les différentes activités de l'Église, prédication par le pasteur Carbone ou ses assistants; manifestation des dons de l'Esprit: délivrance, guérison, don des langues. Le service du samedi soir accueille particulièrement de nouveaux membres, les gens potentiellement intéressés, des mères et des parents ou des amis des membres.

Il y a aussi les *Cellules* qui sont des groupes réunissant entre 10 et 15 membres pour une soirée de «partage chrétien». Il existe présentement 60 cellules dans la région de Montréal. Les cellules se réunissent le mardi soir. Les rencontres consistent dans le partage biblique, le réconfort mutuel, la prière et la louange. L'approche des cellules est plus personnalisée que celle des Assemblées.

L'Église offre également des réunions de partage destinées aux jeunes et elle a son école du dimanche.

Quant aux pratiques morales, elles sont marquées au coin de l'austérité et de la pureté. Il faut s'abstenir dans la mesure du possible de toute relation avec les inconvertis et le monde pécheur.

Le fidèle est invité à vivre une vie irréprochable et du point de vue social et du point de vue individuel. Grande réserve en ce qui concerne la morale sexuelle et invitation à s'abstenir de l'alcool et du tabac.

La vie familiale revêt une grande importance. Le modèle familial proposé est traditionnel: soumission de la femme au mari, obéissance des enfants aux parents. L'Église intervient auprès des jeunes, des familles monoparentales, des alcooliques et des drogués, des personnes perturbées psychologiquement. Tout cela, dans le but de favoriser la «reconstruction de la famille».

Expansion

L'Église est assez solidement implantée à Montréal. L'Église de Shawinigan est maintenant indépendante, alors que celle de Granby a dû être réintégrée à celle de Montréal pour des raisons d'ordre pratique. Un transport par autobus scolaire est cependant assuré entre Granby et Montréal pour permettre aux membres de participer aux assemblées. L'Église envisage de s'établir éventuellement à Laval et sur la Rive-Sud de Montréal.

À Montréal même, l'Église bénéficie depuis maintenant un an d'un second local. En effet, le 1840 Sainte-Catherine Est, acheté en 1980 et rénové par corvées de bénévoles en un an, ne suffisait plus avec ses 275 places (ce qui rendait nécessaires deux assemblées le samedi soir). Pour remédier à cette situation, l'Église a donc acheté le théâtre Champlain, situé en face.

Plusieurs projets de réaménagement sont envisagés pour le 1840: centre récréatif et culturel, garderie, casse-croûte, etc. Tous ces équipements et services sont destinés aux familles. L'Église songe également à mettre sur pied des groupes d'alphabétisation.

L'organisation

L'administration et le choix des grandes orientations de l'Église reposent essentiellement sur le pasteur Carbone (qui bénéficie d'un charisme personnel), bien qu'il se soit entouré de quelques proches collaborateurs. Le pasteur et ses quatre coordonnateurs sont les seuls employés rémunérés du groupe.

Les membres bénévoles, quant à eux, assument les tâches diverses: service social (ex.: aide aux familles monoparentales et aux personnes en difficulté; téléphone-secours pour ceux qui ont besoin d'être écoutés ou qui désirent que l'on prie pour eux); école du dimanche; corvées et soutien technique; animation musicale lors des assemblées; etc.

Au point de vue financier

Depuis juin 1987, des levées de fonds ont été organisées afin de financer l'hypothèque contractée à l'achat du théâtre Champlain. Outre les dîmes et les offrandes, des fonds ont pu être amassés grâce à une vente de porte en porte (chocolat, ampoules électriques, etc.), des bazars et autres activités du genre. Plusieurs membres n'ont pas hésité à vendre bijoux, téléviseurs et autres biens ou même à arrêter de fumer, pour verser les épargnes à l'Église qui aurait, par ailleurs, reçu plusieurs dons de 1 000$. Toutes ces activités ont permis à l'Église d'atteindre la moitié de son objectif, en réunissant la somme d'environ 200 000$ en une année à peine.

Recrutement et formation

L'Église Vie et Réveil compte actuellement environ un millier de membres, parmi lesquels on dénombre 300 bénévoles rendant de multiples services à l'Église. Le recrutement s'effectue grâce au témoignage des membres dans leur milieu respectif; par la distributioin de dépliants et brochures; par le porte-à-porte des comités d'évangélisation; par les livres et cassettes (audio et vidéo) du fondateur (disponibles à la librairie de l'Église); par la revue *Le Vainqueur*; par des croisades et des marches; et surtout par le truchement d'émissions de radio et de télévision.

Souvent, à l'assemblée du samedi soir, plusieurs viennent sur l'invitation d'un membre, «pour voir» ... Souvent les nouveaux venus sont enthousiasmés par l'atmosphère qui y règne et en ressortent «transformés»: ils ont donné leur cœur à Jésus.

En effet, à la fin de chaque assemblée (et particulièrement de celle du samedi soir), l'animateur demande aux participants qui veulent donner leur cœur à Jésus de le manifester publiquement en levant la main. Ils sont invités à se rendre à l'avant: s'ils croient que Jésus est mort pour leurs péchés et s'ils l'acceptent comme leur Sauveur personnel, ils sont alors confiés à un conseiller. Celui-ci leur explique et leur fait réaliser l'importance du geste qu'ils viennent de poser (habituellement, les nouveaux membres sont encore sous le «choc» émotif...); il leur remet un exemplaire du Nouveau Testament et une brochure sur l'Église. Le conseiller se charge également de diriger les nouveaux membres vers une cellule.

Règle générale, les nouveaux venus reçoivent une formation biblique. Éventuellement, si tel est leur désir, ils pourront confirmer publiquement le don de leur vie à Dieu par le baptême par immersion. Celui-ci n'est pas source de salut; il est un événement joyeux et a habituellement lieu le dimanche soir.

Les nouveaux membres de l'Église Vie et Réveil proviennent souvent du Mouvement charismatique.

Par ailleurs, l'abjuration n'est pas exigée.

Émissions et périodiques

L'Église offre des émissions radiophoniques (98,5 et 99 FM) et télévisées (TQS, le dimanche matin à 10 h; en semaine, sur câble). Elle publie et imprime sur ses propres presses la revue *Le Vainqueur* (10 numéros par année).

Registres civils

Depuis le 10 juin 1987, l'Église Vie et Réveil est autorisée à tenir les registres civils.

Bibliographie

Publications internes

* CARBONE, Alberto, *Du naturel au surnaturel,* Saint-Hubert, Qc, Parole de Vie, 1978, 42 p.
* CARBONE, Alberto, *Le salut,* Saint-Hubert, Qc, Parole de Vie, 1982, 57 p.

ENFANTS DE DIEU

Nom officiel du groupe

Peu après sa fondation en 1968, le groupe a pris le nom de «Enfants de Dieu» mais à la suite de plaintes pour antisémitisme, il a pris le nom de «La Famille d'Amour». Depuis 1989, ce groupe tient des activités sous le nom de «L'amour en Action».

Le fondateur et les circonstances de fondation

C'est dans les cercles hippies de Californie que sont nés les premières «colonies» des Enfants de Dieu sous l'initiative de David Berg. Né en 1918, David Berg a exercé le ministère pastoral au sein de l'Alliance Chrétienne Missionnaire jusqu'en 1951. Il adresse son message particulièrement aux jeunes car il juge qu'ils ont besoin d'un guide tout comme les israélites dans leur marche vers la terre promise. C'est ainsi qu'il empruntera le nom de «Moïse» (d'où le diminutif «Mo»).

Lors de la fondation du groupe, «Moïse» Berg dit être confronté à un choix. Il doit choisir entre une Église qui se meurt (cette Église est incarnée par son épouse Jeanne) et une Église naissante (incarnée par sa secrétaire Maria). L'Église qui se meurt (Jeanne) est révolue tandis que l'Église naissante (Maria) est pleine de promesses; signe d'un temps nouveau[1].

Enseignement et doctrine

Deux sources

L'enseignement du groupe se réfère à deux sources; la Bible qui constitue la toile de fond doctrinale et les «Lettres de Mo» écrites par Moïse à la demande de Dieu afin de compléter et de rajeunir les textes bibliques. À ce sujet Mo écrit:

«La Bible est le plan de Dieu pour obtenir la vie éternelle, la véritable et la solide fondation de la vérité sur laquelle nous construisons et de laquelle Dieu est le donateur. [...] La Bible est notre fondation, notre guide, notre standard et la verge de mensuration par laquelle nous jugeons toutes choses. [...]

---

[1] Lettre de Mo (A) «Prophétie de l'ancienne Église et de la Nouvelle Église, 1969.

> Le plan de la fondation véritable de Dieu comme il est souligné dans la Bible a été pratiquement enterré sous les détritus de la chrétienté et les traditions des hommes. Pour redécouvrir la véritable fondation, il faut un archéologue qui puisse déblayer les détritus. [...] Dans ce cas-ci, votre archéologue c'est moi... Dieu dut s'y prendre surnaturellement me contraignant à parler à sa place afin que je répande la véritable eau vivante pour aujourd'hui. Il m'a pratiquement forcé à écrire ce qui avait besoin d'être écrit et il m'a montré que la Bible ne suffisait pas[2]. »

Même si les messages sont distribués sous le nom de «Lettres de Mo», David Berg ne s'en reconnaît pas l'auteur. Il se présente seulement comme «prophète», celui qui livre le message de Dieu. L'auteur des Lettres est «Dieu par Son Esprit à travers Jésus, Abrahim et les nombreux esprits serviteurs de Dieu».

Prédictions apocalyptiques

— En 1974, dans sa Lettre intitulée «Le Désastre», Mo prédit qu'en 1977 les Américains devront gagner dix fois leur salaire pour obtenir le même confort, il ajoute: «... Vos meubles vous serviront peut-être de combustible pour cuire le chien cru de vos repas...»

— Mo invite les gens à fuir l'Amérique. Il laisse présager qu'elle sera détruite en 1976 lors des festivités du 200e anniversaire de son indépendance. Après la «Grande Catastrophe», les Enfants de Dieu auront la responsabilité de ramasser les morceaux de ce monde et de bâtir un nouveau monde de paix et d'abondance pour tous, comme il en était «Au commencement...»

Critique de la société matérialiste

Mo critique de façon virulente la société matérialiste nord-américaine. Il accuse les parents des jeunes de pratiquer le «culte de l'argent». Dans ses Lettres, il enseigne que les parents n'ont qu'une seule vue pour leurs enfants, celle de leur léguer en héritage le pouvoir des générations précédentes afin de poursuivre une économie égoïste.

Culte et pratique

Chez les Enfants de Dieu on peut distinguer deux types d'adhésion. On nomme «catacombes» les sympathisants de la «Famille» qui distribuent les messages de Mo dans leurs milieux respectifs. Ceux-ci poursuivent leurs activités habituelles (travail, loisirs, relations...) tout en fréquentant d'autres membres de la «Famille» plus actifs nommés «brebis».

---

[2] Lettre de Mo, «La Parole, la nouvelle et l'ancienne», n° 329, Sept. 1974.

Lors de son entrée dans la commune (appelée «colonie»), la nouvelle «brebis» doit remettre la totalité de ses biens au groupe. Elle doit aussi reconnaître David Berg comme le Moïse des temps nouveaux. Chaque colonie compte dix à vingt brebis. Il est recommandé de lire assudûment les «Lettres de Mo» et, en second lieu, les textes bibliques. Tous les jours, les brebis vont dans les endroits publics (dans les cafés, les métros ou sur la rue) pour vendre aux passants les messages d'amour de Mo. Il y a trois catégories des Lettres de Mo: elles sont destinées soit au public en général, soit aux brebis, soit aux dirigeants, ces derniers étant marqués du sceau «Top Secret».

La sexualité

Au cours des années, l'enseignement de David Berg s'est passablement transformé; progressivement la sexualité est devenue le thème dominant de ses Lettres. Cela a donné naissance à des pratiques sexuelles pour le moins particulières au sein du groupe. Dès la fondation, Mo invite les jeunes à faire la révolution de l'amour, mais il n'en décrit pas les modalités. En 1970, il insiste sur la beauté du corps humain, corps qui n'est pas une honte puisqu'il est une création divine. Dans la Lettre intitulée «La pharmacie», il convie les brebis à former la jeune église clandestine, une église révolutionnaire qui pratique le nudisme. Selon Mo, seul le nudisme a la propriété de débarrasser l'humain des choses mauvaises de ce monde comme par exemple l'hypocrisie et l'orgueil.

En '73-74, s'inspirant des nombreuses expériences sexuelles qu'il a vécues (lettre n° 338), Mo décrit dans les moindres détails où, quand, comment et avec qui faire l'amour de façon révolutionnaire. À cette époque, un nouveau ministère naît à l'ombre dans l'organisation, il s'agit du «Petit Poisson Flirteur». Les jeunes femmes qui se sentent appelées à ce ministère, portent le titre de prêtresses de l'amour. Elles se vouent à l'évangélisation auprès des hommes mariés ou célibataires qui fréquentent les bars, les discothèques ou autres lieux récréatifs. Ces femmes révolutionnaires doivent faire en sorte «de porter aussi peu de vêtements que possible afin de mettre à découvert certaines parties de leur corps, mais aussi à dissimuler de façon provocante d'autres parties,... (lettre n° 250). Ces prêtresses de l'amour sont ni plus ni moins des appâts de Dieu, elles ont pour mission de séduire les hommes âgés entre trente et soixante ans qui ont de l'argent ou qui jouissent d'une certaine influence dans la société (Avril '74). Ces «gros poissons» susceptibles de mordre à l'appât apporteront une aide financière ou useront de leur influence pour soutenir les activités des Enfants de Dieu.

Ces femmes qui sacrifient leurs corps sont le symbole de l'amour dans sa plus parfaite expression. À la suite de Jésus, elles souffrent la crucifixion de l'amour. Après chacune des prises, les prêtresses de l'amour répondent avec soin à un questionnaire écrit: nom et prénom du «poisson», adresse, profession, le montant du don qu'il a fait à la Famille, etc. Ce rapport est rédigé en trois exemplaires dont l'un est gardé à «l'archevêché» du groupe.

En 1976, Mo répond à une lettre reçue d'un disciple d'une colonie qui se plaint, en tant que célibataire, de ne pas avoir suffisamment de signe tangible de l'amour de Dieu. Évoquant le principe qu'il faut s'entretenir d'amour les uns les autres, Mo incite les membres des colonies aux relations sexuelles libres. L'amour de Dieu doit se traduire par des manifestations physiques; la communion avec Dieu débute par la communion sexuelle dans le groupe.

Mo permet la polygamie, le lesbianisme et la masturbation. Et dans deux de ses Lettres, Mo invite les enfants à avoir des relations sexuelles entre eux[3].

Expansion dans le monde

En 1977, Alain Woodrow[4] estimait à 6 000 le nombre des Enfants de Dieu, dont 790 étaient de jeunes enfants, à ce moment ils étaient présents dans 50 pays. Depuis ces statistiques, bien des choses ont changé. Le suicide collectif de Jonestown en Guyanne survenu en 1978 a refroidi passablement le zèle missionnaire des Enfants de Dieu. En effet, un grand nombre de membres apeuré par cette catastrophe, ont quitté le mouvement. De sorte qu'au Québec on a peine à retrouver la trace de ce groupe. Il semble que le «petit reste» de la Famille d'Amour se soit réuni en Inde en attendant les fins dernières prévues pour 1993.

Émissions et périodiques

Malgré leur présence dans les médias électroniques de France, où ils ont fait connaître leurs chansons, les Enfants de Dieu n'animent pas d'émission sur une base régulière. Par ailleurs, ils publient une revue intitulée LES NOUVELLES de la nouvelle NATION dans laquelle on retrouve les récentes Lettres de Mo ainsi que les «nouvelles» des colonies.

Registres civils

Les Enfants de Dieu ou La Famille d'Amour, n'ont pas de registres civils permettant l'enregistrement des naissances, des mariages ou des décès au Canada.

Justice

Plusieurs plaintes à l'endroit des Enfants de Dieu ont été déposées par le MRAP et la LICRA pour antisémitisme. Suite à cela, le groupe a été dissous en 1979, il est né de nouveau sous le nom de La Famille d'Amour.

---

[3] Lettres de Mo du 28-6-77 et 11-8-78.
[4] WOODROW, Alain, *Les nouvelles sectes*, Éditions du Seuil, Paris, 1977, p. 179.

Bibliographie

Publications internes

* MO, *Pensées de Mo*, Paris, Éditions The Children of God, 1977.

Publications externes

* BURRELL, Maurice C., *The Challenge of the Cults*, Grand Rapid, Michigan, Baker Book House, 1982, pp. 34-51.

* C, Marie-Christine, HERVÉ, Jane, *Confession d'une enfant de Dieu*, Paris, Éditions Rochevignes, 1985.

* DE PLAIGE, Didier et LEDUC, Jean-Marie, *Les nouveaux prophètes,* Paris, Buchet/Chastel, 1978, pp. 113-128.

* GOSSELIN, Jean-Pierre et MONIÈRE, Denis, *Le trust de la foi,* Montréal, Québec/Amérique, 1978, pp. 53-68.

* LABRECQUE, Claude, *Les voiliers du crépuscule,* Montréal, Éditions Paulines, 1986, pp. 110-114.

* LARSON, Bob, *Larson's Book of Cults,* Wheaton, Ill., Tyndale House Publ., 1983, pp. 123-129.

* MAYER, Jean-François, *Sectes nouvelles, un regard neuf,* Paris, Cerf, 1985, pp. 64-66.

* MELTON, J. Gordon, *Cults in America,* New York, Garland Publ., pp. 154-158.

NICOLE, J.M., *Les Enfants de Dieu ont-ils raison?,* Nogent, Éditions de l'Institut Biblique, 1978.

* ROCHETTE, Jean, *Qui croire? Essai sur les nouvelles religions,* Saint-Georges-de-Beauce, Éditions Jean Rochette, 1983, pp. 269-274.

* SANDRI, Dominique, *À la recherche des sectes et sociétés secrètes d'aujourd'hui,* Paris, Presses de la Renaissance, 1978, pp. 82-107.

* VERNANDER, Jean-Marie, *Des sectes diablement vôtres,* Paris, Socéval, 1981, pp. 65-68.

WOODROW, Alain, *Les nouvelles sectes,* Paris, Seuil, 1977, pp. 175-180.

EQUIPE DES JEUNES CATHOLIQUES À L'ŒUVRE

Nom officiel du groupe

Lors de la publication de la brochure *Le prophète a parlé* en 1975, le groupe s'appelait LES DISCIPLES DU SEIGNEUR. En 1979, il prend le nom d'ÉQUIPE DES JEUNES CATHOLIQUES À L'ŒUVRE. Deux «œuvres», avec leur appellation propre, se rapportent à la dite Équipe. Ce sont:

— la MAISON NOUVEL HORIZON qui se présente comme un ensemble de lieux disponibles pour favoriser la réinsertion sociale et la réhabilitation des drogués, des prostitués et des prisonniers.

— le PARTI DU SOCIALISME CHRÉTIEN DU QUÉBEC qui a brigué les suffrages aux élections québécoises en décembre 1985. Incidemment, quelques jours après ces élections, ce parti a été dissous par Pierre F. Côté, directeur général des élections, après que ce dernier eût vérifié la validité des candidatures et après avoir constaté que le parti aurait omis de présenter dans les délais prescrits le rapport du vérificateur-comptable.

Après la mort de Jacques Paquette, survenue le 26 août 1986, une partie de l'Équipe s'est désignée comme LA BERGERIE et elle a gardé le même casier postal que l'ancienne ÉQUIPE DES JEUNES CATHOLIQUES À L'ŒUVRE à Montréal (ceci montre bien la filiation entre les deux groupes). Le responsable était en janvier '88, Denis Thériault, un membre de l'Équipe.

Le fondateur et les circonstances de fondation

JACQUES H. PAQUETTE (1948-1986)

J. Paquette est originaire de Hull (au Québec). C'est là qu'il aurait terminé ses études avec une septième année. En conférence de presse, en novembre 1985, il se présente comme un ancien criminel, alcoolique et narcomane qui s'est converti au message de Jésus vers 1973-1974. Quelques événements majeurs remontant au temps de sa conversion et au début de l'Équipe qu'il a fondée: il y a, selon ses dires, subi l'influence du mouvement charismatique et, en particulier, celle du Père Jean-Paul Régimbal; il y a aussi et surtout cette révélation qu'il aurait eue le 30 août

1975 au matin. L'Éternel l'envoie dire à «tout le monde» une parole annonçant le jugement de Dieu. Il était convaincu dès lors d'être envoyé de Dieu.

Au début de l'Équipe, il y a Guy Corcoran dont l'apport sera déterminant. Selon des notes placées dans certains livres du groupe (entre autres: *Apocalypse: prophéties de la fin des temps*) et par l'examen du style, notamment, on y apprend que les livres attribués à J. Paquette sont en fait de la main de Guy Corcoran.

Jacques Paquette se marie en 1976 avec Eileen, qui décédera en 1983. En 1984-1985, il prend le surnom de Jacob Easter. C'est sous ce nom qu'il publie le livre *Nouvel Horizon*, en n'hésitant pas à récupérer sous ce pseudonyme les publications antérieures. Dans son esprit, Jacob représente une figure du Christ dans l'Ancien Testament et Easter en anglais veut dire Pâques. C'est surtout depuis cette révélation qu'il aurait eue en 1975 que Jacques Paquette croyait que son nom (et aussi son nouveau nom) le prédestinait à remplir une mission toute spéciale.

Le 28 août 1986, à l'âge de trente-huit ans, il meurt dans un accident de la route entre l'Île Verte et Cacouna. Selon certains témoignages, les membres du groupe auraient choisi de mettre son corps dans une grotte dissimulée par une pierre après l'avoir enveloppé d'un linceul. Toujours selon ces dires, il serait maintenant plus vivant et présent que jamais, surtout dans les derniers temps que nous vivons. Il est enterré au cimetière Mount Herman (Saint-Michel-de-Sillery).

Enseignement et doctrine

La source privilégiée pour l'enseignement de l'Équipe des Jeunes catholiques à l'Œuvre, c'est la Bible. C'est ce qui ressort des publications et surtout des pratiques du groupe comme on le verra plus loin. On peut imaginer, étant donné l'épithète catholique, que l'enseignement de l'Église catholique se retrouve dans le discours du groupe. Il est facile de constater que des représentants de l'Église sont cités dans certains textes du groupe et que l'Équipe est intervenue dans les paroisses catholiques notamment. Il ressort des publications du groupe (en particulier *Apocalypse: prophéties de la fin des temps* et du *Dossier noir de l'Église*) que l'Église catholique a les traits de la grande Prostituée de l'Apocalypse*.

Les écrits attribués à Jacques Paquette portent souvent la marque du fondamentalisme chrétien: on retrouve là une même lecture biblique et une même attitude globale à l'égard du réel. Dans *Apocalypse: prophéties de la fin des temps*, il n'est pas étonnant de retrouver de larges extraits (sans indications de la source) d'un livre de Hal Lindsey intitulé en français *L'agonie de notre vieille planète* (Braine-L'Alleud en Belgique, Éditions de littérature biblique 1974). Hal Lindsey appartient à un mouvement évangélique américain et tient un discours apocalyptique où il est question de l'Antéchrist, dictateur à venir sur l'ensemble du monde; il est aussi question du Faux-Prophète, un autre personnage pour les derniers temps que nous vivons. Ce Faux-Prophète serait un pape qui gouvernera une religion infidèle au Christ de son siège à Rome pour mieux servir l'Antéchrist et l'Œuvre de Satan. Jacques Paquette reprend chacune de ces affirmations et construit son propre scénario des événements de la fin à partir de citations bibliques qui lui semblent appropriées.

Comme d'autres groupes de type apocalyptique, Jacques Paquette soutient que nous vivons présentement les derniers temps de l'histoire. Bientôt, le Christ reviendra et il établira un règne de paix pour mille années après avoir fait cesser la bataille d'Harmaguédon, potentiellement destructrice de toute l'humanité. Chez Jacques Paquette, on peut aussi trouver un calcul des dates de la fin: dans *Apocalypse: prophéties de la fin des temps,* il suggère l'année 1995, mais en ajoutant aussitôt: «nous n'avons pas l'intention ici de faire un dogme de cette année» (voir p. 218).

Une particularité dans le discours apocalyptique de l'Équipe des Jeunes catholiques à l'œuvre: l'ordre nouveau que viendra établir Jésus à la fin des temps sera socialiste chrétien (*Apocalypse*: ... p. 216). Une autre particularité du discours apocalyptique de ce groupe est le rôle essentiel que Jacques Paquette a à jouer à la fin des temps comme envoyé de Dieu. En 1982, il annonçait que le Christ viendrait cette fois-ci pour établir un règne socialiste chrétien; en 1985, il présente le parti du socialisme chrétien en vue de travailler à réaliser lui-même ce qui a été d'abord annoncé. Jacques Paquette a été rapproché du prophète Daniel en 1980 par le préfacier de son livre *L'Apocalypse de saint Jean. Les sept sceaux.* Ce préfacier, en effet, écrit: «En fait, l'auteur de ce volume est sûrement un homme comme le prophète Daniel, un serviteur auquel Dieu a tout simplement révélé des choses cachées tel qu'il le fit avec Daniel au temps du roi Nabuchodonosor.» En 1985, il entre lui-même dans l'œuvre qu'il avait attribuée au Christ. En 1986, les membres ont un comportement funéraire qui rappelle la mise au tombeau de Jésus. En voyant cette progression dans le scénario des événements de la fin, l'observateur est en droit de se demander si les personnes qui ont été réunies autour de Jacques Paquette et à sa suite n'attendent pas son retour puisqu'il demeure qu'il a été envoyé de Dieu (voir partie 2).

Culte et pratiques

Bien que la pratique sacramentelle ait accompagné son témoignage dans des paroisses catholiques, l'Équipe dans sa vie comme dans ses publications n'accordait pas beaucoup d'attention aux sacrements. On pratiquait surtout le baptême des adultes par immersion dans le groupe. Les mariages, au besoin, se faisaient dans des églises catholiques.

En ces temps qui sont les derniers, toutes les disponibilités et les ressources doivent être utilisées pour l'évangélisation. Voici énumérés les moyens que l'Équipe a généralement employés pour faire cette «Œuvre parmi les œuvres» qu'est l'évangélisation. Le témoignage par le porte-à-porte (cinq ou six heures par jour, six jours/semaine, de 16 h à 21 h, sauf le dimanche), dans les écoles, les paroisses catholiques, les prisons, les centres commerciaux, dans les bars et les clubs de nuit, à la radio (animation à Hawkesbury et entrevues en différentes régions), dans des conférences publiques. L'Équipe des Jeunes catholiques à l'œuvre a aussi créé un groupe de musiciens qui se présentait dans les stations de métro avec les productions de l'Équipe. Par les casiers postaux, le groupe avait beaucoup de correspondance: en écrivant des lettres spirituelles et en vendant des livres, les membres croyaient encore travailler à l'évangélisation. Certains projets spéciaux ont été réalisés pour atteindre ce même but: la MAISON NOUVEL HORIZON avait pour objectif de réhabiliter des personnes droguées, prostituées, etc. par le moyen de la conversion et de l'étude biblique; la tournée annuelle d'évangélisation avait aussi une grande importance (à travers le Québec de mai à octobre, en autobus scolaire loué; en Floride à la fin de l'année 1982; en Israël en hiver 1985; après la mort de J. Paquette en 1986-1987, à Malibu en Californie).

Parmi les exigences pratiques, il n'est pas étonnant de constater l'importance de la formation biblique personnelle. Durant les premiers mois, le nouveau membre lit le Nouveau Testament des journées entières; puis, il apprend par cœur jusqu'à cinq cents versets, à raison de deux ou trois par jour; viennent ensuite les «études bibliques» d'une durée de trente à soixante minutes (il s'agit d'un ensemble thématique de versets bibliques portant par exemple sur le baptême, la repentance, la famille). Dès le deuxième mois, le nouveau membre commence à porter témoignage sur la rue, dans les centres commerciaux. Plus tard, il fera de même devant des groupes, dans des paroisses ou des écoles, ou encore à la radio.

Au chapitre des exigences pratiques, il y a certains interdits alimentaires touchant la consommation de thé, de café, de colas ou de cigarettes (le célibataire doit aussi s'abstenir de consommer des œufs parce qu'ils seraient aphrodisiaques). Les membres de l'Équipe ne doivent pas avoir de bijoux; on ne doit pas non plus se maquiller. Enfin, il ne faut garder ni photos ni souvenirs. Pour manifester davantage leur séparation d'avec le monde (qui est dans son ensemble considéré comme soumis au pouvoir de Satan, le prince de ce monde), les membres ont accepté de limiter leurs relations avec leur famille (en pratique: une lettre peut être répondue par un frère dans la foi; un appel téléphonique peut être reçu par l'intéressé et par un autre membre du groupe; une visite se fait généralement avec un accompagnateur; on change fréquemment d'adresse de résidence).

Organisation et expansion

L'Équipe des Jeunes catholiques à l'œuvre est un mouvement québécois d'origine et, sauf quelques visites à l'étranger, il a été actif surtout dans la plupart des régions du Québec. Ce groupe a conservé deux ports d'attache: ses casiers postaux dans le quartier Saint-Roch à Québec et à Montréal. Les lieux de résidence ont été multiples. En moyenne, on demeurait un an au même endroit. Parmi les villes et villages où les membres de l'Équipe sont demeurés, il y a Saint-François-de-Laval, Saint-Cyrille-de-Wendover, le quartier Saint-Roch à Québec, Montréal (rue Crémazie Est et rue Saint-Urbain), Longueuil (rue Lamarre), Val D'Or, Drummondville, Chicoutimi, Sherbrooke, Evain (près de Rouyn), Hull, Trois-Rivières.

L'organisation est restée simple mais pyramidale. Jacques Paquette, même s'il n'habitait pas avec les membres de son groupe, était le fondateur et le chef reconnu par tous. En l'absence de J. Paquette, les «têtes» ont toute autorité sur leur maison: ces «têtes» portent des noms d'apôtres choisis par le fondateur. Sous une «tête», il y a place pour l'autorité du mari sur la femme et de la femme sur l'enfant. Chaque maison pouvait regrouper six à douze membres adultes et quelques enfants. En tout, il y aurait eu cinquante membres en 1987 (être membre implique qu'on a été baptisé par immersion).

Les moyens de recrutement ont été indiqués précédemment dans les activités d'évangélisation.

Les ressources financières du groupe ont semblé importantes si l'on en croit le témoignage de Jacques Paquette lui-même. Ce dernier déclarait avoir fait trois millions de dollars avec la vente de ses livres (on était en 1985). À titre d'exemple, il aurait vendu six cent mille exemplaires de Nourriture spirituelle. À part cette source de financement, il faut ajouter que certains membres ont donné tout ce qu'ils avaient au groupe (argent obtenu de la vente d'une maison par exemple). Pendant quelques années, l'Équipe a pu compter sur les quêtes qui se sont faites dans les églises suite à leur témoignage. Dans le porte-à-porte (en se présentant notamment comme des intervenants en service social) et dans le métro, on a obtenu des dons en argent et en effets. En 1985, dans un reportage télévisé de la Société Radio-Canada à Hull fait à l'occasion des élections, des anciens membres du groupe affirmaient que l'aide sociale et l'assurance-chômage servaient aussi à financer les activités du groupe et les quelque six maisons dont on disposait en 1984-1985 par exemple.

Émissions et périodiques

À part le bulletin Nourriture spirituelle pour le peuple de Dieu qui ne compte que dix numéros, à part les quelques interventions dans les médias surtout radiophoniques, rien à signaler.

Registres civils

Non. Les mariages ont été célébrés dans des églises catholiques.

Justice

Par la voix des journaux, le public pouvait apprendre en 1985-1986 que certains membres de l'Équipe avaient été accusés de trafic de drogue et de vol.

Bibliograhie

Publications internes

* (ANONYME), *La communauté, la vraie vie chrétienne*, Québec/Montréal, Équipe des Jeunes catholiques à l'œuvre Inc., (s.d.) 10 p.

* (ANONYME), *Le prophète a parlé*, Québec, Éditions Jacques Paquette, 1975, 28 p.

* (COLLECTIF), *Nouvel Horizon*, Québec/Montréal, Éditions Maison Nouvel Horizon, (s.d.) 157 p.

* (COLLECTIF), *Témoignages de jeunes*, Québec/Montréal, Équipe des Jeunes catholiques à l'œuvre Inc., 1983, 159 p.

* PAQUETTE, Jacques, *L'Apocalypse de Saint-Jean. Les sept sceaux*, Québec/Montréal, Équipe des Jeunes catholiques à l'œuvre Inc., 1980, 153 p.

* PAQUETTE, Jacques, *Apocalypse: prophéties de la fin des temps*, Québec/Montréal, Équipe des Jeunes catholiques à l'œuvre Inc., 1982, 237 p.

* PAQUETTE, Jacques, *Nourriture spirituelle*, Québec, Éditions Jacques Paquette, 1979, 126 p.

* PAQUETTE, Jacques et CORCORAN, Guy, *Le vrai visage du Christ*, Québec/Montréal, Équipe des Jeunes catholiques à l'œuvre Inc., 1981, 159 p.

JOURNAUX:

Nourriture spirituelle pour le peuple de Dieu (10 numéros).

Le dossier noir de l'Église, 1984, 36 p.

TRACTS:

Comment lire le Nouveau Testament.

Message divin.

La mort.

Les lois morales de Dieu sur le sexe.

Que pensez-vous de nos prêtres?

Publications externes

* LABRECQUE, Claude, *Les voiliers du crépuscule*, Montréal, Éditions Paulines, 1986, p. 114.

* ROCHETTE, Jean, *Qui croire? Essai sur les nouvelles religions*, Saint-Georges-de-Beauce, Éditions Jean Rochette, 1983, pp. 275-280.

ESALEN

Nom officiel du groupe

Esalen Institute.

Le fondateur et les circonstances de la fondation

Le fondateur d'Esalen est Michael Murphy. Celui-ci a complété des études en philosophie et en histoire à l'Université Stanford (Californie).

Passionné par l'hindouïsme et la contre-culture, il part étudier dans un ashram aux Indes. De retour d'Asie, et ayant hérité d'une ferme à Big Sur (Californie), Murphy décide de mettre sur pied Esalen Institute. Le Centre tire son nom de celui de la tribu indienne ancestralement propriétaire du territoire où se trouve Big Sur. Situé à mi-chemin entre Los Angeles et San Francisco, le site, surplombant le Pacifique, jouit d'un climat idéal à longueur d'année. Par ailleurs, la ville de Big Sur a été rendue célèbre par l'écrivain Henry Miller qui y réside.

La première activité du nouveau centre de «contre-culture» se tient en 1962. Il s'agit d'une série de conférences données par Alan Watts et Aldous Huxley, sur le thème «Une vision en expansion». Watts est le plus célèbre vulgarisateur du Zen et des philosophies orientales. Huxley pour sa part est, à cette époque, l'apôtre du «potentiel de l'homme».

Par la suite, Esalen aura recours aux grands noms des nouvelles thérapies et techniques corporelles et des courants mystiques influencés par l'Orient. Tour à tour Fritz Perls (fondateur de la thérapie Gestalt), Virginia Satir (qui a lancé la «thérapie familiale»), Ida Rolf (qui a mis au point une nouvelle technique de massage, le «Rolfing»), Bernard Gunther et Charlotte Silver (qui ont inventé la «prise de conscience sensorielle») et Bill Shutz (important artisan des groupes de thérapie non verbale) seront invités à donner des sessions de quelques jours ou quelques semaines. Pour beaucoup de nouveaux thérapeutes et de nouveaux spirituels, une invitation à enseigner à Esalen sera bientôt une consécration.

Enseignement et doctrine

Esalen Institute compte parmi les premiers mouvements de «potentiel*» et est très vite devenu le haut lieu des thérapies de groupe et de l'ouverture (encore très romantique) aux mysticismes orientaux, perçus surtout comme des libérations des conformismes liés à la civilisation occidentale judéo-chrétienne.

Esalen se veut un «centre de croissance» insistant sur le potentiel et les valeurs de l'existence humaine. Pour ce faire, une attention particulière est accordée aux domaines de l'éducation, de la religion et de la philosophie aussi bien qu'aux sciences du comportement, aux sports et aux arts.

Depuis le début des années '70, Esalen s'est considérablement développé et diversifié. Il organise maintenant les ateliers les plus divers: groupes de femmes, d'homosexuels, d'épanouissement de la sensualité, de méditation, groupes sportifs où l'on découvre la valeur de l'effort physique, etc. Cette diversité des formes est cependant loin d'être synonyme d'éclectisme. L'Institut Esalen propose une philosophie de la vie qui consiste à promouvoir l'épanouissement total et global de l'être humain sous ses trois dimensions, corporelle, affective et spirituelle. Ces trois dimensions étant conçues comme interdépendantes les unes des autres.

a) *La dimension corporelle.* Le climat exceptionnel et la beauté naturelle du site d'Esalen sont exploités pour favoriser ce qui y est considéré comme une voie privilégiée de libération humaine: la nudité. Dans la piscine extérieure, sur la falaise, on peut (sans y être obligé) se baigner nu. Les massages sont donnés aux personnes nues par des masseurs et des masseuses nus. Les bains chauds sulfureux sont pris, bien évidemment, nus. On peut, si on le désire, jouer au ballon sur les pelouses, nu. Fritz Perls, qui fut pendant plusieurs années, le «gourou» d'Esalen, *recommandait* à ses étudiants «ordinaires» de se livrer à cette nudité libératrice, et il *l'exigeait* de ses étudiants psychiatres, psychologues, thérapeutes ou pasteurs; ces gens, disait-il, ont besoin de prendre conscience que, derrière leurs diplômes et leurs insignes, ils sont des êtres humains, comme tout le monde, avec un corps et un sexe. Ces pratiques ont valu à Esalen, surtout au début, des jugements qui en faisaient un lieu de sexe libertin. Il n'en était cependant pas ainsi, puisque même dans les groupes où la thérapie se faisait sans vêtements, les relations sexuelles étaient interdites. Ce ne sont pas les relations sexuelles qui sont favorisées mais la nudité, comme expression de la simplicité, de la vérité de chacun. En fait, ce que l'on souhaite, c'est que chacun arrive à voir, après quelques heures ou quelques jours de nudité, que cela est la chose la plus simple et la plus naturelle au monde.

b) *La dimension affective.* À la nudité corporelle se greffe tout naturellement la nudité affective. Dans les ateliers, chacun peut non seulement donner son opinion mais dire, en toute confiance, qui il est, ce qu'il ressent et pense. Cette dimension empruntée aux «T-Groups», groupes de rencontre, s'est amplifiée sous l'influence de la thérapie Gestalt et des diverses thérapies qui cultivent la spontanéité, l'expression forte (de préférence non verbale) des émotions. Je crie, je pleure, je laisse savoir à tous, qui bientôt m'en sauront gré, que je les aime ou les déteste, comme j'aime et déteste mon père, ma mère, mes sœurs, mes frères, mon patron (dont je vous fais jouer le rôle pour les exorciser).

Sous ces aspects, Esalen a été le lieu des thérapies dites humanistes: Maslow, Rogers, Berne y ont défendu et illustré des psychothérapies selon lesquelles l'humain est foncièrement bon et n'est malade, malheureux ou agressif qu'à cause des frustrations qu'il a subies et de l'incapacité où il a été placé de dire ce qu'il ressentait vraiment. Esalen permet à chacun de dire, de façon non verbale autant que faire se peut, ce qu'il a depuis toujours retenu et qui l'a rendu malheureux. Cette diversification des activités d'Esalen des années '70 s'est manifestée par des ateliers de jogging, de médecine préventive, d'alpinisme, etc. qui traduisent l'importance accordée au corps.

c) *La dimension spirituelle.* Du point de vue spirituel, Esalen valorise l'union de l'humain avec les forces vives de la nature, avec le «divin». C'est une spiritualité de type oriental qui prend les formes du yoga, du tai-chi, des arts martiaux et de la méditation de Bagwan Shree Rajneesh (il s'en est fallu de peu qu'il hérite d'Esalen à la fin des années '70).

Esalen ne préconise pas une approche spirituelle plus qu'une autre. À l'instar des autres activités offertes par le centre, le choix est laissé à chacun. Une seule chose importe: que la spiritualité s'accorde avec la libération du corps et des émotions, qu'elle soit sans péchés et sans blâmes, comme avant le péché originel.

En fait, Esalen se veut un paradis. Il est en cela le plus bel exemple de ce que bon nombre d'Occidentaux recherchent: l'état d'innocence.

Plusieurs animateurs et fervents d'Esalen affirment que tôt ou tard les adeptes quittent le centre car le paradis cache un «serpent» dont nul ne sait trop que faire.

Mais pour plusieurs judéo-chrétiens ayant baigné dans le puritanisme, il est fort bénéfique de redécouvrir que l'être humain est bon. C'est ce qu'enseigne, non sans naïveté, l'Institut Esalen de Big Sur en Californie.

Filiale à San Francisco

Sa réputation et la mode ont été ses grands moyens publicitaires. Le centre offre plusieurs ateliers simultanément dont la durée varie d'une fin de semaine à un mois. Leur coût est très raisonnable: environ 60$ par jour, avec chambre et pension. On peut y résider, en y travaillant, pour une somme très modique.

Bibliographie

Publication interne

* *The Esalen Catalog*, publication biannuelle, Big Sun, Esalen Institute.

Publications externes

DREYFUS, Catherine, *Les groupes de rencontres,* Paris, Retz, 1978.

* LARSON, Bob, *Larson's Book of Cults,* Wheaton, Illinois, Tyndale House Publishers, 1983, pp. 377-378.

SCHUTZENBERGER, A., et SAURET, M.J., *Le corps et le groupe,* Paris, Privat, 1977.

EST

Nom officiel du groupe

Est forum, autrefois nommé *Est Training*. L'organisation se nomme *Werner Erhard and associates* et les centres locaux portent le nom de *area center*.

Le fondateur et les circonstances de fondation

Le fondateur de *Est* est Jean-Paul («Jack») Rosenberg, né à Philadelphie en 1935. Peu porté vers l'école, il commence à travailler à 18 ans. En 1960, il quitte sa femme et ses enfants (au nombre de quatre) pour s'enfuir à Saint-Louis, puis à San Francisco, laissant derrière lui de lourdes dettes. C'est à cette époque qu'il change son nom pour celui de Werner Erhard.

Il lit beaucoup, notamment les ouvrages portant sur le développement de la personnalité et sur l'art de la vente auquel il consacrera de nombreuses années de sa vie (particulièrement la vente de voitures usagées et d'encyclopédies).

Il se passionne successivement pour Napoléon Hill (*Devenez riche l'esprit en paix*, *Pensez et devenez riche*), Dale Carnegie, Alan Watts, le vulgarisateur du Zen, puis pour les thérapies humanistes (Maslow, Perls) et les diverses formes d'ateliers de croissance et de contrôle de l'esprit.

En 1971, à San Francisco, il fait une expérience de «transformation» (inspirée de la pensée de Maslow et de l'illumination bouddhique). Il réunit des amis et fonde l'atelier de personnalité dont il rêvait. Cet atelier connaît un succès retentissant et donne naissance à des organisations parallèles comme le *Projet Faim*, et à de très nombreux ateliers complémentaires (pour thérapeutes, pasteurs, hommes d'affaires) ou de perfectionnement.

Werner Erhard n'a écrit que quelques articles et c'est dans les interviews qu'il a accordés à son journal *The Review* ou dans ses vidéos retransmis par satellite, à quelques reprises, que l'on peut arriver à cerner sa pensée. En 1981, le «training» est devenu le «forum». Ce changement a été accompagné d'un certain assouplissement de la formule (périodes moins longues, autorisation de porter une montre ou de tourner la tête) et d'un certain changement de vocabulaire («être», par exemple, a remplacé «Soi») marqué par un souci plus grand de donner aux mots un sens précis. Mais le «format» reste sensiblement le même: un «entraîneur» expose les données théoriques à un auditoire de deux cents personnes, invitées à «partager» leurs réactions et leurs «expériences» pendant deux samedis et deux dimanches très longs de 9 h 00 a.m. à minuit, habituellement). Le tout est suivi d'une soirée de «partages». À la fin, les participants sont «invités» à suivre les séminaires et les ateliers complémentaires.

Enseignement et doctrine

Sans être trop injuste envers un enseignement qui comporte, malgré tout, bien des nuances, on peut résumer l'enseignement et la «doctrine» de *Est* à partir de quelques expressions-clés qui prennent d'ailleurs, chez les fervents du «forum», des allures de slogans.

a) La *fidélité à la parole donnée*. On donne énormément d'importance, dans les diverses activités de *Est*, à la ponctualité et au respect absolu des promesses et des engagements. Erhard considère que le manque de fidélité est une des causes majeures de la souffrance dans le monde, où les bonnes intentions et les bonnes paroles n'arrivent pas à se traduire en actions concrètes. Tenir parole, c'est voir que c'est moi, et non les circonstances ou les caprices, qui mène ma vie. Tenir parole, c'est être *responsable*, c'est-à-dire, prendre sa vie en mains. (Notons que le manquement à la parole ne doit pas entraîner de culpabilité, mais simplement nous amener à refaire notre engagement ou, au besoin, à le réviser s'il est irréaliste et impossible.)

b) L'*expérience*. Plusieurs heures au *Forum* sont consacrées à montrer que nous avons conceptualisé nos vies, mis des étiquettes sur nos expériences, évitant ainsi de vivre pleinement ces expériences, dans ce qu'elles ont de neuf, d'inusité, d'inédit, de frais. Il faut se libérer de ces mots et concepts vides et laisser surgir l'expérience, malgré la peur de l'inconnu qu'elle comporte. C'est ainsi que l'on *vit*, au lieu de survivre tant bien que mal, en répétant le passé dans le présent, à la façon d'une machine programmée pour toujours.

Une cause importante de notre souffrance est aussi que nous n'avons pas *complété* certaines expériences: nous avons laissé des parents, des amis, des amants, sans jamais nous expliquer avec eux et ces émotions, ces relations laissées en plan nous empêchent de vivre la fraîcheur de nouvelles relations ou de nouvelles émotions.

c) L'«*être*» *est... autocréateur*. Lorsque je regarde le déroulement de ma vie, je peux voir les scénarios, les «patterns» répétitifs où se fabriquent mon malheur et mes échecs. Ces scénarios sont tellement ancrés en moi, sont tellement moi, que ce serait une perte de temps que de vouloir les déprogrammer ou les analyser. Il est plus simple, plus rapide de les transcender, en découvrant que sous ma «machine», il y a l'«être»: l'être n'«existe» pas et, grâce à cela, il n'est pas une machine. Je le crée à chaque instant, si je suis conscient de ma «machine», si je suis responsable, et si je veux vivre plutôt que de survivre. Werner dit qu'il se situe « out of the sea of psychology »; le « forum » n'est donc pas une psychothérapie, mais une technologie de la « transformation ».

d) La *transformation* ne peut se manifester que dans le *partage*. Cet « être » que je crée et qui n'est pas une machine, qui transcende le niveau de la psychologie, je ne peux le maintenir dans l'existence que si je le partage, si je dis aux autres ce que j'ai découvert, les « miracles » que cela a opérés dans ma vie. Un « être » qui ne parle pas, ne partage pas, est fugitif comme l'expérience-sommet de Maslow. Dans les activités de *Est*, ce partage comporte, évidemment, le partage de l'expérience de transformation qu'est ou que fut le « forum ».

e) La transformation trouve son accomplissement dans la *contribution*. Un être transformé veut tout naturellement que le monde entier soit transformé, que la haine cesse, que la justice soit répandue sur la terre. Si, en effet, ma « machine » est égocentrique, préoccupée de survie, avec l'avidité et l'agressivité que cela implique, mon « être » est essentiellement ouvert, centrifuge, généreux, créateur, puisqu'il n'est ni une chose ni un objet. Il ne peut d'ailleurs vivre qu'en se « déversant », en contribuant à la paix, à la cessation de la faim, etc. C'est dans cet aspect de *Est* que s'enracinent les diverses organisations humanitaires qu'Erhard a créées. Cette « contribution » à l'autre a par ailleurs l'avantage de faire pâlir vos petits problèmes psychologiques qui sont bien peu de choses si on les compare au bien-être et au progrès de l'humanité.

f) Le bénéfice qui ressort des différentes attitudes que nous venons d'énumérer, c'est la *satisfaction*. Pour Erhard, il n'y a ni bien ni mal; vous n'êtes pas obligé de faire ce que le forum vous conseille. Mais, vous verrez qu'en agissant selon cette façon de voir, vous serez satisfait et votre vie sera satisfaisante, quelles que soient vos difficultés. *Est* s'inspire du bouddhisme, de la Scientologie, de l'Efficacité et de l'Existentialisme. Par son organisation, il a les allures d'une religion (et le devient pour certains fervents) mais n'en est pas une.

Culte et pratiques

Il n'y a pas, à proprement parler, de cérémonies *Est*. Cependant, il existe un style *Est* : rendre des hommages à Werner après les activités, bien se tenir, bien se vêtir, faire tout avec minutie. Aucune alimentation ou pratique sexuelle n'est interdite ou prescrite : il faut, en ces domaines comme en tout autre, être *responsable* et savoir ce que l'on fait, le choisir lucidement. La même attitude est adoptée à l'égard de la religion : il revient à chacun de retrouver l'expérience, de s'engager, de partager et de contribuer, conformément à sa foi.

Expansion dans le monde

Le nombre de personnes ayant participé au *training* et au *forum* s'élève à tout près d'un million (1988). Il existe des centres dans une trentaine de villes américaines, cinq villes canadiennes, ainsi qu'en Angleterre, en Australie, en Allemagne et en Israël. Erhard multiplie les contacts pour que le «forum» se donne dans les pays de l'Est.

Le recrutement se fait de bouche à oreille et par l'invitation des parents et amis à des célébrations qui suivent les activités régulières ou à des soirées spécialement destinées aux amis et connaissances qui sont intéressés à en savoir davantage. Il n'y a cependant pas de «membres», mais des «gradués».

Il y a des organisations locales (area centers) chargées surtout du recrutement, des divers séminaires parallèles ou complémentaires, et de l'organisation des «forums» qui, eux, sont toujours dirigés par un entraîneur de l'organisation centrale (San Francisco) dirigée par Erhard.

Il y a, une ou deux fois par an, des événements spéciaux qui sont habituellement une retransmission par satellite d'une conférence ou d'un atelier de Erhard. Ils peuvent être parfois locaux et animés par un entraîneur du forum.

Les ressources financières proviennent uniquement des revenus des diverses activités. Ainsi «forum» coûte environ 500$ pour 2 fins de semaine; les séminaires coûtent environ 10$ par soirée et les ateliers spéciaux, environ 300$ pour une fin de semaine. Il s'agit d'une organisation à but lucratif, propriété d'un Trust. Werner, il ne faut pas l'oublier, est un vendeur, un vendeur qui a toujours cru à la valeur de ce qu'il vendait. Sa «technologie de la transformation» se vend bien. Le «forum» entend ouvrir le champ des possibilités plus qu'il n'entend donner des solutions aux grandes énigmes de l'existence humaine.

Est publie la revue *Forum*.

Bibliographie

Publications internes

BARTLEY, W.W. et WERNER, Erhard, *The transformation of a man. The founding of Est*, N.Y., Clarkson N. Potter, 1978.

BRY, Adélaïde, *Est: 60 hours that transform your life*, New York, Harper and Row, 1976.

GREENE, William, *Est, 4 days to make your life work*, New York, Pocket Books, 1976.

Publications externes

* DESJARDINS, Danielle, *Étude exploratoire des modalités de fonctionnement de sept groupes de croissance personnelle,* Rapport de recherche, Corporation professionnelle des psychologues du Québec, Montréal, 1987, pp. 28-30.
* LARSON, Bob, *Larson's Book of Cults,* Wheaton, Illinois, Tyndale House Publ., 1983, pp. 275-279.
* MELTON, J. Gordon, *Cults in America,* New York, Garland Publ., 1986, pp. 121, 202.
* PELLETIER, Pierre, «Est, une nouvelle religion?» dans *SR/Studies in Religion — Sciences religieuses,* 15 (1986), pp. 3-15.
* WILDON, John, «Est», dans: Ronald Enroth, *A Guide to Cults and New Religions,* Downers Grove, Inter Varsity Press, 1983, pp. 75-90.

FOI UNIVERSELLE BAHA'IE

Nom officiel du groupe

Foi Universelle Baha'ie.

Le fondateur et les circonstances de fondation

Mirza Ali Muhammed (1819-1850), un jeune marchand iranien surnommé par la suite le «Bāb» (la «Porte») annonce en 1944 la venue prochaine du «Grand Éducateur Universel». Persécuté pour ses prétentions, il est mis à mort. Cependant des milliers d'adeptes lui survivent; parmi ceux-ci on retrouve Husayn Ali (1817-1892), mieux connu sous le nom de Bahā'Allāh* (ou Bahā'U'llāh qui veut dire «Gloire de Dieu»).

Ce dernier se révèle être «celui que Dieu manifestera», prédit par le Bab. Bahā'Allāh est né dans une famille noble de Téhéran. En 1844, on le compte parmi les premiers disciples du Bab qu'il n'a cependant jamais rencontré. Persécuté à son tour, il est jeté en prison en 1852. C'est à cette époque de sa vie que Bahā'Allāh entend la voix de Dieu. Exilé en Iraq, il annonce publiquement en 1863 qu'il est l'Élu tant attendu qui inaugurera une ère de paix universelle. Suite à cette annonce, la plupart des disciples du Bāb se rallient à la cause de Bahā'Allāh.

Après certaines difficultés, les Turcs exilent les baha'is à 'Akkā (Saint-Jean-d'Acre, maintenant en Palestine) où Bahā'Allāh est emprisonné jusqu'en 1877. Pendant sa détention, il écrit le livre fondamental, le Kitāb-i Akdas*, (le «Livre Très-Saint»). Bahā'Allāh meurt à 'Akkā en 1892.

C'est le fils aîné de Bahā'Allāh, Abbas Efendi* (abdul-Baha; 1844-1912), qui succède au fondateur. Si la plupart des baha'is le suivent, une minorité se rallie à son frère Muhammad'Ali, ce qui provoque une scission.

Emprisonné par les Turcs, Abbas Efendi est libéré en 1908. C'est alors qu'il entreprend trois grands voyages missionnaires: il se rend en Égypte (1910), puis à Paris et à Londres et finalement en Amérique (New York, Boston, Montréal; 1912-1913). Il est considéré comme le fondateur de la communauté *mondiale* baha'ie. À sa mort à Hayfa en 1912, Abbas Efendi est enseveli près du Bāb.

Par testament, il a désigné Soghi Efendi, le plus âgé de ses petits-fils, comme successeur et l'a nommé «Gardien de la cause de Dieu». Formé à Oxford, Soghi

Efendi organise la communauté baha'ie en Angleterre, en Amérique et dans le monde. Il meurt en 1957, laissant derrière lui une œuvre considérable. Entre autres, c'est grâce à lui que l'organisation a pu acheter de vastes terrains à Hayfa, sur le mont Carmel (Israël), où se trouvent les tombeaux des fondateurs et le Centre mondial de la Foi Baha'ie.

Enseignement et doctrine

«*Quelques enseignements et principes*»:

1. L'unité de Dieu.
2. L'unité de la religion.
3. L'unité du genre humain.
4. L'élimination de tous les préjugés.
5. La recherche personnelle de la vérité.
6. Une langue auxiliaire universelle.
7. L'égalité des droits de l'homme et de la femme.
8. L'éducation universelle.
9. L'harmonie essentielle entre la science et la religion.
10. L'élimination de la pauvreté et de la richesse extrêmes.
11. Un gouvernement mondial.
12. La sauvegarde de la diversité culturelle.

Dieu et ses prophètes: Pour la Foi Baha'ie, Dieu est Un, transcendant et inconnaissable et le monde lui est co-éternel. Il se révèle aux humains de façon progressive et adaptée au contexte de l'époque, à travers une série de prophètes: Adam, Abraham, Moïse, Bouddha, Krishna, Zoroastre, Jésus, Mahomet, etc... Les prophètes sont à la fois humains et miroirs de Dieu. Les plus grands d'entre eux sont le Bāb et Bahā'Allāh. Celui-ci est le dernier messager de Dieu et il vient compléter la révélation de tous les prophètes précédents. Il est celui qui accomplit la promesse de toutes les religions.

L'humanité et la foi: Selon la foi universelle Baha'ie, l'humanité est en crise d'adolescence; elle tend vers un but: l'ordre et la fraternité. Elle aura atteint sa majorité lorsque cette fraternité apparaîtra; ce sera alors le Royaume de Dieu. Ce qui est essentiel à l'humain, c'est la foi; celle-ci vient de Dieu, elle est foi en la manifestation de Dieu et rend le croyant éternel.

Le principal trait distinctif de l'enseignement de la Foi Baha'ie est l'importance que l'on accorde au principe de l'unité du genre humain. Par ces termes, on entend l'abandon des préjugés de race, de classe, de croyance et de nation. À cette unité du genre humain se greffe l'idée de l'unité fondamentale des religions; ainsi toute religion est bonne mais est incomplète, il faut donc ajouter à chacune d'entre elles le message de Bahā'Allāh.

Éducation: La Foi Baha'ie lutte pour l'égalité des hommes et des femmes et préconise l'éducation obligatoire universelle. Cette éducation doit développer en l'humain un esprit d'amour du genre humain et stimuler la recherche personnelle de la vérité, indépendamment des dogmes. La religion et la science sont deux voies menant à la Vérité; elles doivent donc s'harmoniser afin de permettre le plein épanouissement de l'humain et de la civilisation.

Une société universelle: Enfin, la religion Baha'ie concentre ses efforts sur l'amélioration de la société et travaille à la réalisation de la paix mondiale, à l'utilisation d'une langue universelle, à la création d'un tribunal international et d'un gouvernement mondial. En d'autres termes, la Foi Universelle Baha'ie vise à l'établissement d'une communauté mondiale définitivement unifiée. Elle préconise également une solution spirituelle aux problèmes sociaux et économiques. Notons ici que la Foi Universelle Baha'ie est reconnue par l'O.N.U. comme organisme international consultatif.

Culte et pratiques

«*Quelques lois et obligations*»:

Chaque baha'i doit:

1. Prier chaque jour.
2. Observer le jeûne baha'i du 2 au 21 mars.
3. Considérer le travail comme un acte d'adoration.
4. Enseigner la cause de Dieu.
5. S'abstenir des boissons alcooliques et des drogues.
6. Observer les principes baha'is concernant le mariage.
7. Obéir au gouvernement et ne pas participer à la politique.
8. S'abstenir de la médisance.
9. Observer les Jours saints baha'is.

Les baha'is observent un calendrier lunaire de dix-neuf mois et de dix-neuf jours. Ils se réunissent donc tous les dix-neuf jours (c.-à-d. le premier jour de chaque mois) pour faire des lectures, des prières, des travaux administratifs et pour partager un repas. Du 2 au 21 mars (mois Bābi de 'Alā) le jeûne islamique est observé. Le 21 mars marque le début de l'année baha'ie.

La prière personnelle doit être observée au moins une fois par jour, elle doit être brève et peut s'inspirer de formules de prières écrites par Bahā'Allāh lui-même.

L'alcool, les drogues et le jeu sont interdits, alors que l'usage du tabac est déconseillé. La religion baha'ie est favorable au végétarisme alimentaire et prône l'ascèse et la simplicité de vie. Le travail doit être fait comme un acte d'adoration. Les baha'is doivent adopter une conduite irréprochable: sincérité, honnêteté, pureté de corps et d'esprit. La médisance et la calomnie sont des fautes graves.

Il existe diverses règles juridiques relatives à l'héritage, au mariage et à l'administration de la communauté. Le mariage est monogame et nécessite le consentement des parents. Le divorce est déconseillé mais il peut être accepté dans certains cas.

Les baha'is refusent toute participation aux actions et aux partis politiques. Ils obéissent toutefois aux lois de l'État mais tentent autant que possible d'éviter le service militaire. L'appartenance à des sociétés secrètes est tout à fait interdite.

De par le monde, ils érigent des temples ouverts aux fidèles de toutes les religions. Chacun peut y méditer les livres religieux de son choix. Mise à part la prière personnelle, aucun autre culte ne s'y célèbre. Autour de chaque temple sont regroupés diverses institutions d'enseignement ainsi que des services sociaux et caritatifs. Présentement, il existe cinq grands temples dans le monde: Wilmette (Chicago), Kampala (Ouganda), Francfort (Allemagne), Sydney (Australie) et Panama City (Amérique du Sud).

Expansion dans le monde

Peu de statistiques ont été publiées sur le nombre de membres de la Foi Universelle Baha'ie; ceci est dû entre autres aux nombreuses persécutions dont a été victime le groupe depuis sa naissance en Iran. Toutefois, on peut quand même estimer à deux millions le nombre de baha'is répartis dans 33 pays (sauf en pays communistes). Ils seraient au nombre de 3 000 au Canada dont 500 au Québec (statistiques de 1979).

Organisation: À la base de l'organigramme, on retrouve l'Assemblée Spirituelle Locale, dirigée par neuf membres élus. Le regroupement des représentants de toutes les A.S.L. forme l'Assemblée Spirituelle Nationale. Neuf membres de l'A.S.N. sont élus tous les cinq ans; ils forment la Maison Univervelle de Justice et sont mandatés pour exercer un pouvoir législatif. À la tête de l'organisation, on retrouve le «Gardien».

L'ensemble des communautés fonctionne selon le mode électif du bas vers le haut; il n'y a pas de campagne électorale ni de liste de candidats. De son vivant, le Gardien choisit son successeur parmi les membres de sa famille. Le rôle du Gardien est principalement de veiller à l'enseignement diffusé par l'organisation.

Le baha'isme considère comme lieux saints: le jardin de Ridwàn près de Bagdad (lieu de la déclaration publique de Bahā'Allāh en 1863); la maison du Bāb à Shiraz; le mausolée du Bàb. Celui-ci est devenu le centre des pélerinages de la communauté.

Recrutement: La responsabilité de la propagation de la Foi Baha'ie incombe aux individus; ainsi le prosélytisme étant défendu, les adeptes ne «prêchent» que par l'exemple. Quête et prosélytisme défendus puisqu'une des règles du mouvement est: tolérance et respect dans la diversité. Des enseignants volontaires, appelés «pionniers», vont s'établir dans des endroits où la Foi n'est pas encore connue. La communauté Baha'ie se fait connaître au moyen de conférences internationales (en 1982, s'est tenue au Vélodrome de Montréal l'une de ces conférences internationales; cette réunion rassemblait près de 8 000 participants venant de plusieurs pays de l'hémisphère ouest) et par la publicité dans les journaux.

Émissions et périodiques

L'Assemblée Spirituelle Nationale des Baha'is du Canada publie le *Bulletin*. Ce périodique mensuel fait part des «nouvelles» de la communauté dans le monde et ne s'adresse qu'aux membres baha'is.

Registres civils

Plusieurs assemblées spirituelles Baha'is au Québec, entre autres celles de Ville Saint-Laurent, de Gatineau et de Sainte-Foy, sont autorisées à détenir les registres de l'état civil (enregistrement des naissances, des mariages et des décès).

Justice

Les baha'is sont particulièrement connus à cause des nombreuses persécutions dont ils ont été victimes. La principale raison de ces persécutions s'enracine dans le fait que le baha'isme est issu de l'Islam. En un siècle et demi d'existence, cette communauté s'est vu persécutée par tous les régimes qui se sont succédé à Téhéran. Peu après sa naissance, avec le Bāb, la communauté a été prise en chasse par le Shah. Plus de 20 000 baha'is ont été exterminés. Le Bāb lui-même a été torturé et fusillé en 1850.

À l'époque de la Constitution monarchique de 1906-1907, les baha'is ont été considérés comme des «hors-la-loi». Ils ont donc été exclus de tout travail administratif du pays, ont été chassés de l'armée, ont cessé de bénéficier des services des institutions d'enseignement et ont été tenus de payer des «taxes spéciales». 1955 a été une année marquante dans l'histoire des baha'is: assassinats, incendies, viols, pillages, destructions des lieux de prière et profanation des cimetières ont abondé.

Bibliographie

Publications internes

* BAHA'U'LLAH, *Le livre de la certitude*, Paris, P.U.F., 1974, 144 p.

BAHA'U'LLAH, *Les sept vallées du voyage vers Dieu, Les paroles cachées, La très Sainte Tablette*, Paris, P.U.F.

* ESSLEMONT, J.E., *Baha'u'llah et l'Ère Nouvelle,* Bruxelles, Maison d'Éditions Baha'ies, 1972, 370 p.
* UNIVERSAL HOUSE OF JUSTICE, *To the Peoples of the World,* Ottawa, Association for Baha'is Studies, 1986, 91 p.

Publications externes

* BOYKIN, John, «The Baha'is faith», dans: Ronald Enroth, *A Guide to Cults and New Religions,* Downers Grove, Inter Varisity Press, 1983, pp. 35-42.
* CANNUYER, Christian, *Les Baha'is, peuple de la triple unité,* Coll. Fils d'Abraham, Turnhout, Belgique, Brépols, 1987, 202 p.
* CHERY, H. Ch., *L'offensive des sectes,* Paris, Centre de documentation sur les Églises et les Sectes, 1961, pp. 5-10.
* DE PLAIGE, Didier et LEDUC, Jean-Marie, *Les nouveaux prophètes,* Paris, Buchet/Chastel, 1978, pp. 129-130.
* ELLWOOD, Robert S., *Religious and Spiritual Groups in Modern America,* Englewood Cliffs, N.J., Prentice-Hall, 1973, pp. 275-281.
* LABRECQUE, Claude, *Les voiliers du crépuscule,* Montréal, Éditions Paulines, 1986, pp. 179-182.
* LARSON, Bob, *Larson's Book of Cults,* Wheaton, Illinois, Tyndale House Publ., 1983, pp. 261-264.
* LONGTON, Joseph, *Fils d'Abraham,* Coll. Fils d'Abraham, Turnhout, Belgique, Brépols, 1987, pp. 47-51.
* MARTIN, Walter, *The Kingdom of the Cults,* Minneapolis, Bethany Fellowship, 1977, pp. 252-258.
* MAUCLAIR, Paul, Historama, «Sectes et prophètes du 20e siècle» dans *Historama,* 36 (oct. 1978), pp. 111-120.
* VERMANDER, Jean-Marie, *Des sectes diablement vôtres,* Paris, Socéval, 1981, pp. 79-80.

FRATERNITÉ BLANCHE UNIVERSELLE

Nom officiel du groupe

Tel qu'indiqué en titre.

L'ÉCOLE DIVINE fondée par Mikhaël Aïvanhov en 1937-1938 se rattache à la FRATERNITÉ BLANCHE UNIVERSELLE.

Le fondateur et les circonstances de fondation

Le bulgare Peter Deunov (1864-1944) a fondé la FRATERNITÉ BLANCHE UNIVERSELLE (=FBU) en 1901. Au sein de ce groupe, on garde encore de lui le souvenir qu'il était un philosophe, un psychologue, un grand clairvoyant et un musicien talentueux. Outre les chants qu'il a composés, il a laissé un enseignement qu'il a entre autres rattaché à une secte bulgare du dixième siècle, les bogomiles qui peuvent être apparentés aux cathares et aux albigeois, présents en France au douzième siècle. Incompris des évêques orthodoxes de son pays, disent les sources de la FBU, il a été excommunié.

Omraam Mikhaël Aïvanhov doit être présenté ici, eu égard à l'importance cruciale de son apport à la FBU. Agnès Lejbowicz, sa biographe (voir la bibliographie de cette fiche), dit qu'il est né le 30 janvier 1900 à Serbzy en Macédoine (Bulgarie). *Le dictionnaire de l'ésotérisme* de Pierre Riffard (Payot, Paris, 1983) parle de 1902. Pour sa part, Claudine Brelet-Rueff (Revue *Question de* n° 20, sept.-oct. 1977, p. 73) parle plutôt de 1899. Il serait décédé le 25 décembre 1986 après avoir prédit la date de sa mort. À cette occasion, dans les médias de Montréal, une autre date a été avancée: le 27 décembre.

La FBU et Aïvanhov: un lien essentiel. Aïvanhov a été initié par Deunov, le Maître-fondateur de la Fraternité. À la mort de ce dernier, Aïvanhov est devenu à son tour le Maître. On raconte qu'à l'âge de sept ans, l'Évangile de Jean l'aurait bouleversé profondément. À seize ans, à Varna en Bulgarie, découvrant une brochure sur une technique de respiration, il aurait eu, en expérimentant la dite technique, une conscience aiguë de la distance qui sépare les régions célestes et le monde d'ici-bas. À dix-sept ans, après avoir connu la passion des livres, il aurait pratiquement cessé de lire. Depuis ce temps, dit Lejbowicz, il est «renseigné sur les agissements des hommes grâce à un mode supérieur de connaissance» (p. 16); «la véritable bibliothèque où le Maître puise ses connaissances est le grand livre de la nature vivante»

(p. 53). À dix-sept ans toujours, il rencontre Peter Deunov à Varna et le suit bientôt à Sofia, la capitale de la Bulgarie. Tout en étant inscrit plusieurs années à l'Université de cette ville (*Idem*, p. 28), Aïvanhov s'enrichira spirituellement au contact de Deunov. Ce dernier lui fait même passer toutes les épreuves initiatiques dont il sortira vainqueur en 1937, une année avant qu'il fonde son ÉCOLE DIVINE à Sèvres en France pour diffuser l'enseignement de la FBU. Sa biographie révèle enfin que des «spiritualistes malveillants» ont cherché, en 1947 et par la suite, à éliminer Aïvanhov en l'accusant d'être un agent secret ou en le calomniant autrement. Le résultat: deux ans de prison, une expulsion en 1948 qui l'amène en Suisse puis aux Indes. En 1959, il retourne en France: c'est le début de l'Ère Mikhaëlique du Verseau. Dorénavant assimilé à l'archange Michel, chargé de présider à l'avènement de la nouvelle race et de la religion universelle, il fixe le siège central du mouvement à Bonfin, près de Fréjus, dans le midi de la France. C'est là surtout qu'il y fera plus de sept mille conférences, qu'il y pratiquera ses pouvoirs de guérisseur et qu'il s'exercera à l'agrobiologie. Jusqu'à sa mort, il voyagera peu. Parmi ces voyages, on peut signaler sa venue à Montréal en 1981.

Enseignement et doctrine

La FRATERNITÉ BLANCHE UNIVERSELLE ne se restreint pas aux membres visibles qu'elle réunit. La FBU se présente comme étant en lien avec la Fraternité invisible des «parfaits»; les membres terrestres forment avec les êtres invisibles un égrégore pour l'avancement spirituel de l'humanité. À l'opposé, la Fraternité noire désigne ceux qui s'opposent à la croissance spirituelle et ceux qui sont à la source du mal dans le monde.

Les sources de l'enseignement actuel de la FBU sont — bien sûr — les écrits de Peter Deunov, le fondateur du groupe et, par le fait même, l'héritage spirituel des Bogomiles. Tout cela a été reconnu à maintes reprises par Aïvanhov qui, entre autres, faisait généralement le salut bogomile (la paume ouverte). Une nuance importante a été apportée par lui: alors que les bogomiles croyaient que le monde était essentiellement l'œuvre de Satan et que la chair était l'œuvre du démon, Aïvanhov croyait que même dans les plans inférieurs on pouvait reconnaître l'œuvre de l'Amour, un reflet fût-il faible de la Lumière parfaite.

Entre autres sources, Lejbowicz (p. 38) dit qu'Aïvanhov ne «négligeait pas» de recourir aux sciences ésotériques telles que l'astrologie, la magie, l'alchimie et la kabbale. Il se référait aussi à la Bible, aux Védas, aux Upanishads, au Livre des Morts tibétain, au Tao Te King, au Zend Avesta, au Zohar (*Idem*, pp. 61-62) et à plusieurs documents inédits contenus dans des archives secrètes du Tibet, de l'Atlantide ou encore d'un pays au Centre de la terre où vivent des initiés, pays nommé l'Agartha.

L'originalité de l'enseignement d'Aïvanhov, le Maître de la FBU, réside dans l'importance accordée à son enseignement oral (plutôt que livresque) et dans «une volonté de concrétiser sur le plan matériel, de traduire par des comportements et des actes quotidiens toutes les expériences les plus sublimes de la vie spirituelle»

(*Idem*, pp. 59-60). Cet enseignement «original» peut comporter deux aspects principaux: la vision du monde et la conception anthropologique.

Vision du monde

La création de l'univers est davantage l'œuvre des Elohim que celle de Dieu lui-même (les Elohim sont quatre anges supérieurs). Cet univers est ordonné de façon hiérarchique et comprend les êtres célestes plus spirituels et, à grande distance d'eux, les êtres terrestres tournés vers la matière. Tout le réel se partage en six zones ou corps (corps atmique, bouddhique, causal, mental, astral, physique). Les trois premiers niveaux sont occupés par les entités spirituelles et les hiérarchies angéliques. Comment expliquer que la création par des êtres spirituels divins ait comporté l'apparition de la matière, au plus bas niveau de l'échelle des êtres? Dans la FBU, le processus de matérialisation et l'existence du mal dans le monde se trouvent expliqués par le recours au mythe du paradis terrestre et de la chute originelle de l'homme spirituel. Depuis ces temps immémoriaux, l'étincelle lumineuse et divine en l'homme gît dans un monde d'ombre, ignorant de sa véritable nature.

Vision de l'homme

À cause de la chute originelle qui vient d'être évoquée, le parcours que l'homme doit suivre, en passant éventuellement par des réincarnations successives, c'est le chemin du retour vers la Source, vers la Lumière, c'est la voie de la reconnaissance et du réveil de l'identité originelle qu'il doit emprunter. Le Soleil ou Tiphéret, un des dix séphirots, donne à l'homme la seule voie d'accès aux réalités lumineuses d'en haut; il est à la charnière du monde visible et invisible. Par cette lumière subtile et par l'enseignement vivant du Maître, l'homme a les moyens de devenir un «prisme»: à l'image de la trinité divine, par le cœur, l'intellect et la volonté, il est appelé à vivre les plus hautes vertus de l'amour, de la sagesse et de la liberté.

Culte et pratiques

Parmi les pratiques essentielles, il y a les yogas et la paneurythmie. Le *Suryayoga*, c'est le «yoga du soleil». Pour la FBU, ce yoga «contient tous les yogas» (*Idem*, p. 48) parce que le soleil est «l'image visible la plus élevée pour les habitants de la terre» (*Idem*, p. 93). Par cette forme de méditation, les membres du groupe cherchent à se lier à l'Esprit christique qui est, à leur point de vue, diffus partout dans l'univers. Le *Hrani-yoga* fait appel au sens alchimique et magique de la nutrition végétarienne. Dans un dépliant des Éditions Prosveta (maison d'édition officielle de la FBU), voici ce qu'on en dit:

«Seuls les initiés savent que la nourriture, qui est préparée dans les laboratoires divins, contient des aliments magiques capables de conserver ou de rétablir la santé non seulement physique mais psychique et d'apporter les plus grandes révélations. (...) Par la pensée, l'homme est capable de retirer de la nourriture des particules subtiles, lumineuses, qui entrent dans la construction de son être tout entier.»

La *paneurythmie* se présente comme une série de mouvements corporels rythmés par le chant qui sont destinés à harmoniser les forces électromagnétiques dans le corps humain. Cet exercice est généralement accompagné d'une respiration profonde, une narine à la fois, et de l'application de deux doigts sur le front.

Entre autres pratiques, on peut mentionner enfin la méditation silencieuse et les chants en langue bulgare lors des réunions que l'on fait en présence de l'icône du Maître Aïvanhov. Incidemment, ces chants ont été choisis par le Maître pour leurs qualités vibratoires.

Organisation

Le siège central de la FBU se trouve au domaine du Bonfin, près de Fréjus dans le midi de la France. Aucune statistique disponible permettant de préciser le nombre d'adhérents en 1989.

Au Québec, des groupes se sont formés à l'inspiration du Maître Aïvanhov. Certains de ces groupes ne sont plus en lien avec l'organisation-mère dont le siège social se trouve à Laval. Parmi ces groupes, on mentionne généralement le Centre d'éveil solaire de Ham-Nord et la Cité d'Or universelle dans la vallée du Richelieu. Les groupes répertoriés comme étant affiliés à la FBU se trouvent en 1989 à Saint-Matthieu (le Centre Vdahnovenye), à Saint-Élie et dans la région de Shawinigan. Au siège social, on apprend que la FBU n'a plus de groupe qui se réunit à Montréal.

Les modalités du recrutement sont marquées au coin de la discrétion. Il y a les publications bien distribuées à travers le monde par les Éditions Prosveta et il y a la cooptation.

Des congrès ont été organisés au Domaine du Bonfin, à Izgrev (Sèvres, France) et à Vidélinata (Suisse) en particulier. Les membres peuvent faire un stage au Domaine du Bonfin. (Pour l'analyse de la demande, on envoyait une photographie et un curriculum vitæ spirituel.)

Les ressources financières reconnues proviennent de la vente très importante des livres, de la cotisation et des dons des membres.

Émissions et périodiques

Non.

Registres civils

Non.

Justice

Voir à la partie deux de cette fiche pour le stage en prison.

Bibliographie

Publications internes

AÏVANHOV, Omraan Mikhaël, Coll. Oeuvres complètes, (31 vol.) Fréjus, Provesta.

AÏVANHOV, Omraan Mikhaël, *Le véritable enseignement du Christ,* coll. Izvor, Fréjus, Provesta, 1984, 195 p.

AÏVANHOV, Omraan Mikhaël, *La Fraternité Blanche Universelle n'est pas une secte,* coll. Izvor, Fréjus, Provesta, 1982, 220 p.

AÏVANHOV, Omraan Mikhaël, *Qu'est-ce qu'un maître spirituel,* coll. Izvor, Fréjus Provesta, 1982, 192 p.

DEUNOV, Peter, *Le Maître Parle,* Paris, Courrier du livre, 1964, 123 p.

LEJBOWICZ, Agnès, *Omraan Mikhaël Aïvanhov. Le Maître de la Grande Fraternité Blanche Universelle,* Fréjus, Provesta, 1982, 126 p.

Publications externes

* DE PLAIGE, Didier et LEDUC, Jean-Marie, *Les nouveaux prophètes,* Paris, Buchet/Chastel, 1978. pp. 134-138.
* LABRECQUE, Claude, *Les voiliers du crépuscule,* Montréal, Éditions Paulines, 1986, pp. 173-175.
* VERMANDER, Jean-Marie, *Des sectes diablement vôtres,* Paris, 1981, pp. 46-47.

MOUVEMENT RAËLIEN

Nom officiel du groupe

Mouvement Raëlien International. À ses débuts, ce groupe s'identifiait sous le nom du «Mouvement d'Accueil des Extra-terrestres Créateurs de l'Humanité (MADECH). Sur chaque continent, le mouvement prend le nom du pays, par exemple le «Mouvement Raëlien Canadien» pour le Canada.

Le fondateur et les circonstances de fondation

Après l'explosion atomique d'Hiroshima, le 6 août 1945, les créateurs de l'humanité, les Elohim*, décident que le moment est venu d'envoyer sur terre un nouveau messager, le dernier prophète et le premier qui s'adressera aux hommes en leur demandant de *comprendre* et non de croire. Ils sélectionnent alors une femme, l'enlèvent et l'inséminent tout comme ils l'avaient fait à l'époque de Jésus avec Marie. Ils la libèrent après avoir effacé de sa mémoire toute trace de ce qui vient de se passer. Nous sommes le 25 décembre 1945.

Neuf mois plus tard, c'est-à-dire le 30 septembre 1946, naît de cette opération Claude Vorhilon. Il voit le jour dans une clinique de Vichy (France), afin de dissimuler sa naissance car son père est inconnu (un réfugié juif que les Élohim avaient pris soin de faire rencontrer à sa mère juste avant l'enlèvement). Il est élevé par sa tante et sa grand-mère.

Marié depuis trois mois, il déménage à Dijon pour y travailler comme rédacteur en chef d'une nouvelle revue sportive, car dès son jeune âge, il s'est découvert une passion pour la course automobile. L'entreprise fait faillite et il décide d'émigrer à Clermont-Ferrand où il lance sa propre revue sportive qui connaît un grand succès. Le 13 décembre 1973 (jour de la Sainte-Lucie «Lumière»), Claude Vorhilon rencontre l'occupant d'une soucoupe volante dans le cratère d'un volcan éteint près de Clermont-Ferrand. À cette occasion, il se voit investi d'une mission de prophétiser, de dire au monde ce que les Élohim ont fait pour l'humanité, comme les autres prophètes (Jésus, Bouddha, Muhammed, Joseph Smith, etc.) l'avaient fait avant lui.

Lors d'une promenade à pied il rencontre un être ressemblant aux humains mais très petit (1,40 m environ) ayant la peau blanche mais légèrement olivâtre, et de très grands yeux en amande s'étirant vers les tempes.

Cet extra-terrestre, un Eloha du nom de Iahvé, vient visiter Claude Vorhilon six jours consécutifs et lui confie un message révélant aux hommes leur origine et ce que peut être leur avenir. C'est à ce moment que Vorhilon apprend qu'il avait été choisi par les Elohim pour créer un mouvement de diffuser sur toute la terre le message de démystification des religions et de construire une résidence destinée à les accueillir lorsqu'ils viendront officiellement prendre contact avec les gouvernements terrestres et avec les hommes devant leurs caméras de télévision. C'est à cette occasion qu'il reçoit le nom de *Raël** qui veut dire «celui qui apporte la lumière des Élohim».

Le 7 octobre 1975, Raël est de nouveau contacté par les Élohim qui cette fois-ci l'emmènent sur la planète où ils vivent. Il rencontre à cette occasion les grands prophètes et les Élus (8400 terriens qui ont été recréés scientifiquement grâce à leur code génétique) qui ont mené sur terre une vie tournée vers l'amour des autres et vers le progrès de l'humanité. Lors de ce deuxième contact, les Élohim enseignent à Raël la technique de la Méditation Sensuelle ainsi que le principe de l'infini dans le temps et l'espace. Raël assiste aussi à la réalisation d'une copie de lui-même, grâce à une machine sophistiquée, mais surtout c'est à ce moment qu'il apprend que son véritable père est Iahvé, l'Eloha de la première rencontre et que Jésus est son frère.

Le 7 octobre 1976, cinquante membres qui s'étaient rendus sur les lieux du deuxième contact, près de Brantôme dans le Périgord (sud-ouest de la France) pour le premier anniversaire de ce contact, voient apparaître dans le ciel deux engins à l'heure précise du rassemblement et des flocons cotonneux en tombent durant quelques minutes. Pour la première fois, Raël n'était pas le seul témoin de l'apparition des Élohim.

Depuis, Raël parcourt le monde afin de diffuser les messages qu'il a reçus. En 1987, le Mouvement achète un terrain en France afin d'y installer un séminaire de formation des guides.

Enseignement et doctrine

RAËL est le paraclet annoncé par Jésus dans l'Évangile de Jean: «Quand il viendra, l'Esprit de vérité, il vous conduira vers la vérité tout entière car il ne parlera pas de lui-même, mais tout ce qu'il entendra, il le dira et vous annoncera les choses à venir» (Jn 14, 26). Muhammed aussi annonça la venue d'un autre prophète: «Un prophète viendra un jour confirmer ce que vous recevez. Croyez en lui et aidez-le de tout votre pouvoir» (Qur'an III, 75). RAËL vient donc proclamer la fin du christianisme et apporter la véritable lumière sur ce que nous sommes et où nous allons.

Nos origines

Il y a très longtemps, sur une lointaine planète, des êtres ont découvert le secret de la vie en utilisant l'acide désoxyribonucléique (A.D.N.), pouvant ainsi créer des êtres vivants 100% synthétiques en laboratoire. Ces scientifiques ont ensuite cherché dans l'univers une planète sur laquelle ils purent sans déranger la civilisation dont ils étaient issus, poursuivre leurs expériences en toute tranquillité. Sur cette planète dont l'atmosphère réunissait toutes les conditions propices à la création et au développement des formes variées, ils fabriquèrent d'immenses laboratoires où ils réalisèrent une œuvre de création gigantesque dont sont issues toutes les formes de vie que nous connaissons actuellement car cette planète c'est la terre.

Tous les livres religieux anciens dont la Bible ne font que rapporter l'œuvre de ces êtres qui ont créé toute vie sur terre y compris les hommes qu'ils ont faits à leur image grâce à l'ingénierie scientifique. Ces êtres sont les Élohim injustement traduit par dieu, mais qui voudrait dire littéralement « ceux qui sont venus du ciel », autrement dit les extra-terrestres. Le premier livre de RAËL, *Le livre qui dit la vérité*, redonne le vrai sens du texte biblique, c'est-à-dire celui d'un récit scientifique qui fut interprété de façon surnaturelle par les primitifs que nous étions. Ainsi le déluge était une explosion atomique, Samson était télépathe grâce à ses cheveux et sa barbe qui servaient d'antennes, Jésus accomplissait ses miracles grâce à l'intervention des Élohim avec leurs rayons laser etc... Le raëlisme devient une troisième voie pour expliquer l'origine de la vie après Dieu et le hasard.

L'âge de l'apocalypse

Tout au long de l'histoire les Élohim envoyèrent des messagers aux hommes en vue de leur enseigner leur origine en créant des religions dont les écritures serviraient de preuve quand les hommes seraient parvenus à un niveau de connaissances scientifiques suffisant pour comprendre leur origine sans mysticisme. Cette époque est enfin arrivée et l'âge de l'apocalypse, c'est-à-dire la révélation, est commencée depuis 1946. Elle marque le passage dans l'ère nouvelle du Verseau. Les signes annoncés dans le livre de l'Apocalypse sont accomplis et nos récentes découvertes scientifiques nous permettent enfin de comprendre la Vérité. Nous avons 99% des chances de nous autodétruire, c'est pourquoi ils nous envoient RAËL pour révéler nos origines scientifiques. Nous serions donc prêts à les recevoir pour bénéficier de leur avance scientifique et technologique. Mais avant de les recevoir il faut se préparer, il faut faire la preuve que nous voulons réellement les recevoir. Pour cela, il faut établir un gouvernement basé sur la géniocratie, c'est-à-dire les génies au pouvoir. Il faut aussi privilégier l'égalité entre les hommes, en supprimant la propriété. C'est un gouvernement mondial avec une monnaie mondiale et une langue unique qui nous permettront d'y arriver.

L'athéologie*

Le raëlisme est donc une religion athée qui se veut la continuité et l'achèvement du christianisme. Le raëlisme a pour base l'amour et pour doctrine l'infini et la science. Pour le raëlisme il n'y a pas de dieu ni d'âme, il n'y a que les Élohim et que le code génétique.

Le Mouvement Raëlien propose une vision du monde décrivant l'individu, la société, la nature et l'univers:

L'individu: Le cerveau humain est un ordinateur et l'esprit de l'homme est un plan bien matériel qui lui donne toutes ses possibilités. Ce plan c'est le code génétique. La pensée est entièrement nous et rien d'autre. Ce sont des réactions chimiques que nos créateurs savent décoder en les visualisant. Dans l'athéologie raëlienne l'humain est foncièrement individualiste: «je suis né seul, je vis seul, je jouis seul, je meurs seul». L'homme est responsable des malheurs qui lui arrivent par sa négligence, son égoïsme, sa méchanceté. Tout humain quel qu'il soit a une œuvre à réaliser suivant ses possibilités et ses capacités. Chacun est libre de vivre ou devrait être libre de vivre la vie qu'il veut avec tout ce que cela sous-entend (liberté sexuelle et d'expression). La prise de conscience de ce que nous sommes, des possibilités qui sont en nous, orienteront notre vie pour qu'elle soit épanouissante. La méditation servira de rééducation afin d'en arriver à une autoréalisation dans les trois plans: sexuel, philosophique et professionnel.

La société: Chacun devrait être libre de vivre sa vie mais pas au détriment de la vie d'un autre. La liberté de chacun s'arrête où commence celle de l'autre. Le seul interdit raëlien: ne nuire, en aucune manière, à la liberté des autres. Le mal, celui qui fait tort existe. Il est le résultat de l'égoïsme agressif et de la jalousie. Le péché est une faute par omission d'un bienfait que j'aurai pu faire envers mon prochain et que, par égoïsme, je n'ai pas fait. C'est aussi un acte négatif envers mon prochain, le seul acte qui demande réparation. La loi du meilleur doit s'établir sur terre. La haine et la violence sont le résultat de la programmation (éducation). Toute humanité qui n'arrive pas à contrôler son agressivité s'autodétruit.

La nature: L'homme n'est pas le seul être intelligent. Sur notre terre, seul l'homme a conscience de son intelligence. Le niveau de conscience des raëliens devrait s'exprimer dans les plus petites choses comme la conservation de ce qui nous entoure.

L'univers: Tout est mathématique dans l'univers. Depuis toute éternité, la matière est esprit et l'esprit est matière. Le raëlisme prêche que nous ne serons pas tous recréés; pour pouvoir être recréé et jouir du bonheur éternel, il faut que les actes positifs continuent et dépassent largement le négatif. Il faut se repentir, compenser le manque d'amour par des actes positifs, c'est sur l'amour que nous serons jugés. L'immortalité est biologique grâce au code génétique qui permet une recréation du corps.

La méditation sensuelle: Le stage d'éveil proposé à tout nouveau raëlien, porte sur l'épanouissement de l'individu par la méditation sensuelle, débouchant sur l'éveil de l'esprit par l'éveil du corps. La méditation sensuelle constitue le «mode d'emploi» donné aux hommes pour leur apprendre à se servir des possibilités harmonisatrices de leur cerveau. L'homme est relié à l'infini qui l'entoure et qui le compose par ses capteurs: les sens. Développer sa sensualité, c'est développer sa capacité de se sentir relié à l'infini, de se sentir infini soi-même.

Culte et pratiques

Style de vie: À sa naissance, tout nouveau-né normalement constitué est parfait. Il doit recevoir une nourriture «naturelle», c'est-à-dire la moins trafiquée possible, sans abus d'alcool, de drogue ou de tabac. Il doit recevoir une éducation basée sur l'éveil des sens et sur l'apprentissage de l'amour, amour du monde dans lequel il vit, amour de nos créateurs, les Élohim.

Ceux qui adhèrent au message de Raël doivent appliquer les règles suivantes:

— Transmission du plan cellulaire: «Tu te présenteras au moins une fois dans ta vie devant le guide des guides afin qu'il transmette par le contact manuel ou qu'il fasse transmettre par un guide initié ton plan cellulaire à l'ordinateur qui en tiendra compte à l'heure du jugement du bilan de ta vie...»

— Méditation quotidienne: «Tu penseras au moins une fois par jour aux Élohim tes créateurs.»

— Diffusion du message: «Tu chercheras par tous les moyens à faire rayonner autour de toi le message des Élohim.»

— Don: «Tu feras au moins une fois par an un don à la Fondation Raëlienne, égal au moins à un centième de tes revenus annuels, afin d'aider le guide des guides à pouvoir se consacrer à temps complet à sa mission et à voyager à travers le monde pour diffuser le message.» Après sa mort, le raëlien ne doit pas laisser d'héritage à ses enfants en dehors de la maison familiale. Le reste doit être légué au guide des guides afin de l'aider à diffuser le message.

— Rencontre annuelle: «Tu inviteras au moins une fois par an à ta table le guide de ta région et tu regrouperas chez toi des personnes intéressées afin qu'il puisse leur expliquer les dimensions du message.»

— Acte d'apostasie: Chaque Raëlien doit faire parvenir une lettre signée de sa main à l'institution religieuse ou spirituelle à laquelle il appartient. Au Québec, bon nombre de Raëliens font parvenir leurs actes d'apostasie* à l'Église Catholique.

— Prélèvement de l'os frontal: Chaque Raëlien doit établir un testament disant qu'il désire qu'après sa mort, un centimètre carré de son os frontal doit être prélevé et envoyé au siège du Mouvement Raëlien International. Ce prélèvement qui contient le code génétique, permettra un jour une éventuelle recréation scientifique du défunt lorsque les hommes auront suffisamment progressé.

Expansion dans le monde

Le mouvement raëlien tout d'abord fondé en France, s'est ensuite structuré au Canada, puis en Suisse et en Belgique. Depuis, il s'est installé aux U.S.A., en Espagne, au Japon, au Mexique, en Italie, en Haute-Volta, en Côte d'Ivoire, au Gabon et dans de nombreux autres pays. En 1987, on estimait à 20 000 le nombre de personnes qui avaient adhéré au Mouvement, parmi elles près de 500 sont membres des structures du Mouvement raëlien international. Actuellement, on compte près de 4 500 membres au Québec. Les messages reçus par Raël ont été traduits et imprimés en anglais, en allemand, en japonais, en italien, en espéranto, en chinois, en coréen, en hébreu et en espagnol.

Périodiques

«*Apocalypse*», bulletin de liaison du Mouvement Raëlien International.

«*Informaction*», bimestriel publié par le Mouvement Raëlien International.

«*Le RAËLien*», bimestriel publié par le Mouvement Raëlien International.

Registres civils

Le Mouvement Raëlien ne possède aucun registre civil permettant l'enregistrement de naissance, de mariage ou de décès.

Bibliographie

Publications internes

* MAES, Lucien (éd.), *L'arthéologie Raëlienne*, Pris, s.d., texte manuscrit.
* VORILHON, Claude, *Accueillir les extra-terrestres*, Vaduz, Fondation Raëlienne, 1979, 157 p.
* VORILHON, Claude, *Les Extra-terrestres m'ont emmené sur leur planète*, Brantome, l'Édition du Message, 1977, 153 p.
* VORILHON, Claude, *La Géniocratie*, Brantome, l'Édition du Message, 1977, 158 p.
* VORILHON, Claude, *Le livre qui dit la Vérité*, Brantome, l'édition du Message, 1974.
* VORILHON, Claude, *La Méditation Sensuelle*, Vaduz, Fondation Raëlienne, 1980, 158 p.

Publications externes

* LABRECQUE, Claude, *Les voiliers du crépuscule*, Montréal, Éditions Paulines, 1986, pp. 185-188.
* MAYER, Jean-François, *Sectes nouvelles, un regard neuf,* Paris, Cerf, 1985, pp. 54-55.
* ROCHETTE, Jean, *Qui croire? Essai sur les nouvelles religions,* Saint-Georges-de-Beauce, Éditions Jean Rochette, 1983, pp. 189-214.

ORDRE ROSICRUCIEN A.M.O.R.C.

Nom officiel du groupe

A.M.O.R.C.: Ancien et Mystique Ordre Rosæ Crucis.

Au début de 1982, la désignation française *Ordre rosicrucien AMORC* a été modifiée pour *Ordre de la Rose-Croix AMORC*.

Le fondateur et les circonstances de fondation

De souche européenne, l'Ordre de la Rose-Croix AMORC se présente comme l'héritier de l'Antique Rose-Croix. On fait remonter ses origines aux anciennes écoles de mystères d'Égypte.

En réalité, l'AMORC a été fondé en 1915, à New York, par Harvey Spencer Lewis. Ce dernier est né le 25 novembre 1883 à Frenchtown, au New Jersey, de parents protestants méthodistes. En 1904, aidé par le journal Evening Herald de New York, où il travaillait, il fonde The New York Institute for Psychical Research, dont il est nommé président. Peu après, il formera, à l'intérieur même de cet institut, un groupe d'étude sur l'ésotérisme et le rosicrucianisme: The Rosicrucian Research Society. Par la suite, il entre «en contact avec May Banks Stacy, ancien officier de l'Ordre rosicrucien en Inde, qui lui remet les manuscrits des anciens rose-croix d'Amérique et qui le charge de réactiver l'Ordre[1]».

En 1909, Lewis aurait été initié au rosicrucianisme à Toulouse, en France. De retour aux États-Unis, il fonde l'AMORC et en devient imperator. D'abord établis à New York, de 1915 à 1918, les quartiers généraux seront ensuite déplacés à San Francisco, de 1920 à 1925, puis à Tampa, en Floride, de 1925 à 1927, pour être fixés définitivement à San José, en Californie, de 1927 jusqu'à nos jours. En 1934, l'authenticité et la légitimité de l'AMORC est officiellement reconnue par la Fédération Universelle Des Ordres et Sociétés Initiatiques (F.U.D.O.S.I.). Notons cependant que cette Fédération fût fondée en 1934 sur l'initiative de M. Spencer Lewis (Sâr Alden), M. Émile Dantinne (Sâr Hiéronymus) et M. Victor Blanchard (Sâr Yésir) et fût dissoute en 1951. En 1946, la FUDOSI autorise l'AMORC à dispenser

---

[1] MARIE-FRANCE JAMES, «Qu'en est-il de l'Ordre rosicrucien AMORC?» in *Lumière et Paix*, mai-juin, 1982, p. 17.

son enseignement partout dans le monde. À la mort de M. Lewis en 1939, son fils, Ralph Maxwell Lewis (1904-1987) lui succéda. L'actuel imperator est M. Gary Stewart. L'AMORC parraine aussi les activités de l'Ordre Martiniste Traditionnel (O.M.T.), fondé en 1945, et dont les quartiers généraux sont à San José, Californie. L'OMT est l'un des nombreux ordres se réclamant de la filiation de l'Ordre martiniste, fondé en 1884 par le Dr Gérard Encausse (Papus), et dont l'enseignement est inspiré par les œuvres de deux maçons du XVIIIe siècle: Louis-Claude de St-Martin et Martinès de Pasqually.

Enseignement et doctrine

L'Ordre rosicrucien A.M.O.R.C. vise à aider les membres à trouver leur plein équilibre humain par l'acquisition de connaissances d'ordre ésotérique et d'une culture enrichissante.

Deux mots expriment particulièrement bien le but poursuivi: harmonie (avec le Cosmique) et maîtrise (de soi, du cosmos, des lois de l'univers). Dans cette doctrine, Dieu est plutôt perçu comme un principe impersonnel et une énergie cosmique, alors que Jésus fait figure de grand initié.

L'enseignement de l'AMORC, envoyé sous forme de documents mensuels d'une dizaine de pages, touche tous les sujets traditionnels de la philosophie occulte et de l'ésotérisme: l'astral, l'aura, l'alchimie spirituelle, l'hermétisme, les grands initiés, le karma et la réincarnation, les cycles cosmiques, etc... Plus d'une dizaine d'années d'affiliation semble nécessaire pour accéder au 13e degré, chaque degré variant quant au nombre de monographies.

Selon la doctrine rosicrucienne, 1909 ne correspond pas à une fondation mais à une résurgence de l'AMORC, suivant un rythme d'occultation et de manifestation de 108 ans. Ce cycle aurait débuté sous le règne du pharaon Aménophis IV (1370-1350 av. J.C.). Depuis, la pensée rosicrucienne se serait perpétuée jusqu'à nos jours par une filiation ininterrompue dont Pythagore, les Templiers, Christian Rosenkreuz, Paracelse, Cagliostro ne sont que quelques-uns des grands noms.

Notons aussi que la maçonnerie, surtout celle du Rite Ancien et Primitif de Memphis-Misraïm, ainsi que l'Ordo Templi Orientis (O.T.O.), par l'intermédiaire de Théodor Reuss et Aleister Crowley, a particulièrement influencé ce mouvement qui utilise d'ailleurs beaucoup de leurs symboles. Cependant, quoiqu'il existe une étroite correspondance entre eux, ces groupements forment aujourd'hui des entités bien distinctes ayant chacun leur organisation et leur philosophie.

Culte et pratiques

Au niveau international, une *Convention mondiale* se tient tous les 2 ans; en 1979, elle a eu lieu à Québec.

Au niveau national, il y a un *Conclave général* à chaque année. Ainsi, en 1982, le Conclave général des pays de langue française s'est déroulé à Montréal.

Au niveau provincial, il y a une *Convention régionale* annuelle. En 1986, la Province du Canada francophone se réunissait à Hull; alors qu'en 1987, c'était à Rimouski.

Au niveau local, c'est-à-dire au niveau des organismes subordonnés à l'AMORC (loge, chapitre et pronaos), les membres inscrits peuvent participer à diverses activités:

Solennités annuelles

— Cérémonie de la nouvelle année rosicrucienne, vers le 21 mars.

— Cérémonie de la Pyramide, vers le 23 septembre.

Cérémonies spéciales

— Cérémonie d'installation de la «colombe» (jeune fille de 12 à 18 ans).

— Rituel rosicrucien d'appellation ou d'attribution d'un nom.

— Rituel symbolique de mariage (contrat civil ou religieux prérequis).

— Rituel funèbre rosicrucien.

Initiation

— Aux degrés du temple: avant le début de chaque degré de l'enseignement.

— Au temple: pour tout nouvel inscrit à un organisme subordonné.

Activités hebdomadaires

— Convocation: en général le jeudi soir, durée d'environ une heure: rituel, mantras, méditation, visualisation, discours.

— Forum de degré: discussions et échanges sur une monographie.

Travail individuel

À chaque membre inscrit à l'AMORC, il est suggéré:

— d'avoir un lieu privé de travail (un «sanctum») et de méditation dans son logement, permanent si possible;

— de réserver une soirée par semaine pour l'étude d'une monographie; toujours la même journée et aux mêmes heures, si possible;

— chaque jour, d'avoir deux brèves périodes de méditation, matin et soir, de 5 à 15 minutes; forme ritualisée comprenant: rituel, mantras, méditation, visualisation.

Il n'y a pas de morale spécifique à l'Ordre. La seule morale vient du dedans, du Moi divin. Devise: La plus large tolérance dans la plus grande indépendance.

Expansion dans le monde

L'AMORC est une organisation mondiale, à but non lucratif, fortement hiérarchisée.

Niveau mondial

La «Grande Loge Suprême» de l'AMORC est à San José, Californie; elle est dirigée par un «Conseil Suprême» formé de 5 membres élus «ad vitam».

C'est au siège mondial de l'Ordre que l'on retrouve les temples, musées, bibliothèques, universités et imprimeries appartenant au groupe.

Niveau national

En fait, la division de l'AMORC n'est pas en fonction de la nationalité, mais selon la langue utilisée. Ainsi, l'ensemble des pays qui, à travers le monde, emploient la même langue constitue une «Grande Loge Régionale». En 1986, on comptait 10 grandes loges, donc 10 langues différentes dans lesquelles est traduit l'enseignement de l'AMORC.

Par exemple, tout rosicrucien francophone dans le monde, peu importe son pays d'origine, sera inscrit à la Grande loge de l'AMORC pour les pays de langue française située au Château d'Omonville, Le Neubourg, France. Instance supérieure: le «Grand Maître», élu «ad vitam» par le Conseil suprême.

Niveau provincial

Chaque juridiction linguistique est divisée en un certain nombre de «provinces», selon le nombre d'organismes affiliés qui s'y trouvent.

Par exemple: Province du Canada francophone: Montréal.

Instance supérieure: le «Grand Conseiller», mandaté pour 7 ans. M. Yoland Guérard fut Grand Conseiller au Québec.

Niveau régional

Chaque province d'une même juridiction est divisée en un certain nombre de «régions», selon le nombre d'organismes affiliés.

Par exemple, la Province du Canada francophone comprend quatre régions: Montréal, Québec, Rimouski, Chicoutimi.

Instance supérieure: le «Moniteur Régional». En moyenne, dans l'AMORC, on compte quatre moniteurs régionaux pour un grand conseiller.

Niveau local

Chaque région comprend, à la base, un ou plusieurs organismes affiliés à l'AMORC, i.e. loge, chapitre et pronaos. Une loge est un organisme subordonné comprenant environ 50 membres et plus, alors qu'un chapitre en compte de 40 à 50, et un pronaos de 30 à 40.

En 1986, dans la *Région de Montréal,* faisant partie de la *Province du Canada francophone,* qui fait partie de la *Juridiction de l'AMORC pour les pays de langue française,* on trouvait approximativement 5 loges, 4 chapitres et 4 pronaoi.

En 1986, l'AMORC était présent dans 86 pays, totalisant environ 287 loges, 297 chapitres et 671 pronaoi. C'est le même enseignement qui est traduit dans chaque langue. Il semble qu'il y ait beaucoup plus de membres non inscrits à un organisme subordonné qu'il y en a d'inscrits.

Ressources financières

Cotisation annuelle: Chaque membre inscrit à l'AMORC doit payer une cotisation au siège de sa Grande Loge «linguistique». En 1986, pour la Province du Canada francophone, cette cotisation était de 138$.

Par ailleurs, chaque membre inscrit à un organisme subordonné à l'AMORC (loge, chapitre, proanos) doit payer une cotisation à cet organisme, indépendamment de celle versée à sa juridiction. En 1986, dans la région de Montréal, cette cotisation annuelle pour un membre seul inscrit à une loge était de 10$.

Notons aussi que toutes les fonctions et tâches à remplir au niveau local, régional et provincial sont *bénévoles* et non rémunérées.

Admission

La seule condition à remplir est de formuler une demande écrite au siège de la juridiction en vue.

Recrutement

La principale forme de publicité semble être la documentation écrite sous forme d'annonces, d'encarts, de dépliants présentés dans les journaux et revues ayant trait à l'ésotérisme, l'étrange, l'occulte. Il y a aussi des conférences publiques d'information, organisées périodiquement. L'Ordre publie également deux brochures: *Maîtrise de vie* et *Un message.* Les milieux universitaires sont particulièrement visés.

Émissions et périodiques

Langue anglaise:

The Rosicrucian Forum, depuis 1927, revue officielle de l'AMORC, réservée aux membres seulement, bi-mensuelle.

The Rosicrucian Digest, depuis 1927, revue mensuelle d'accès public.

The American Rosæ Crucis, de 1916 à 1918, à New York.

In The Triangle, de 1920 à 1925, à San Francisco, Californie.

The Mystic Triangle, de 1925 à 1927, à Tampa, Floride.

Langue française: *Rose-Croix,* 4 numéros par année, contient de nombreuses traductions du Rosicrucian Digest.

En général, chaque juridiction produit sa revue officielle portant l'identification «Rose-Croix» et à laquelle tout public peut s'abonner.

Maison d'édition: En général, chaque juridiction a une maison d'édition, d'accès public, chargée de traduire et de diffuser la documentation rosicrucienne.

Français: *Éditions Rosicruciennes,* à Villeneuve-Saint-Georges, France.

Anglais: *The Rosicrucian Supply Bureau,* San José, Californie.

Registres civils

L'AMORC ne possède pas de registres civils pour les naissances, les mariages, les décès.

Bibliographie

Publications internes

* A.M.O.R.C., *La maîtrise de la vie,* brochure, Le Tremblay (France) 1986, 36 p.

* LEWIS, H. Spencer, Dr, *Histoire complète de l'Ordre de la Rose-Croix AMORC,* Éditions Rosicruciennes, 1986, 247 p.

* LEWIS, H. Spencer, Dr, *Manuel rosicrucien,* Éditions Rosicruciennes, 1975, 296 p.

Publications externes

* CAILLET, Serge, *Sar Hieronymus et la Fudosi,* Éditions Cariscript, 1986, 119 p.
* CHERY, H.-Ch., *L'offensive des sectes,* coll. Rencontres, Paris, Cerf, 1961, pp. 99-106.
* CLYMER, Swinburne, Dr, *The Rosicrucian Fraternity in America,* Published by the Rosicrucian Foundation, 1935, vol. I, 463 p. et Vol. II, 959 p.
* DE PLAIGE, Didier et LEDUC, Jean-Marie, *Les nouveaux prophètes,* Paris, Buchet/Chastel, 1978, pp. 52-56.
* ELLWOOD, Robert S., *Religious and Spiritual Groups in Modern America,* Englewood Cliffs, N.J., Prentice-Hall, 1973, pp. 110-114.
* *Encyclopædia Universalis,* Vol. 14, 1974, pp. 439-441.
* LABRECQUE, Claude, *Les voiliers du crépuscule,* Montréal, Éditions Paulines, 1986, pp. 152-156.
* LARSON, Bob, *Larson's Book of Cults,* Wheaton, Illinois, Tyndale House Publ., 1983, pp. 306-311.
* MELTON, J. Gordon, *American Cult and Sect Leaders,* New York, Garland Publ., 1986, pp. 156-157.
* MELTON, J. Gordon, *Cults in America,* New York, Garland Publ., 1986, pp. 72-73.
* ROCHETTE, Jean, *Qui croire? Essai sur les nouvelles religions,* Saint-Georges-de-Beauce, Éditions Jean Rochette, 1983, pp. 215-224.
* RUMBLE, L., *Les Rose-Croix,* Coll. Ma Paroisse, Montréal, Bellarmin, 1956, 30 p.
* VERMANDER, Jean-Marie, *Des sectes diablement vôtres,* Paris, Socéval, 1981, pp. 69-70.

SOCIÉTÉ ANTHROPOSOPHIQUE

Nom officiel du groupe

Société Anthroposophique Universelle, plus communément appelée Anthroposophie.

Le fondateur et les circonstances de fondation

Rudolf Steiner est né à Kraljevec, le 27 février 1861, à la frontière austro-hongroise. Aîné d'une famille de 3 enfants, il eut une enfance marquée par de nombreux déménagements.

Son père, employé des chemins de fer, fut appelé à être chef de gare à divers endroits. À 7 ans, il fait, dit-on, une expérience décisive, une expérience où il pouvait «voir» et «entendre» sans avoir de phénomènes sensibles. À partir de ce moment, le contact avec les êtres spirituels lui est facile. Mais il n'en parle pas. À Vienne, pendant ses études de polytechnique et de philosophie, il rencontre un homme qui cueille des plantes pour une pharmacie. Cet homme le met en contact avec un maître spirituel qui l'encourage dans ses études de polytechnique afin de se familiariser avec la mentalité scientifique matérialiste. Puis, traduisant Goethe à Wilmar (Allemagne), il se rend compte que celui-ci ne va pas assez loin dans sa conception du monde spirituel. Il forge alors sa propre approche de la théorie de la Connaissance, i.e. un état de conscience qui permet d'accéder à la vérité essentielle des choses. Son adhésion à la Théosophie de Madame Blavatsky (morte en 1891) va lui donner un premier public pour l'expression de ses idées.

En 1902, Rudolf Steiner devient secrétaire de la Société Théosophique d'Allemagne. On peut dire que c'est le point de départ de l'Anthroposophie, qui fut d'abord un sous-groupe de la Théosophie, avant de devenir indépendante en 1907 avec l'accord d'Annie Besant, alors directrice de la Société Théosophique. D'après Mme Besant, Rudolf Steiner ne connaissait pas la voie orientale de la Connaissance mais la voie christique rosicrucienne. En 1913, la séparation est définitive à la suite du refus de Steiner de reconnaître dans le jeune hindou Krishnamurti la réincarnation du Christ.

Enseignement et doctrine

Dans «*La philosophie de la liberté*», livre de base de l'Anthroposophie, R. Steiner définit cette dernière comme étant des «observations de l'âme conduites selon la méthode scientifique». C'est la formation de la conscience du Moi, à travers l'acte de la «pensée pure» débarrassée de toute attache sensible et sensorielle. À ce niveau, la pensée, le comportement moral et la puissance d'impulsion (le désir) se confondent. C'est le domaine de l'Intuition, troisième degré dans l'acquisition de la Connaissance, les deux premiers étant l'Imagination et l'Inspiration. Rendu à ce stade, l'adepte est au-delà des réalités terrestres; il est dans le monde du suprasensible en contact avec les hautes réalités de l'esprit. L'être est totalement Un avec l'Objet connu.

Le macrocosme connaît une évolution semblable à celle de toutes les cosmogonies que véhiculent les gnoses. La particularité de l'anthroposophie, c'est l'importance donnée au mystère du Golgotha. Cet événement correspond à une descente au point le plus bas des mondes spirituels dans la matière. C'est lui qui donne au cosmos et à l'humanité l'impulsion de remontée vers leur origine, le monde spirituel. Car le Christ, cet être solaire habitant l'ancien Soleil, guide les 7 Rishis de l'époque de l'Inde ancienne; il est apparu sous les traits d'Aoura Mazda dans l'ancienne Perse, d'Osiris à l'époque gréco-latine. Cet être Solaire, le Christ, a vaincu les forces du mal, d'Arihman et de Lucifer, à l'époque de l'ancienne Lune, et va permettre à Jésus de reprendre le développement harmonieux de l'humain arrêté dans son évolution à cause de la séduction de ces deux entités, tout en lui permettant d'acquérir conscience et liberté.

Jésus sera l'homme qui recevra cette entité Solaire qu'est le Christ au moment de son baptême. Jésus est la combinaison de deux Jésus; l'un, ayant reçu l'esprit de Zoroastre, très développé mais restant capable d'erreur, et l'autre, ayant reçu l'esprit de Bouddha, esprit d'amour et de compassion, mais sans Moi. À 12 ans (l'épisode du Temple), l'esprit de Zoroastre s'empare de l'esprit du Jésus-Bouddha, le corps de celui-ci meurt. À 30 ans, au moment du baptême, l'esprit de Zoroastre donne sa place au Christ, entité solaire.

C'est lui qui sera mis à mort et crucifié. Le mystère du Golgotha est la reconstitution du «fantôme» de l'humain i.e. de cette partie physique de l'humain qui ne s'éteint pas à la mort. À la mort, il y a destruction en l'humain de son «fantôme» à cause des forces lucifériennes et arihmaniennes. Jésus, protégé par l'Être Solaire, le Christ à sa mort, ne subit pas cette destruction et permet ainsi à l'humain de reconstruire son «fantôme» et de retrouver par le fait même cette *Conscience du Moi* qui est le but de toute évolution terrestre. C'est ça, le mystère du Golgotha.

Le but premier de l'Anthroposophie est d'ouvrir à cette conscience parfaite du Moi afin que cette partie du corps physique qu'on appelle le «fantôme» ne se désagrège plus. Cela peut prendre plusieurs vies. Aussi Steiner prône-t-il la réincarnation et le Karma. À quelques détails près, ce sont les mêmes notions que celles enseignées par tout groupe gnostique.

Culte et pratiques

Quatre grandes Fêtes marquent les temps forts de l'année. Elles ont lieu aux équinoxes et solstices de l'année. Ainsi la Saint-Michel (automne), la Noël (hiver), la Pâques (printemps) et la Saint-Jean (été) sont fêtées par tous les groupes anthroposophiques dans le monde. Il n'y a pas de rituel particulier. Le rappel de ce qu'elles signifient pour l'évolution de l'humanité est laissé au libre choix de chaque groupe. Ce sont des moments remplis de gravité et empreints d'une certaine majesté.

On conseille le végétarisme, car selon la vision anthroposophique de l'humain, la viande animale, étant le produit d'une première transformation cosmique, est moins riche en substances dont l'être humain a besoin pour bien se porter. De plus, manger de la viande porte l'être humain à plus de violence.

Expansion dans le monde

L'anthroposophie est établie sur les cinq continents mais elle se trouve surtout en Amérique et en Europe. Elle n'a pas pignon sur rue dans les pays communistes et dans les pays arabes, ainsi qu'en Grèce. *Au Québec*, elle se concentre à Montréal, bien que des petits groupes ici et là vivent de la philosophie anthroposophique. Deux groupes existent à Montréal, un anglophone et un francophone. La fréquence des réunions est laissée à chaque groupe. Pour le groupe francophone, les réunions ont lieu à tous les 15 jours. On y étudie les écrits de Rudolf Steiner en référence à ce qui se passe au Québec. Est membre celui qui reconnaît le bien-fondé d'un tel mouvement, qui y connaît son action dans le monde et paie une cotisation minime (en ce moment, elle est de 85$! par année). À l'heure actuelle, le groupe québécois compte de 20 à 25 membres.

Cependant, il existe aussi un groupe d'aspirants qui ont aussi une réunion tous les quinze jours. Ils y étudient également les écrits du fondateur sous la direction d'un des membres. Leur nombre est considérable bien qu'il varie beaucoup.

Organisation locale. Il y a un responsable qui change chaque année. Il n'est là que pour orienter et assurer une certaine continuité dans le développement du mouvement.

Organisation régionale. Il y a également un responsable au niveau du Canada. En ce moment, c'est Michael Wilson, qui demeure à Toronto.

Organisation internationale. Son siège est à Dornach en Suisse. Toute la Société est dirigée par un Collège dont chaque membre est responsable d'une des activités de l'Anthroposophie. Hagen Bisantz s'occupe de la Société en général.

L'Anthroposophie touche beaucoup de domaines: médecine, arts, pédagogie (les écoles Waldorf), sciences, développement social, agriculture, etc. Chacun de ces dossiers relève d'un des membres du Collège. *L'Université Libre de Sciences*

Spirituelles (le Gœtheanum)* vit de la cotisation des membres du monde entier. La cotisation est divisée en trois: une pour le Gœtheanum, une pour le pays, une pour l'équipe locale. Le Gœtheanum est chargé de porter le flambeau de l'Anthroposophie à travers le monde par ses congrès, nombreux en toutes les disciplines et qui ont lieu chaque année à Dornach. Il a un rôle de conseiller auprès des groupes existant dans le monde et c'est lui qui détermine si tel ou tel groupe répond aux critères anthroposophiques.

Ceux qui forment *l'Université Libre de Sciences Spirituelles* s'engagent à dire ouvertement leur option et à œuvrer publiquement pour l'Anthroposophie. Bien que le Gœtheanum les regroupe en majeure partie, ils sont répandus à travers le monde.

Mode de recrutement: Bouche à oreille. Pas de pression nulle part.

Ressources financières: Viennent de la cotisation des membres, de dons et de legs testamentaires parfois.

Émissions et périodiques

La Société publie un périodique pour les membres, le «Das Gœtheanum», revue traduite également en anglais.

En français, existe la revue *Triades* éditée en France au rythme d'un numéro par mois. Celle-ci s'adresse au public en général. En anglais, la revue *Man and Child* est également ouverte à tout le monde.

Registres civils

Non.

Bibliographie

Publications internes

* *Rudolf Steiner (1861-1925)*, édité par le Gœtheanum, Dornach, Suisse, 1972.
* STEINER, Rudolf, *L'initiation ou comment acquérir la connaissance des mondes supérieurs*, Paris, Triades, 1965.
* STEINER, Rudolf, *La philosophie de la liberté*, Paris, Librairie Fischbacher, 1963.
* STEINER, Rudolf, *La science de l'occulte*, Paris, Triades, 1970.
* STEINER, Rudolf, *Théosophie*, Paris, Triades, 1962.

Publications externes

* DE PLAIGE, Didier et LEDUC, Jean-Marie, *Les nouveaux prophètes,* Paris, Buchet/Chastel, 1978, pp. 298-301.

* ELLWOOD, Robert S., *Religious and Spiritual Groups in Modern America,* Englewood Cliffs, N.J., Prentice-Hall, 1973, pp. 106-110.

* LARSON, Bob, *Larson's Book of Cults,* Wheaton, Illinois, Tyndale House Publ., 1983, pp. 369-370.

* MELTON, J. Gordon, *American Cult and Sect Leaders,* New York, Garland Publ., 1986, p. 278.

* MELTON, J. Gordon, *Cults in America,* New York, 1986, pp. 73-74.

TÉMOINS DE JÉHOVAH

Nom officiel du groupe

Watch Tower Bible and Tract Society of Pennsylvania ou Témoins de Jéhovah.

Le fondateur et les circonstances de fondation

Les Témoins de Jéhovah sont un groupe «Made in U.S.A.». Le fondateur, Charles Russell (1852-1916)*, américain, faisait partie de l'Église chrétienne adventiste.

Russell organisa en 1870, à l'âge de 18 ans, des cours de Bible à Allegheny (Pennsylvanie) où il prédisait la fin du monde pour 1874. Le mouvement «Les étudiants de la Bible» était né. Élu pasteur en 1876 par ses étudiants, Russell, homme illettré, publia une œuvre d'importance intitulée «La clé de la Bible».

Dans cette œuvre, il reprend ses calculs et fixe la fin du monde pour 1914, année où Jéhovah deviendra roi et où le millénium* sera inauguré.

Quelques années plus tard (juillet 1879) commença la parution des périodiques *La Tour de garde* et *Messager de la présence du Christ*. Puis en 1881, fut formée l'association Zion's Watch Tower Society qui devint la Watch Tower Bible and Tract Society. En 1909, l'œuvre de prédication prit un caractère international. Le siège social fut installé à Brooklyn, New York, où il se trouve toujours.

Puis arriva 1914! Grande déception: la fin du monde ne se produisit pas! Après la mort de Russell (1916), Joseph Franklin Rutherford prit la succession. Sa personnalité fit de lui un personnage légendaire, surtout à cause du mystère dont il savait s'entourer.

Rutherford dénonça le racket des Églises établies et interpréta la prédiction de Russell d'une façon nouvelle: 1914 n'était pas la fin du monde mais le début de la fin des temps. Cette année-là, un combat s'est livré au ciel, plus violent que la guerre qui sévissait en Europe. Satan fut précipité sur terre. Rutherford fixa donc la fin pour 1925. La chose ne s'étant pas réalisée, on parle maintenant du temps de la fin plutôt que de la fin des temps!

En 1931, les «Étudiants de la Bible» adoptèrent le nom de «Témoins de Jéhovah» pour bien indiquer qu'ils sont les témoins de Dieu et que Dieu est Jéhovah.

Le président actuel de la Société Tour de Garde est M. Frederick William Franz.

Enseignement et doctrine

Les Témoins de Jéhovah répugnent à la vision trinitaire de Dieu, car ils estiment que la Trinité est une invention humaine. Jésus n'est pas Dieu, il est le fils de Jéhovah qui sauve les êtres humains par son sacrifice volontaire.

Les Témoins affirment qu'il n'y a pas d'âme humaine spirituelle naturellement immortelle. C'est à cause de la désobéissance d'Adam que l'homme a été condamné à mort définitivement. À la mort, il ne subsiste rien de ce que nous sommes. Nous disparaissons totalement comme sujets personnels. La résurrection fera de nous des êtres nouveaux, radicalement différents de ce que nous aurons été avant notre mort.

D'après les Témoins, il y a deux résurrections: la première, qui est céleste, est réservée aux 144 000 élus destinés à devenir des créatures spirituelles et à s'associer au gouvernement de Dieu; la seconde, terrestre, assurera aux autres Témoins et aux gens de bonne volonté le bonheur parfait sur une terre renouvelée, un vrai paradis retrouvé. Au cours de ce millenium*, de ce règne de mille ans, ils auront une seconde chance de salut. À la fin, Satan sera déchaîné et ceux qui succomberont à ses séductions seront détruits à jamais. Il n'y a ni enfer, ni punition éternelle.

Les Témoins de Jéhovah sont tournés vers la fin du monde. 1914 marque la fin d'une ère et le début du règne du Christ qui livre bataille à Satan. Cette date marque la fin des nations païennes et l'entrée dans la période ultime de l'histoire humaine qui se terminera par la bataille d'Harmaguédon*.

Les Témoins se considèrent comme la seule vraie Église, théocratie parfaite. Ils accusent l'Église catholique d'être la Babylone et la Grande Prostituée. Toutes les religions sont des voies de perdition. Satan y est à l'œuvre, comme dans les autres institutions de ce monde: gouvernements, systèmes économiques, syndicats, armées, etc.

Culte et pratiques

Les Témoins de Jéhovah forment une religion non sacramentelle. On note un rejet farouche de tout symbole, de toute image, de tout culte à la Vierge et aux saints. Le seul rite pratiqué, c'est le baptême par immersion — qui n'est pas un sacrement. Signe de la conversion personnelle à Jéhovah, le baptême n'est pas administré avant l'âge de 13 ans.

Les Témoins rejettent toute forme de vie liturgique. Il y a une seule fête religieuse: la célébration de la mort de Jésus, le 14 Nisan. Les Témoins ne célèbrent aucun anniversaire personnel ou national.

Leurs rencontres, à la salle du royaume, sont extrêmement dénudées: conférences, cours bibliques, apprentissage de la prédication. La prière et le chant y occupent peu de place.

Du point de vue *éthique*, les Témoins vivent un radicalisme qui inscrit une rupture avec les autres Églises et avec la société. Il leur est interdit d'avoir des relations sociales avec les personnes qui ne font pas partie de l'organisation et de fréquenter les lieux profanes de culture et de loisir, et de pratiquer le sport de la chasse et de la pêche.

Le vrai Témoin ne fume pas, ne boit pas, ne prend pas de drogue, ne porte pas la barbe, et refuse de faire le salut au drapeau, de voter et de faire le service militaire. C'est une personne austère qui pratique une morale sexuelle très stricte, se moque de la mode et se méfie des études et de la science.

Les Témoins de Jéhovah proscrivent la transfusion de sang et la consommation de viande contenant du sang, comme le boudin. Alors que l'interdiction de manger le sang est ancienne, celle de la transfusion est assez récente. On la trouve mentionnée pour la première fois dans le *Watch Tower* de juillet 1945.

Expansion dans le monde

En 1987, les Témoins de Jéhovah avaient des prédicateurs dans plus de 208 pays, et comptaient 90 filiales (sièges sociaux) à travers le monde.

Nombre de congrégations pour les 208 pays:	52 177
Nombre de congrégations au Canada:	1 189
Nombre total de prédicateurs baptisés:	3 339 022
Nombre total de prédicateurs au Canada:	88 130
Assistances au mémorial; total mondial:	8 160 597
Assistances au mémorial; total canadien:	161 820

Au Québec en 1984, les Témoins de Jéhovah avaient 189 congrégations, dont les deux tiers étaient situées à Montréal. Une congrégation peut compter 100-125 prédicateurs. En 1987, la croissance du membership au Québec a été de 10%.

Des Témoins de Jéhovah est issue la secte millénariste «Les Amis de l'homme» fondée en 1920 par Alexandre Freytag. Cette secte compte quelques membres au Québec.

Organisation

La *congrégation*: composée de 100-125 prédicateurs, dirigée par environ trois anciens, assistés de quatre serviteurs ministériels.

La *circonscription*: composée de 20 congrégations géographiquement rapprochées et dirigée par le Surveillant de circonscription.

Le *district*: composé de 60 congrégations rapprochées géographiquement et dirigé par le Surveillant de district.

La *filiale*: connue comme le «Béthel» ou siège social local. Le Béthel canadien est situé à Georgetown en Ontario. Les Béthels sont dirigés par le Collège Central situé à Brooklyn.

Le *Collège Central*: organe directeur de l'organisation mondiale. Il est composé de 18 membres. Le Collège est responsable de toutes les publications et de l'enseignement éthique et biblique à toutes les congrégations. Le mandat du président est renouvelé chaque année. Le Collège dirige les 90 filiales et l'école de formation missionnaire «Galaad».

Réunions

Les *congrégations* se réunissent 3 fois la semaine pour un total de 5 heures d'étude biblique et de formation à la prédication.

La *circonscription* se réunit deux fois l'an pour une fin de semaine de ressourcement biblique.

Le *district* réunit ses membres une fois l'an pour un congrès de 4 jours. Lors de ces rassemblements, les nouveaux baptisés sont accueillis dans la famille des Témoins de Jéhovah.

Mode de recrutement

Le porte-à-porte: chaque homme témoin reçoit une formation de plusieurs années pour devenir prédicateur alors que les femmes ne sont formées que pour le porte-à-porte.

Une fois recruté le membre potentiel doit suivre un cheminement précis pour devenir Témoin à part entière: il doit s'appliquer à une étude biblique individuelle, accompagné d'un Témoin; il lui faut assister, chaque semaine, aux 5 heures de réunion de groupe à la Salle du Royaume; il doit faire du porte-à-porte de façon régulière; il doit envoyer une lettre d'apostasie à l'Église catholique, s'il y a lieu; enfin, il reçoit le baptême s'il réussit l'examen prébaptismal. Les démarches peuvent s'échelonner sur quelques mois ou quelques années, selon les progrès de la personne dans sa connaissance de la Bible.

Ressources financières

Les principales sources de revenu sont: 1) les dons volontaires et les legs testamentaires de la part des membres; 2) la vente des périodiques *Tour de Garde* et *Réveillez-vous,* ainsi que des auxiliaires bibliques. De plus, on suggère aux membres de verser une dîme de 10% de leur revenu annuel.

Périodiques

Tour de garde;

Réveillez-vous;

Auxiliaires bibliques; un nouveau livre est publié chaque année.

Registres civils

Depuis un an environ, au Québec, les Témoins peuvent célébrer des mariages. Toutes les autres provinces du Canada accordaient cette permission aux Témoins depuis plusieurs années. Il n'y a aucun registre de baptême ou de décès.

Justice

C.T. Russell fit face à quelques procès au début des années 1900. Ex.: son procès en divorce; la vente de blé miraculeux.

À l'époque de la première guerre mondiale, plusieurs membres de l'organisation allèrent en prison pour avoir pris position contre le Gouvernement et l'armée américaine.

Au Québec, sous le gouvernement Duplessis, les Témoins eurent des démêlés avec la justice, puisqu'il leur était interdit de prêcher. Ex.: l'affaire Roncarelli.

Bibliographie

Publications internes

* *La vérité qui conduit à la vie éternelle,* New York, Watch Tower Bible and Tract Society, 1968, 190 p.

* *Vous pouvez vivre éternellement sur une terre qui deviendra un Paradis,* New York, Watchtower Bible and Tract Society, 1982, 255 p.

Publications externes

* BLANDRE, Bernard, *Les Témoins de Jéhovah, un siècle d'histoire,* Paris, Desclée de Brouwer, 1987, 142 p.

* BOA, Kenneth, *Cults, World Religions, and You,* Wheaton, Illinois, Victor Books, 1980, pp. 73-81.

* BOTTING, Heather et Gary, *The Orwellian World of Jehovah's Witnesses,* Toronto, University of Toronto Press, 1984, 212 p.

* CHERY, H.-Ch., *L'offensive des sectes,* Coll. Rencontres n° 44, Paris, Cerf, 1961, pp. 44-46, pp. 171-197.

* CLARK, B., *La Bible dénonce les erreurs des Témoins de Jéhovah,* Ass. Viens et Vois, 1982.

* COLINON, Maurice, *Le phénomène des sectes au XXième siècle,* Coll. Je sais. Je crois, n° 139, Paris, Fayard, 1959, pp. 23-33.

* DE PLAIGE, Didier et LEDUC, Jean-Marie, *Les nouveaux prophètes,* Paris, Buchet/Chastel, 1978, pp. 313-315.

* ENROTH, Ronald (al.), *A Guide to Cults and New Religions,* Downers Grove, Illinois, Inter Varsity Press, 1983, pp. 103-116.

* HÉBERT, Gérard, *Les Témoins de Jéhovah,* Montréal, Bellarmin, 1960, 228 p.

* JASMIN, Damien, *Les Témoins de Jéhovah,* Coll. de l'Institut Pie XI, Montréal, Lumen, 1947, 189 p.

* LABRECQUE, Claude, *Les voiliers du crépuscule,* Montréal, Éditions Paulines, 1986, pp. 80-85.

* LARSON, Bob, *Larson's Book of Cults,* Wheaton, Illinois, Tyndale House Publ., 1983, pp. 146-151.

* LONGTON, Joseph, *Fils d'Abraham,* Coll. Fils d'Abraham, Turnhout, Belgique, Brépols, 1987, pp. 228-231.

* MARTIN, Walter, *The Kingdom of the Cults,* Minneapolis, Bethany Fellowship, 1977, pp. 34-110.

* MEGET, Christian, «Sectes et prophètes du 20ième siècle», dans *Historama,* n° hors-série 36, (oct. 1978), pp. 47-54.

* MELTON, J. Gordon, *American Cult and Sect Leaders,* New York, Garland Publ., 1986, pp. 243-245.

* MELTON, J. Gordon, *Cults in America,* New York, Garland Publ., 1986, pp. 222-223.

* NOËL, Lucie, *Pouvoir, régulation, et condition féminine au sein d'une collectivité sacrale contemporaine: Le cas des Témoins de Jéhovah au Québec,* Thèse en Science Politique, Québec, Université Laval (M.A.), 1985, 174 p.

* PENTON, James, *Apocalypse Delayed,* Toronto, University of Toronto Press, 1986, 400 p.

* PIETTE, Christian, *Lumière sur les Témoins de Jéhovah,* Belgique, Éditions de la Littérature, 1982.

* ROCHETTE, Jean, *Qui croire? Essai sur les nouvelles religions,* Saint-Georges-de-Beauce, Éditions Jean Rochette, 1983, pp. 225-238.

* SANDRI, Dominique, *À la recherche des sectes et sociétés secrètes d'aujourd'hui,* Paris, Presses de la Renaissance, 1978, pp. 133-166.

   SCHNELL, William J., *30 ans — Esclave de la Tour de Garde,* Michigan, Baker Book Store, 1984.

* VERMANDER, Jean-Marie, *Des sectes diablement vôtres*, Paris, Socéval, 1981, pp. 56-59.
* VERRIER, H., *L'Église devant les Témoins de Jéhovah*, Raismes (France), Éditions Polyglottes, 1957, 234 p.
* WESLEY, Walters, et GOEDELMAN, Kurt, «Jehovah's Witnesses» dans: Ronald Enroth: *A Guide to Cults and New Religions*, Downers Grove, Intervarsity Press, 1983, pp. 103-116.

ANNEXES

GLOSSAIRE

Abbas Efendi (Baha'isme): Abdul-Baha (1844-1912), fils aîné de Baha'Allah et successeur du fondateur de la Foi Universelle Baha'ie; il meurt à Hayfa en 1912 et est enseveli près du Bab*.

adventisme: du latin *adventus*, désigne un mouvement ou une doctrine centrée sur l'attente du Retour imminent de Jésus à la fin des temps.

âme (Eckankar): le corps spirituel, exempt du caractère aberrant des quatre (4) autres corps (physique, astral, causal, mental et éthérique), indestructible et permettant à la personne qui en saisit le mouvement de se déplacer plus vite que la lumière.

Apocalypse: Le mot apocalypse est la transcription littérale d'un mot grec (apokalupsis), dérivé lui-même d'un verbe (apokaluptein) qui signifie: dévoiler, enlever le voile qui couvre une chose et la cache. Une apocalypse est donc essentiellement une révélation faite aux hommes pour leur donner le sens caché de ce qu'ils vivent ou de ce qui va arriver, à la lumière de la foi.

L'*Apocalypse* de Jean, par exemple, a été écrite à l'intention des chrétiens persécutés du premier siècle de notre ère. Voilant son message sous de nombreux symboles (bêtes à cornes, cavaliers, couleurs, chiffres, etc.), l'auteur passe un message d'espérance: malgré les persécutions de Satan et des Romains (le Dragon et la Bête), les chrétiens défunts (les 144 000 compagnons de l'Agneau) participent déjà au triomphe du Christ, et c'est l'Église (la Jérusalem céleste) qui remplacera finalement Rome (Babylone).

Mais l'apocalypse est plus qu'un livre du Nouveau Testament, c'est aussi un genre littéraire qu'on retrouve ailleurs dans la Bible.

Un genre littéraire est une façon de s'exprimer selon une forme plus ou moins fixée par l'usage. Le genre littéraire apocalyptique est une façon particulière de s'exprimer qu'ont utilisée certains auteurs de la Bible, et même en dehors de la Bible.

Le genre littéraire apocalyptique est né en Israël, après la prise de Jérusalem et la captivité des Juifs à Babylone. Les principaux écrits apocalyptiques de l'Ancien Testament sont: *Ezéchiel* 38-39; *Zacharie*; *Isaïe* 24-27; *Daniel*. Les principaux passages apocalyptiques du Nouveau Testament, en dehors de l'*Apocalypse* elle-même, sont: *Marc* 13; *1 Thessaloniciens* 4, 13-18; *2 Thessaloniciens* 1-2; *Matthieu* 24; *Luc* 21.

Les nombreux symboles utilisés dans les apocalypses, particulièrement dans l'*Apocalypse* de Jean, en font des passages demandant une certaine interprétation pour être bien compris. Les sectes, en les interprétant à la lettre, en font souvent la base de leurs doctrines.

apostasie (mouvement raëlien): acte posé par tout Raëlien dans un document écrit qu'il fait parvenir à l'institution religieuse ou spirituelle antérieure pour lui signifier officiellement son abandon.

arahatas (Eckankar): les enseignants des classes Eck-satsang.

athéologie (mouvement raëlien): à titre de religion athée le raëlisme se veut à la fois la continuité et l'achèvement du christianisme. L'essentiel de la doctrine athéologique du raëlisme, se résume dans la science et l'infini dont la valeur de base se nomme l'amour.

auditing (Église de scientologie): technique présente dans la dianétique* qui a pour but d'effacer les engrammes* en faisant revivre aux personnes les moments de douleurs déjà éprouvés.

Ayar-védisme (A.I.M.T.): une médecine préventive qui favorise un prolongement et une meilleure qualité de vie.

Bäb (Baha'isme): signification: la «Porte». Surnom donné à Mirza Ali Muhammed (1819-1850) qui annonce en 1844 la venue prochaine du «Grand Éducateur Universel».

Baha ' Allah (Baha'isme): s'écrit aussi Baha ' U' llah, l'autre nom de Husayn Ali (1817-1892) et qui porte la signification de «Gloire de Dieu» et se révélant comme celui qui est annoncé par Bab*.

Bhaktivedânta Prabhupâda (1896-1977) (A.I.C.K.): nom d'initiation d'Abhay Charan De, alors disciple de Bhaktisiddhânta et qui fonda la revue «Back to Godhead». Il traduisit la Bhagavad-Gîtâ et le Shrîmad Bhagavatam pour le public anglophone. En 1965 il débarqua à New York pour y répandre l'Association internationale pour la Conscience de Krishna, authentique surgeon de l'hindouisme implanté en Amérique.

Bhaktivinoda Thâkmur (1838-1914) (A.I.C.K.): appartenait à une riche famille de tradition caitanyenne et traduisit en bengali, et parfois en anglais, les textes les plus importants de la Tradition krishnaïte. Il en fit aussi les commentaires.

bhedâbheda (A.I.C.K.): doctrine de la distinction et de la non-distinction qui refuse la doctrine de Shankara pour qui les âmes se confondent en réalité avec le Brahman impersonnel. La bhedâbheda soutient que les êtres vivants sont d'infinies parcelles de l'Être suprême.

cabalistique: Qualificatif de ce qui se rapporte à la Cabale. La Cabale, ou Kabbale, est une tradition juive donnant une interprétation mystique et allégorique de l'Ancien Testament. On applique aussi le nom de Kabbale à une science occulte qui prétend faire communiquer ses adeptes avec des êtres surnaturels. Cabalistique prend alors le sens de magique, ésotérique (voir ce mot).

caitanya (A.I.C.K.): conscience du Seigneur suprême qui s'étend à la totalité des êtres.

caitanyacaritamrita (A.I.C.K.): texte sacré du krishnaïsme.

Caitanya Mahâprabhu (A.I.C.K.): un réformateur de la religion vishnouïte* au Bengale (Inde) au XVe siècle et rattaché à l'enseignement de Shankara (VIIIe siècle). Avant d'être un renonçant il s'appelait Vishvambhara Mishra.

calendrier lunaire (Baha'isme): calendrier de dix-neuf mois et de dix-neuf jours observé par les Baha'is. Ils se réunissent le premier jour de chacun des dix-neuf mois pour faire des lectures, des prières, des travaux administratifs et pour partager un repas.

concordisme: Tendance dans l'interprétation de la Bible qui consiste à chercher dans les textes bibliques des objets, des événements, des mentalités qui nous sont contemporains. On lit la Bible avec nos yeux d'aujourd'hui, on l'interprète avec des critères actuels, sans replacer les textes dans leur contexte. Par exemple, on a tenté d'expliquer que si les gens tombaient morts en touchant l'Arche d'Alliance, c'est parce que celle-ci était en fait une... pile électrique! Ou encore, on a essayé d'harmoniser les six jours de la Création avec six périodes géologiques pour prouver que la science ne contredisait pas la Bible...

congrégationalisme: Ce terme peut avoir deux significations, suivant qu'on l'applique à un courant de la Réforme ou à une Église particulière. *Comme courant de la Réforme,* le congrégationalisme est typique des Églises inspirées de Calvin. Celui-ci s'opposait à la hiérarchie catholique et à la division des fidèles entre clercs et laïcs. Alors division des fidèles entre clercs et laïcs. Alors que d'autres Églises issues de la Réforme allaient garder la structure évêques-prêtres-fidèles (l'anglicanisme et le luthéranisme, par exemple), l'Église réformée de Calvin et les Églises qui en sont issues se caractérisent par une absence de hiérarchie. Tous les fidèles sont égaux, et si certains sont plus aptes à enseigner que d'autres (les pasteurs), ils n'ont pas de privilèges spéciaux et ne forment pas une classe différente des laïcs.

Comme Église, l'Église congrégationaliste a constitué une branche de l'Église réformée calviniste dès le début de la Réforme. Jamais très nombreuse, elle s'est réunie pour de bon aux Réformés calvinistes en 1971.

connaissance primordiale: Les groupes de connaissance absolue postulent généralement l'existence d'une connaissance primordiale, c'est-à-dire d'un savoir initial a priori, d'une connaissance originelle intemporelle, d'une science ancienne intégrale remémorée. La connaissance est réminiscence. La mémoire des origines est la connaissance par excellence. C'est pourquoi beaucoup de groupes de connaissance absolue tentent de s'aboucher avec cette connaissance «perdue»: adamique, noétique, pharaonique, druidique, celtique, etc.

corps causal (Eckankar): lieu où les archives de toutes nos expériences passées sont conservées.

le corps mental et éthérique (Eckankar): les domaines du subconscient et de l'inconscient que nous expérimentons dans les rêves.

corps astral (Eckankar): le lieu des sentiments et des émotions.

corps physique (Eckankar): le corps perçu par nos sens: la vue et le toucher.

dianétique (Église de scientologie): science moderne de la santé mentale mettant de l'avant une nouvelle thérapie accessible à tous.

Eck: dans la science secrète du voyage de l'âme (Eckankar) c'est une force comparable par similitude à celle de l'Esprit Saint qu'on retrouve dans la doctrine chrétienne. C'est un courant cosmique qui peut être entendu en tant que son et vu en tant que lumière.

Eck-satsang (Eckankar): les classes où sont donnés les enseignements du Maître Eck par des Arahatas.

Église: Du grec *ekklesia*, assemblée. Il nous a été un peu difficile de définir l'Église et les Églises. Nous avons finalement adopté le critère suivant: est considérée comme Église toute communauté qui accepte le dialogue œcuménique afin de reconstituer l'unité primitive du Corps du Christ. Sont donc considérées ici comme Églises: l'Église catholique, les Églises orthodoxes, les Églises issues de la Réforme (dites protestantes) et l'Église anglicane.

Élohim (Mouvement raëlien): des Extra-terrestres créateurs de l'humanité.

Engramme (Église de scientologie): du grec *en* «dans», et *gramma* «caractère, trait». Psycho: trace laissée dans le cerveau par un événement du passé individuel (ROBERT, Paul, *Dictionnaire alphabétique et analogique de la langue française,* Paris, SNL, 1979, p. 646); «poche d'ombre» enfouie dans le mental réactif à la suite de douleurs physiques ou mentales subies au cours de la vie. Les «engrammes» enregistrés dans le mental réactif obscurcissent la lucidité et la rationalité et nuisent ainsi à la personnalité.

épistémologie: Critique de la connaissance de caractère scientifique, en vue de déterminer la valeur de ses principes et de ses postulats.

eschatologie: Du grec *eschaton,* signifiant dernier, l'eschatologie est l'étude des réalités ultimes, finales. Au sens chrétien, l'eschatologie est l'étude du but de l'univers et de l'homme, tel que voulu par Dieu. Cette étude englobe tout ce qui a trait à la Parousie (voir ce mot), à la résurrection, à la vie éternelle et à la séparation éternelle d'avec Dieu.

L'eschatologie chez les sectes met souvent l'emphase sur le règne de mille ans du Christ (voir millénarisme): c'est souvent ce à quoi on fait référence quand on parle de l'eschatologie des sectes.

Ésotérisme: L'ésotérisme est une doctrine selon laquelle la connaissance est réservée à un petit cercle d'initiés. Par le fait même, ce qui est important pour l'ésotérisme, c'est l'aspect caché, étrange, mystérieux des choses. Les gnoses et les sciences occultes (voir ces mots) se servent souvent de l'ésotérisme dans leurs doctrines.

Du grec *esoterein* qui signifie «faire entrer», «passer de l'extérieur à l'intérieur», l'ésotérisme est un point de vue sur le réel selon lequel l'essence et la vérité d'une chose sont cachées par les apparences: la lettre cache l'esprit, la forme cache l'essence, l'extérieur cache l'intérieur.

On n'atteint à la vérité qu'en niant ou qu'en dépassant les apparences. L'ésotérisme est aussi un mode de connaissance selon lequel le sujet connaissant n'est pas dissocié de l'objet connu.

On parvient à cette connaissance par intuition illuminative, appelée révélatrice, par la clairvoyance et par l'initiation». (BERGERON, Richard, «La transmission de la foi dans les nouvelles religions», *Nouveau Dialogue*, 46, septembre 1982, p. 6.)

Évangéliques, Églises: le qualificatif «évangélique» est revendiqué par des Églises qui affirment par là garder, contrairement à celles dont elles sont issues, les Évangiles comme seule base ou norme de leur foi. Leur lecture est souvent fondamentaliste et ne tient pas compte d'une analyse exégétique sérieuse.

Dans les groupes germaniques, le mot recouvre l'adjectif français «protestant» et s'oppose à «catholique». Dans les pays latins, il désigne ou bien une Église protestante (ainsi l'Église évangélique luthérienne de France) ou bien des communautés hostiles à un œcuménisme trop poussé qui se ferait au détriment de la pureté doctrinale (ainsi l'Église réformée évangélique indépendante). (*Encyclopedia Universalis*, vol. 10, p. 66.)

Fondamentalisme: Tendance dans l'interprétation de la Bible qui consiste à prendre pour acquis que tout ce qui y est écrit doit être pris au sens littéral. Le fondamentalisme se base sur le principe que la Bible est inspirée *directement* de Dieu, et donc exempte de toute erreur.

Tout le contenu de la Bible y est mis sur le même pied; rien de ce qui y est dit ne peut être questionné par la science, l'histoire, l'ethnologie ou l'archéologie. Les symboles utilisés sont pris au pied de la lettre, et tout ce qui est écrit dans la Bible peut se transposer directement dans la vie des croyants d'aujourd'hui.

Par exemple, les symboles de l'apocalypse (voir ce mot) sont souvent pris au pied de la lettre par les sectes: ce qui leur fait dire qu'il n'y aura que 144 000 élus, que le Christ viendra régner 1 000 ans sur terre avant le Jugement dernier, etc.

Plusieurs Églises et sectes américaines fondamentalistes ont ainsi intenté un procès, afin que seule la théorie biblique de la Création, interprétée littéralement, soit enseignée dans les écoles. Par conséquent, toute allusion à la théorie de l'évolution doit être évitée, sinon pour dire qu'elle est une «invention de l'homme», et non une «œuvre de Dieu».

La popularité des groupes qui interprètent la Bible de façon fondamentale (Baptistes, Témoins de Jéhovah, Adventistes, etc.) est probablement due à la simplicité du fondamentalisme. En transposant directement dans la vie ce qui est écrit dans la Bible, sans chercher à l'interpréter et à l'actualiser, on enlève aussi l'effort rattaché à cette interprétation.

Gaudîya Matha (A.I.C.K.): une institution destinée à répandre en Inde l'enseignement de Caitanya Mahâprabhu*, fondée par Bhaktisiddhânta Sarasvatî (1874-1936), fils de Bhaktivinoda Thâkmur.

géniocratie (mouvement raëlien): les génies au pouvoir d'un gouvernement mondial réalisant les conditions nécessaires pour prouver hors de tout doute que l'humanité est enfin prête à accueillir les Élohim*.

Gnose: Le mot gnose vient du grec *gnôsis,* qui signifie connaissance. Proposant un salut par l'acquisition de connaissances, la gnose met l'emphase sur le développement des profondeurs secrètes de l'homme, de ses facultés latentes.

C'est un tendance que l'on rencontre à toutes les époques de l'histoire des religions, et qui peut se trouver dans n'importe quelle religion. Dans plusieurs gnoses, on prétend que les nouveaux venus peuvent conserver leur religion, que la gnose sera même utile pour atteindre le sommet de leur religion. Mais, de fait, les gnoses proposent *leur* vision de Dieu et du monde. Elles sont donc, d'une certaine façon, plus subtiles que les sectes, et aussi plus dangereuses.

La gnose propose un mépris pour la vie matérielle. Le gnostique n'appartient pas au monde actuel, il en est prisonnier car son moi profond vient d'ailleurs. Le salut est accompli quand l'esprit (le moi) est libéré de la matière.

Le temps est une illusion: il faut dépasser les formes historiques. Le seul temps important est le temps primordial. On s'intéresse beaucoup aux anciennes civilisations disparues (Égypte antique, Amérique précolombienne, Orient ancien). La vision du temps est plus cyclique que linéaire. Par les diverses réincarnations, il faut revenir à l'origine et boucler la boucle du temps.

La connaissance s'obtient par révélation. Il y a eu une révélation au début des temps. Elle vient «d'ailleurs», et a été donnée par des extra-terrestres ou des demi-dieux.

Malheureusement perdue pour l'ensemble, la révélation n'est conservée que dans des petits cercles. Mais elle est «enterrée» par des centaines de réincarnations (i.e. générations), il faut donc une nouvelle révélation. Dans les temps modernes, c'est le Maître qui aide à vivre cette révélation, par l'initiation qui conduit à l'illumination, par des expériences de conscience de soi de plus en plus profondes. La gnose a donc pour but ultime la contemplation.

La plupart des gnoses sont syncrétistes, c'est-à-dire qu'elles sont un mélange de plusieurs doctrines. Les Rose-Croix en sont un exemple fameux car ils fusionnent des éléments antiques, chrétiens et ésotériques.

«Comme type religieux, la gnose est une voie d'expérience 'mystique' qui introduit l'homme dans la connaissance de la réalité ultime. Cette connaissance n'est pas un savoir philosophique, théologique ou scientifique. Elle est une sagesse et une mystique. La connaissance gnostique est de l'ordre de l'intuition et de l'illumination. Elle est une autorévélation par laquelle l'homme prend conscience, se ressouvient de son moi profond et divin.

Dans cette connaissance qui se veut une communion du sujet connaissant à l'objet connu, l'homme découvre qu'il est, au fond, une étincelle divine, un fragment émané de Dieu. Tous les groupes gnostiques contemporains ont pour caractéristique commune et spécifique la connaissance du moi transcendantal et divin, emprisonné dans le monde des apparences. Dans son essence, l'homme est un fragment divin tombé du ciel sur une terre hostile. Le mal consiste dans l'ignorance de cette vérité ultime: l'homme est divin. Comme dit le poète, l'homme est un dieu déchu qui se souvient des cieux. Cette ignorance de son identité divine est pour l'homme la source de tous les maux. C'est le mal primordial dont tous les malheurs découlent.

Le salut consistera pour l'homme dans la connaissance expérimentale de sa propre nature divine. Tous les groupes gnostiques présentent un système doctrinal et un appareil de techniques pour conduire l'adepte à cette prise de conscience de sa propre divinité.

L'*ésotérisme* est une coordonnée fondamentale de la connaissance gnostique.» (BERGERON, Richard, «La transmission de la foi dans les nouvelles religions», *Nouveau Dialogue*, septembre 1982.)

Gœtheanum: c'est l'Université Libre de Sciences Spirituelles, particulièrement chargée de répandre l'Anthropologie à travers le monde par ses congrès en diverses disciplines: médecine, arts, pédagogie, sciences, développement social, etc. Les congrès ont lieu à Dornach (en Suisse, canton de Soleure à 8 km de Bâle).

Groupes de développement du potentiel humain: Ces groupes s'adressent à tout ce qui touche l'esprit humain, ses facultés et son potentiel. Non religieux à prime abord, ces groupes semblent offrir à quiconque, croyant ou non, une occasion de développer son potentiel psychique, par l'emploi de diverses techniques.

Cependant, leurs apparences (et bien souvent, la portée profonde de leur doctrine) étant souvent religieuses, nous sommes amenés à en parler ici. La Méditation transcendantale est un de ces groupes qui, sous couvert de relaxation et de méditation, propose en fait une vision du monde différente de la vision chrétienne.

Se centrant sur la personne et sa subjectivité, les groupes de développement du potentiel humain (PSI) promettent une puissance psychique pour contrôler les autres, soi-même et même l'environnement. Ces techniques, souvent présentées comme originaires d'Asie, sont si déformées et adaptées à la «sauce américaine» que souvent les vrais asiatiques ne les reconnaissent pas. Des thérapeutiques psychologiques occidentales (cri primal, rebirthing, rolfing, etc.) ou des techniques parapsychologiques (clairvoyance, télépathie, précognition, etc.) sont aussi souvent utilisées. Leur popularité peut s'expliquer par leur caractère exotique.

Han-hak-ja: en 1960, elle devient l'épouse de Sun Myung Moon. Leur union serait la seule authentique de toute l'histoire du monde et inaugurait par le fait même une ère nouvelle. Les adeptes considèrent ce mariage comme «les noces de l'Agneau» (Apocalypse 19, 7).

Harmaguédon (bataille d'): selon les Témoins de Jéhovah l'histoire humaine se terminera par la bataille d'Harmaguédon. Nous serions actuellement dans la phase finale précédant cet événement ultime.

Hyung Sang: la force extérieure, un des deux éléments qui composent Dieu selon la doctrine de l'Église de l'Unification. Le Hyung Sang représente les attributs extérieurs de Dieu et est à l'origine de la matière: le corps de l'homme, celui des animaux et des plantes et de la matière inorganique.

Hu: son divin qui, avec la pensée imaginative et la lumière cosmique, constituent les trois pôles principaux du système d'Eckankar.

imposition des mains (Association des chercheurs en sciences cosmiques du Québec Inc.): Unique rituel pour attirer les ondes positives et éloigner les énergies négatives dans l'acquisition d'une santé resplendissante et épanouissante.

incarnation: Voir «Réincarnation et Incarnation».

Israël Soodo Won: «Le monastère d'Israël» situé à Paju, au nord de Séoul et fondé par Paik Moon Kim qui enseignait une doctrine eschatologique. Sun Myung Moon, fondateur en 1954 de l'Église de l'Unification, y a séjourné six mois en 1946.

jîva (A.I.C.K.): les êtres vivants participant de la même Conscience suprême (caitanya*), mais réellement distincts d'elle.

kâla (A.I.C.K.): le temps éternel, une des formes de l'Être suprême, celle qu'il prend pour consumer toutes choses.

karma (A.I.C.K.): l'action engendre des effets qui peuvent avoir leur source dans des vies antérieures, mais elle n'est pas éternelle. Par le karma l'âme peut prendre conscience de sa vraie nature pure, briser la chaîne des réincarnations et s'unir enfin à son Seigneur.

Karma ou Karman: «Karma, dans les philosophies de l'Inde, l'acte et ses conséquences, son fruit, qui par une force dynamique et presque magique enchaînent l'homme dans la série des transmigrations jusqu'à la délivrance (moksha), qui, dans le bouddhisme peut être le nirvana. Dans l'hindouïsme, loi cosmique de relation de cause à effet et de rétribution quasi mécanique des actes: l'homme est le créateur de son propre destin. C'est la justice immanente. On peut accéder à la 'délivrance' par diverses voies, dont le karma-marga (la 'voie des œuvres') en accomplissant les devoirs imposés par les lois de la religion et de la caste.» (THIOLLIER, M.-M., *Dictionnaire des religions*, Paris, Larousse, 1971, pp. 209-210.)

Kitab-i Akdas (Baha'isme): le «Livre très saint» écrit par Baha'Allah durant sa détention à Saint-Jean-d'Acre (en Palestine actuelle).

Krishna (A.I.C.K.): l'incarnation de Vishnou*.

Kundalini (Centre de Méditation Siddha): n.f. forme cosmique endormie à la base de la colonne vertébrale pouvant être éveillée par la transmission de la force spirituelle dans l'exercice de la méditation présidée par un maître spirituel Siddha*.

« le Soi » (Centre de Méditation Siddha): dans la tradition Siddha la source de divinité intérieure, l'essence de notre être, la source paix, d'harmonie et d'amour s'appelle « le Soi ». Seule la méditation purificatrice peut révéler « le Soi » à nous-mêmes.

Maharishi Mahesh Yogi (1920-): né à Jubbelpore en Inde, disciple de Swami Brahmananda Saraswati, appelé aussi Guru Dev (1868-1953), il se retira, à la mort de ce dernier, à Rishibesh, une ville située au pied de l'Himalaya. Il y fonda un « Mouvement du Renouveau Spirituel » qui deviendra l'Association internationale de Méditation transcendantale.

Mahdis (Eckankar): les initiés du cinquième plan qui rendent possibles les enseignements du Eck dans le public.

mantra (Méditation transcendantale): puisé dans le sanskrit, c'est un son dépourvu de sens mais possédant des qualités vibratoires spécifiques permettant de rejoindre les vibrations du verbe primordial dans les plans subtils.

mantra (Centre de Méditation Siddha): technique de la répétition de paroles sacrées ou de sons cosmiques mystiques qui ont le pouvoir de transformer et de protéger la personne qui les prononce.

Méditation: « Méditation, comme l'oraison, concentration de l'esprit, mais de caractère plus intellectuel, sur un sujet philosophique ou religieux. La méditation mène non à l'extase émotive, mais à une pensée éclairée. Elle est l'effet d'une évolution spirituelle. Pour les occidentaux elle porte sur les vérités éternelles et des passages de la Bible, tandis que pour les fidèles des religions d'Asie elle est une vision pénétrante de la vie dans sa réalité, donnant la connaissance de soi-même et délivrant l'esprit des contingences et du désir.

Dans la forme indienne, la méditation (dhyana) est une concentration spirituelle d'une force efficace qui atteint son plus haut degré avec le bouddhisme, où l'examen de l'enchaînement des causes et des effets conduit à la connaissance de la vacuité des choses, à la sérénité et souvent à l'illumination.

Dans le bouddhisme, le zen est une discipline religieuse qui devient une fin en soi, une expérience immédiate suprarationnelle. Elle cherche à faire jaillir l'étincelle par l'intuition. Pour les lamaistes elle s'appuie plutôt sur le mandala.

Dans l'hindouïsme, elle complète les techniques du yoga (dans le yoga de la connaissance, ou « Jnana Yoga »). Une certaine position est nécessaire: celle qui est la plus adéquate est la posture dite « lotus » (padmasana); elle établit l'équilibre du corps, le calme des sens et la tranquillité d'esprit par la rectitude de la colonne vertébrale, qui met le corps en harmonie avec l'axe du monde. Dans les monastères chrétiens les moines méditent dans leur cellule ou dans une chapelle. Dans les monastères zen, il y a une salle de méditation qui est entourée d'une estrade sur laquelle des tatami (nattes de pailles de riz) délimitent la place accordée à chaque moine (qui y médite les jambes repliées dans une attitude hiératique) il y reste pour dormir quand le maître de la méditation permet un instant de sommeil. (THIOLLIER, M.-M., *op. cit.*, pp. 245-246.)

méditation raëlienne: rééducation complète afin d'en arriver à une autoréalisation dans les trois plans: sexuel, philosophique et professionnel.

Millénarisme: Le millénarisme, ou doctrine du Millénium (mot latin signifiant «mille ans») est ce règne de mille ans du Messie attendu par les millénaristes (Témoins de Jéhovah, Adventistes, Pentecôtistes, etc.), pour qui le Christ reviendra régner mille ans sur terre avant le Jugement dernier. Alors que certains groupes ont tendance à avancer des dates (les Témoins de Jéhovah, particulièrement, en ont proposé plusieurs), d'autres se contentent d'affirmer que «les temps sont proches» (par exemple les Pentecôtistes). Cette doctrine était courante chez les chrétiens des premiers siècles: petit à petit, l'Église catholique a compris que c'était un symbole, et l'a interprété comme tel.

millénium: règne de mille ans de Jésus avec ses élus dans le ciel. Ce règne sera instauré à son retour imminent à la fin des temps.

Monothéisme: Le monothéisme est la croyance en un Dieu unique. Trois grandes religions sont monothéistes: le judaïsme, le christianisme et l'islamisme. Monothéisme s'oppose à polythéisme (croyance en plusieurs dieux). Les principales religions polythéistes sont: l'hindouïsme, le bouddhisme, le shintoïsme (au Japon) et l'animisme (peuples primitifs).

Mouvement de réveil (revival): On appelle «mouvements de réveil» (en anglais «revival») des groupes qui, tout en demeurant parfois dans le sein d'une Église déjà constituée, s'en démarquent par une plus grande ferveur, soit au plan mystique (Pentecôtistes), soit au plan social (Armée du Salut), se voulant ainsi un retour aux sources du christianisme.

Bien que parfois, comme nous l'avons dit, les mouvements de réveil restent dans l'Église qui les a vus naître (ainsi plusieurs pentecôtistes baptistes ou luthériens), le plus souvent ils en viennent à se séparer. Ainsi, les Quakers, au XVIIe siècle, se séparèrent de l'Église anglicane; l'Armée du Salut, sous la conduite du général Booth, forma une «Église distincte» en 1878. Les mouvements de réveil sont caractéristiques des Églises issues de la Réforme. Cependant, leur désir positif d'être des éveilleurs de conscience pour leur Église se retrouve aussi chez certains catholiques, ainsi la J.O.C., la Légion de Marie, la Conférence Saint-Vincent-de-Paul.

Nouri (Eckankar): la lumière du Sugmad que l'adepte doit s'habiliter à percevoir s'il veut vivre dans les royaumes spirituels les plus élevés.

Parousie: Le terme *parousia*, présence, désignait l'entrée joyeuse d'un cortège dans une capitale. L'Ancien Testament l'utilise pour désigner les visites de Dieu à son peuple et aux autres peuples. Les chrétiens ont repris le terme, en lui attribuant le sens du second avènement attendu du Christ glorieux à la fin des temps.

piétisme: Au sens étroit, le piétisme désigne le mouvement de réveil religieux qui a fleuri dans les Églises réformées et luthériennes d'Europe continentale aux XVIIe et XVIIIe siècles. Ce mouvement, à forte composante émotionnelle, s'est voulu une réaction contre les tendances mondaines et le formalisme religieux qui, à l'époque, minaient le protestantisme. C'est sous l'inspiration du pasteur Philip Jacob Spener, qu'apparurent en 1670, les *Collegia Pietatis*, groupes de fidèles qui se réunissaient pour lire la Bible, prier, chanter et discuter du sermon dominical. Dans son livre, *Pia Desideria*, publié en 1675, Spener posa les fondements théologiques du mouvement piétiste.

prakriti (A.I.C.K.): la manifestation cosmique. C'est l'ensemble du monde matériel placé sous la direction du Seigneur suprême.

prosélytisme: Du grec *prosêlutos*, «nouveau venu dans un pays». Chez les Juifs, les prosélytes étaient les étrangers qui acceptaient la loi juive, et qui prenaient aussi les coutumes juives, au contraire des «craignant-Dieu», qui acceptaient la loi sans suivre les coutumes. Aujourd'hui, le prosélyte est le nouveau membre d'une Église ou d'une secte, et le *prosélytisme* est l'esprit missionnaire, le zèle déployé pour faire des disciples pour sa religion, pour faire des prosélytes.

Protologie: Discours qui concerne les origines de l'humanité et qui s'exprime principalement dans ce que l'on appelle les «mythes d'origine»: récits de création, paradis terrestre, chute originelle, etc. Les groupes de connaissance absolue sont tournés vers l'origine alors que les groupes de foi biblique sont axés sur la fin. Mais, chez ces derniers l'attente de la fin devient nostalgie des origines: nostalgie du paradis où régnait l'harmonie universelle, nostalgie de l'Église primitive où l'amour régnait dans l'égalité fraternelle, nostalgie d'une nature humaine pure, délestée du péché.

Pûri (A.I.C.K.): en Orissa, lieu célèbre pour son temple jadis fréquenté par Caitanya Prabhupâda*.

Raël: Claude Vorhilon (1946) reçoit le nom de Raël qui veut dire «celui qui apporte la lumière des Elohim». Raël est le paraclet annoncé par Jésus dans l'Évangile de Jean (Jn 14, 26). L'Islam aussi avait annoncé, semble-t-il, la venue de cet autre prophète (Qur'an 3, 75). Raël vient annoncer la fin du christianisme et apporter la lumière sur ce que nous sommes et où nous allons.

Réincarnation: Réincarnation, croyance selon laquelle l'âme humaine après la mort passe dans un autre corps. Elle a un sens religieux, car elle explique l'idée de renaissance à des fins morales. Elle correspond à une migration de l'âme dans une même espèce. Si la *transmigration* peut apporter le passage de l'âme dans un corps humain, animal ou même végétal ou démoniaque, la *métempsychose*, qui signifie «changement de l'âme», est une notion exprimée par les Grecs qui l'appliquaient surtout à la religion égyptienne. La réincarnation est admise par de nombreuses religions et sectes orientales, depuis l'Égypte ancienne avec les orphites, les pythagoriciens et les manichéens, en passant par les gnostiques et certains néo-platoniciens. En Asie, elle est le fond commun de la pensée indienne, inhérente à l'hindouïsme, dont elle justifie les castes, et au bouddhisme, où la voie et la sagesse sont données pour échapper au fleuve des existences (le Samsara), voués à un nombre considérable de réincarnations. (THIOLLIER, M.-M., *op. cit.*, p. 312.)

Réincarnation et incarnation: 1. L'incarnation est le mystère de la foi catholique selon lequel Dieu, aimant l'humanité et croyant suffisamment en elle pour la sauver, s'est fait homme en Jésus. Parfaitement Dieu, il s'est aussi fait parfaitement humain. Le mot vient du latin, in-dans et carnis-chair; incarnation dans la chair.

2. La réincarnation est le nom moderne de l'antique «métempsychose». De tout temps, le genre humain, confronté à la mort, a senti que la vie était indestructible. En observant la nature, qui passe par plusieurs cycles de morts et de renaissances, on en est venu à penser que la même chose arrivait à l'être humain: une partie de la personne renaissait, revenait à la vie. Cette explication, vieille comme le monde, est très forte chez les Hindouïstes, ainsi que chez les Bouddhistes.

Cette conception est *incompatible* avec la foi chrétienne qui confesse Jésus Christ, mort et ressuscité par Dieu, pour nous (Ac 2, 22-24). La résurrection du Christ, accomplie une fois pour toutes, est tout à fait opposée aux cycles de morts-renaissances de la réincarnation.

De plus, la résurrection du Christ, dans une vie nouvelle avec un corps glorieux, est différente des résurrections que lui-même avait faites sur terre, lesquelles étaient des réanimations de cadavres (ex. Lazarre, dans Jn 11, 1-44) qui devaient un jour affronter la mort physique. Le Christ ressuscité, lui, ne mourra plus, il est vivant à jamais.

Pour plus de renseignements, consulter: COUTURE, André, MERCIER, Marcel et PRIEUR, Jean, *Précis sur la réincarnation,* Sainte-Foy, Éditions St-Yves, 1980; BERGERON, Richard, *Un chrétien face à la réincarnation,* Ottawa, Novalis, 1985.

Religion: De multiples définitions ont été données à ce mot. Nous empruntons la nôtre à Claude Lizotte, professeur à l'Université Laval. La religion est la démarche d'un groupe vers un absolu (Dieu) considéré comme le plus important, et qu'on sent le besoin de répandre. Toute religion comporte un message (doctrine), une façon de vivre et de se comporter (morale), un ensemble de pratiques et de rites (culte) et une structure plus ou moins développée (organisation).

Ridwan: (Baha'isme): Jardin près de Bagdad où eut lieu la déclaration publique de Baha'allah en 1863 et considéré comme un lieu saint.

Sabbat: Chez les Adventistes du 7e jour c'est le signe permanent de l'Alliance éternelle entre Dieu et ses fidèles; le respect du sabbat est l'ultime test de loyauté à l'égard de Dieu. Le repos du sabbat commence le vendredi au coucher du soleil et dure 24 heures.

samkîrtan (A.I.C.K.): procession publique dansée et chantée en l'honneur de Krishna*.

schisme: Du grec *skhizein,* fendre. Se dit lorsqu'un groupe se sépare d'une Église établie, en reconnaissant une autre autorité, une autre doctrine, etc. Quelques exemples: le schisme d'Orient, où a eu lieu la séparation des églises orthodoxes d'avec Rome en 1066; le schisme anglican, au XVIe siècle.

sciences occultes: Ce terme de sciences occultes est contradictoire. La science (du latin SCIRE, savoir) implique l'idée de connaissance, donc d'ouverture à un savoir, alors que le mot occulte (du latin *occultus,* caché, fermé) désigne au contraire ce qui est caché et inconnu par nature.

Il faut distinguer entre les sciences ésotériques (astrologie, alchimie, Kabbale, arithmosophie, archéosophie, etc.) et les sciences occultes proprement dites (magie, sorcellerie, spiritisme et toutes les «mancies»: chiromancie, cartomancie, géomancie, etc.). Dans un cas comme dans l'autre, ce sont des comportements qui ne sont pas directement religieux, mais qui viennent combler le vide laissé dans la vie de certaines personnes n'ayant plus aucune foi, aucune croyance religieuse.

Les sciences occultes ne seront pas étudiées dans le présent document. Il nous apparaissait cependant important de les distinguer des groupes que nous étudierons: sectes, gnoses, etc.

secte: L'origine du mot secte est imprécise. Certains le font dériver du latin SECARE, qui signifie couper. D'autres le font provenir du latin SEQUOR (suivre). De toute façon, ces deux étymologies sont vraies. Les membres d'une secte sont à la fois contre quelqu'un (ils se coupent d'une Église établie) et pour quelqu'un (ils suivent celui qu'ils considèrent comme un nouveau prophète). On ne doit jamais oublier que le christianisme, à l'origine, est né comme une secte juive.

On réserve le terme de secte à des mouvements de dissidence par rapport aux Églises. Fondamentalement, la secte est un mouvement de contestation, de séparation. Les Églises établies apparaissent corrompues, trop liées à la société. Pour se purifier, on se met à part.

Il faut se garder pur pour les temps à venir.

Les temps actuels sont mauvais. À la limite, on ne peut pas s'engager dans le monde présent. Il faut se garder des atteintes du mal, en fonction du retour prochain du Seigneur. Cette dimension du retour du Seigneur est très importante dans la doctrine de toutes les sectes. Le millénarisme (voir ce mot) est fortement développé chez elles, et leur eschatologie (voir ce mot) tourne tout autour de cette doctrine.

On veut ainsi revenir aux premières générations chrétiennes, à l'Église primitive, où l'on attendait fébrilement la parousie.

On adopte donc un modèle d'Église très simple, en rejetant tout l'acquis de la tradition. On revient aussi à la Bible, mais interprétée selon le fondateur de la secte.

Plusieurs raisons font qu'on adhère à une secte. On devient membre d'une secte pour être sauvé au sein d'un monde perdu; pour avoir une doctrine claire et très simplifiée; pour vivre une foi sans se poser de questions; pour avoir une interprétation facile de la Bible. Chaque secte affirme avoir la véritable interprétation de la parole de Dieu, réalisée par le fondateur. Le principe d'interprétation est souvent le fondamentalisme.

Les membres d'une secte sont généralement missionnaires par nature: le prosélytisme est courant. Les adeptes ont des règles de vie très précises à suivre: jusqu'à l'hygiène et au vêtement qui, parfois, sont réglementés! La confiance, en soi et en la secte, ainsi que la certitude d'avoir la vérité, sont des attitudes importantes. Le dialogue avec d'autres groupes est impossible: les sectes ne peuvent pas être œcuméniques.

Sémantique: Étude du langage considéré du point de vue du sens. Champ sémantique: ensemble de mots et de notions qui se rapportent à un même domaine conceptuel ou psychologique.

Shakti (Centre de Méditation Siddha): puissance de la Conscience universelle divine qui imprègne tout l'univers.

Shiraz (Baha'isme): Lieu d'habitation du Bab*.

Shiva (Dieu) (Centre de Méditation Siddha): l'«être suprême», la Conscience universelle se manifestant dans notre monde comme une puissance (Shakti)*.

Shivaïsme du Cachemire (Centre de Méditation Siddha): une philosophie qui reconnaît l'univers entier comme manifestation de l'Énergie consciente divine.

Shrîmad Bhagavatam: texte sacré du krishnaïsme.

Soghi Efendi (Baha'isme): L'aîné des petits-fils d'Abbas Efendi* qui lui succédera en tant que «Gardien de la cause de Dieu». Rachetant de vastes terrains à Hayfa, sur le Mont Carmel (Israël) il y implantera le Centre mondial de la Foi Baha'ie. Il meurt en 1957.

Sung Sang: selon la doctrine de l'Église de l'Unification (Moon) Dieu est composé d'une forme intérieure nommée Sung Sang, originellement l'esprit de Dieu qui inclut la sensibilité, l'intellect, la volonté, et aussi la loi.

Swami Brahmananda Saraswati (ou Guru Dev): (1868-1953) professait la philosophie de Shankara sur le Vedanta. Dans les milieux hindous, partout en Inde, il était considéré comme un grand sage.

Swami Chilvilasananda (Centre de Méditation Siddha): surnommé aussi Gurumayi il devait succéder en 1982 à Swami Muktananda, toujours dans la lignée des Siddhas.

Swami Muktananda (Centre de Méditation Siddha): (1908-1982). Il atteint l'expérience ultime après neuf ans d'intense méditation sous la conduite de Swami Vityananda* de la lignée des Siddhas à Ganeshpuri, près de Bombay.

Swami Vityamanda (Centre de Méditation Siddha): Un des plus grands sages de l'Inde moderne, gourou peu conventionnel vivant presque nu à Ganeshpuri (près de Bombay).

Temps cyclique: «La gnose conçoit le temps comme cyclique. Mouvement circulaire, revenant perpétuellement sur lui-même, le temps est éternellement bouclé sur soi. Il est figuré par une roue qui tourne sur elle-même, par un cercle fermé ou par un serpent qui se mord la queue, Ouroboros. Le mouvement cyclique régit nécessairement le cours des astres et assure le maintien des mêmes choses en les répétant. Ce mouvement perpétuel de récurrence et d'éternel retour ramène sans cesse les mêmes réalités. Les choses se sont déjà produites dans les cycles antérieurs et se reproduiront dans les cycles subséquents.

Le devenir de ce monde de génération et de corruption se déroule selon une succession indéfinie de cycles au cours desquels la même réalité se fait, se défait, se refait, conformément à une loi et à des alternatives immuables. Grâce à ce mouvement perpétuel de récurrence, le présent n'est que la répétition de ce qui s'est déjà produit dans les cycles antérieurs et la copie exacte de ce qui se produira dans les cycles subséquents. Il n'y a en définitive rien d'unique; il n'y a pas de 'une bonne fois pour toutes'. Rien de radicalement nouveau ne peut surgir du temps. Il n'y a pas à proprement parler d'antériorité et de postériorité chronologiques absolues. Le temps est un éternel retour.

Le mythe de la répétition éternelle a donné naissance, dans la tradition indienne, aux spéculations les plus audacieuses qui ont influencé bon nombre de gnoses contemporaines. Selon la loi des cycles, la manifestation divine dans le monde procède par expiration et par inspiration de l'Absolu. Ce processus forme, dans ses différentes phases, les cycles cosmiques. Chaque grand cycle comprend — comme nous l'avons vu plus haut — quatre périodes ou *yugas*. Chaque *yuga* est précédé et suivi d'une aurore et d'un crépuscule qui relient les âges entre eux. Nous nous trouvons actuellement au terme de l'âge des ténèbres (*kali-yuga*).» (BERGERON, R., *Le cortège des fous de Dieu*, Montréal, Éditions Paulines, 1982, pp. 278-279.)

théosophisme (Eckankar): un syncrétisme ésotérique mêlant des traditions bouddhistes et hindouïstes à du spiritisme et de l'occultisme.

thétan (Église de scientologie): Mot venant de deux mots grecs, theos (dieu) et anthropos (homme) et signifiant homme-dieu. Pour l'Église Scientologique l'humain est donc essentiellement un être spirituel et éternel. L'Église accompagne tous ceux et celles qui veulent découvrir cette vérité intérieure qui habite tout humain.

univers (mouvement raëlien): L'univers est défini comme matière et esprit: la matière est esprit et l'esprit est matière.

Vishnou: dieu cosmique qui est chargé de veiller à l'ordonnance de l'univers. Il en a posé les quatre piliers et en a mesuré l'espace. Vishnou fait partie des divinités du jour et de la lumière du panthéon hindou.

Yoga: «Yoga: (mot sanskrit signifiant 'joug', 'union'). Méthode d'obtention de la maîtrise de soi par une sévère discipline du corps en vue d'atteindre à une vision pénétrante de la réalité, qui peut être ou une connaissance du 'soi' délivré des contingences ou la recherche des pouvoirs supranormaux ou celle de l'union mystique avec le divin: l'extase.

Le yoga est l'un des six Darcana (systèmes de l'hindouïsme). Il est exprimé dans les *yoga-sutra* de Patanjali du quatrième s., mais il est bien plus ancien et semble faire partie d'un courant mystique autochtone, inconnu du ritualisme védique. Il a été pratiqué par les jains et les bouddhistes; toutefois il s'est développé indépendamment des sectes et des castes sous ses diverses formes dès l'Inde épique et classique: le yoga est alors un pouvoir qui s'adjoint au savoir du *Veda*. (...). Le yoga est aussi une *discipline physique* avec le *hathayoga*, qui, par une technique très étudiée du souffle (*pranayama*), par des postures (*asana*) établissant l'équilibre du corps et par des exercices progressifs, conduit à une certaine maîtrise biologique (ces pratiques peuvent être dangereuses si elles ne sont pas dirigées par un maître). Le yoga est également une *discipline intellectuelle* de concentration de la pensée ou de méditation et une *discipline morale* par un effort d'ascèse et de pratique des vertus: c'est le *rajayoga,* aboutissant au *samadhi,* ou libération. Il existe aussi le *bhakti yoga,* le *jñaña* (connaissance) *yoga* et le *karma* (action) *yoga.* Le yoga tantrique repose sur la conception de sept çakras, ou lotus (centres énergiques de la moelle épinière), se terminant en haut du crâne, où se trouve le Brahman: à la base, siège la *kundalini,* serpent lové, symbole de la déesse de l'énergie cosmique, que la technique du yoga doit éveiller et faire monter jusqu'au sommet, où a lieu l'union mystique: on l'appelle aussi le *kundali-yoga* ou *Laya-yoga.*

On a comparé le yoga, réalisation de tout l'être, à d'autres méthodes d'extase (tao, hésychasme), mais dans ses différentes formes, on doit reconnaître que le yoga est typiquement indien.. Celui qui le pratique, le vrai *yogin,* est un ascète.» (THIOLLIER, M.-M., *op. cit.,* pp. 381-382.)

Young Don Kim: mandatée en 1956 par Sun Myung Moon cette dame traduisit en anglais les *principes* de l'Église de l'Unification et adopta ces derniers à la mentalité et à la culture occidentales.

Zen: «Zen, une des formes les plus tardives du bouddhisme, devenue à la mode en Amérique et en Europe occidentale. C'est cependant une secte qui a trouvé son 'climat' au Japon.

Le bouddhisme chinois introduit au pays du soleil-levant au sixième siècle par la Corée, et peu à peu fait connaître toutes ses sectes dont le *Shingon* et le *Tendai* qui furent supplantées par le zen, ou *tchàng* chinois, venu lui-même de l'Inde avec le Bodhidarma. Le zen est l'école de la méditation, ou *dyana* en sanskrit (devenu *tchana, tchang* en chinois, *zenna* ou *zen* au Japon).

Apporté en Chine par le moine *Eisai,* au douzième siècle, puis par des vagues successives, il n'est pas seulement l'apanage des moines: beaucoup de laïcs viennent faire des séjours dans les monastères et leurs familles, formant une élite, restent imprégnées de cet état d'esprit appuyé sur les grandes théories du zen, à savoir la recherche de la sagesse et la maîtrise de soi par la méditation, la vie simple, une discipline sévère et la pratique de toutes sortes de travaux, même les plus vulgaires, dont le but est de parvenir à l'illumination ou *satori.* Tel est le but de cette secte contemplative, où l'on admet que la bouddhéité est accessible à tous, et cela le plus souvent par la découverte intuitive de la nature de Bouddha plus que par le savoir livresque et le raisonnement philosophique (...).

Dans les monastères; les moines pratiquent l'austérité, mais jouissent aussi d'une liberté déroutante pour les occidentaux: déroutante également sont la discipline (destinée à provoquer un choc psychologique) des coups de bâtons ou la torsion du nez exercée par le maître des novices au pouvoir discrétionnaire et surtout la méthode *mondo* faite de questions et de réponses (énigme, historiette, rébus,...) qui apparaissent bizarres, illogiques, sinon absurdes. Tels sont les *koan,* problèmes insolubles, qui doivent prouver que le raisonnement, l'intelligence ne sont pour rien dans l'éveil de la 'prajna' (sagesse) des profondeurs de la conscience qui sommeille. Le zen préfère le concret aux concepts, d'où l'utilité des travaux manuels avec une certaine présence à soi-même qui oblige à bien faire ce que l'on fait; ainsi continue la méditation qui laisse place à l'intuition et qui est jugée bien supérieure à la raison. Le zen vise au développement de la personnalité par la connaissance de soi ('Regarde en toi, tu es le Bouddha').

Les vertus de patience et d'application, le grand souci de pureté, de dépouillement et de simplicité, et la maîtrise de soi, grandes conquêtes du zen, ont trouvé leur application dans les différents aspects de la vie et de l'esthétique de la société japonaise, allant du bushido (code de l'honneur) du tir à l'arc au théâtre (nô et kabuki) à la peinture au lavis, à la poésie et à l'art des jardins en passant par l'art floral (ikebana) et la cérémonie du thé (tcha-do). » (THIOLLIER, M.-M., *op. cit.*, pp. 381-382.)

INDEX DES NOMS PROPRES

AARON: 114, 115.
ABBAS EFENDI: 173, 217, 230.
ABDUL-BAHA: 173, 217.
ABRAHAM: 114.
AIVANHOV, Omraam Mikhaël: 95, 96, 179.
ALBRETCH, Mark: 99, 103.
ALEXANDER, Brooks: 99.
ALI, Husayn: 218.
AMENOPHIS IV: 194.
ANTHONY, Dick: 19, 25.
APARTIAN, Dibar: 140.
ARMSTRONG, Garner Ted: 140, 143.
ARMSTRONG, Herbert W.: 139, 140, 141, 143.
ARRINGTON, Léonard J.: 117.
ATKINSON, Gaïl: 99.

BAB: 173, 218, 230.
BAHA'U'LLAH: 173, 217, 218, 224, 228.
BAILES, F.: 92.
BAKKER, Jim: 38.
BARBEAU, Mgr: 33.
BARKER, C.: 92.
BASHANI, A.L.: 78.
BÉLANGER, Guy: 95.
BÉLANGER, Monique: 95.
BELLAH, Robert: 78.
BENWARD, Paul N.: 144.
BERG, David: 151, 152, 153, 154.
BERGER, Peter: 13.
BERGERON, Richard: 4, 7, 25, 28, 32, 33, 44, 123, 124, 221, 223, 228, 231.
BERNARD DE MONTRÉAL: 81.
BERNE: 165.
BESANT, Annie: 201.
BHAKTIPADA, Kirtananda: 77.
BHAKTISIDDHANTA: 218.
BHAKTIVEDANTA PRABHUPADA: 218.
BHAKTIVINODA, Thâkmur: 218, 222.
BIERMAND, John T.: 130.

BIRD, Frédérick: 25.
BISANTZ, Hagen: 203.
BITTON, Davis: 117.
BLANCHARD, Victor: 194.
BLANCHET, Mgr B.: 17, 18.
BLANDRE, Bernard: 211.
BLAVATSKY, Hélèna-Petrowna: 201.
BOA, Kenneth: 70, 78, 109, 118, 130, 211.
BOTTING, Heather: 211.
BOUCHARD, Alain: 4.
BOURBEAU, Lise: 81.
BOURDEAU, G.: 70.
BOUSQUET, G.H.: 118.
BOYER, Jean-François: 130.
BRAHMANANDA SARASWATI: 230
BRELET-RUEFF, Claudine: 179.
BRODEUR, Normand: 93.
BRODIE, Fawn M.: 117.
BROEKER, Ann: 135.
BROEKER, Pat: 135.
BROOKS, Alexander: 103.
BURRELL, Maurice C.: 70, 78, 130, 136, 144, 155.

C., Marie-Christine: 155.
CADDIE, E.: 91.
CAGLIOSTRO: 194.
CAILLET, Serge: 199.
CAITANYA MAHAPRABHU: 219, 222.
CALVIN: 219.
CANTIN, Bernard: 91, 92, 93.
CARBONE, Alberto: 145, 146, 147.
CARBONE, June: 145.
CARNEGIE, Dale: 167.
CHAGNON, Roland: 4, 16, 21, 22, 25, 27, 48, 103, 136.
CHAVEZ, Victor Manuel: 59.
CHERY, H.-Ch.: 78, 109, 118, 130, 199, 212.
CHILVILASANANDA, Swami: 86, 230.
CLARK, B.: 212.

CLYMER, Dr Swinburne: 199.
COLINON, Maurice: 109, 212.
COLOMB, Christophe: 114.
CORCORAN, Guy: 158.
CORNELLIER, Michel: 95.
CÔTÉ, Claire: 4.
CÔTÉ, Pierre F.: 157.
COUTURE, André: 4, 32, 228.
COWDERY, Oliver: 111.
COX, Harvey: 78.
CROWLEY, Aleister: 194.

DANTINNE, Émile: 193.
DE PLAIGE, Didier: 70, 78, 109, 118, 130, 136, 155, 199, 205, 212.
DE, Abhay Charan: 74, 218.
DERICQUEBOURG, Régis: 136.
DEUNOV, Peter: 179.
DEV, Guru...: 65, 225, 230.
DI GIROLAMO, Giuseppe: 4.
DINAN, C. de...: 109.
DISNEY, Walt: 20.
DROLET, Roger: 81.
DUCHARME, Pierre: 81, 82, 83.
DUPLESSIS, Maurice: 211.
DUTIL, M. Robert: 97.

EASTER, Jacob: 158.
EDDY, Mary Baker: 33.
EILEEN: 158.
ELLWOOD, Robert S.: 70, 78, 136, 199, 205.
ELOHA: 186.
ENCAUSSE, Dr Gérard: 194.
ENROTH, Ronald: 70, 79, 103, 118, 131, 212.
ERHARD, Werner: 167.

FERGUSON, Marilyn: 96.
FERNANDEZ, Rolph: 4.
FOX, E.: 91.
FRANZ, M. Frédérick: 207.
FREYTAG, Alexandre: 209.
FUCHS, E.: 109.

GAGNON, Jeannine: 4.
GAUTHIER, Madeleine: 4, 58.
GELBERT, Steven J.: 78.
GILLETTE, Alain: 118.
GLENN, Richard: 81.
GLOCK, Charles: 78.
GOEDELMAN, Kurt: 213.
GŒTHE: 201.

GOSSELIN, Jean-Pierre: 78, 123, 130, 155.
GOSSELIN, Mario: 81, 82, 83.
GOSWANNI, Shrivatsa: 78.
GRAHAM, Billy: 38.
GROSS, Sri Darwin: 48, 100, 103.
GUÉRARD, Yoland: 197.
GUNTHER, Bernard: 163.
GURUMAYI: 86, 89, 230.

HADDON, David: 70.
HAN-HAK-JA: 122, 223.
HARGROVE, Barbara: 25.
HARRIS, Martin: 111.
HÉBERT, Gérard: 212.
HERVÉ, Jane: 155.
HERVIEU-LÉGER, Danielle: 13, 15.
HILL, Napoléon: 167.
HOLMES, E.: 91.
HOPKINS, Thomas J.: 78.
HUBBARD, Lafayette Ron: 48, 133, 136.
HUSAYN ALI: 173.
HUXLEY, Aldous: 163.

ISHVARA PURI: 73.

JAMES, Marie-France: 193.
JASMIN, Damien: 212.
JOHNSON, Gregory: 78.
JOHNSON, Julian: 100.

KEMP, Daniel: 81, 82, 83, 84.
KENNEDY, Frances: 91, 92.
KESHARA BHARATI: 73.
KIM, Paik Moon: 122, 224.
KIM, Young Don: 122.
KLANG, G.: 70.
KLEMPT, Harold: 100.
KRISHNA: 73, 74, 75, 76.
KRISHNAMURTI: 201.
KROLL, U.: 70.

LABRECQUE, Claude: 70, 78, 103, 109, 118, 130, 136, 144, 155, 199, 212.
LABRIE, Daniel: 4.
LACHANCE, Alexandre: 81.
LAFLAMME, Linda: 4.
LAMY, Roger: 4.
LANE, David Christopher: 99, 103.
LAO-TSEU: 92.
LARSON, Bob: 70, 78, 89, 103, 118, 130, 136, 144, 155, 199, 205, 212.

LASH, Christopher: 21.
LEDUC, Jean-Marie: 70, 78, 109, 118, 130, 136, 155, 199, 205, 212.
LEHMAN, Richard: 105, 109.
LEJBOWICZ, Agnès: 179.
LEPAGE, Yvon: 4, 8, 27.
LEWIS, Harvey Spencer: 193, 199.
LEWIS, Ralph Maxwell: 193.
LINDSEY, Hal: 158.
LIZOTTE, Claude: 228.
LOCHHAAS, Philip H.: 130.
LONGTON, Joseph: 109, 118, 130, 212.
LORANGER, Carmen: 53.

MADHAVENDRA PURI: 73.
MAHAPRABHU, Caitanya: 73.
MAHARISHI MAHESH YOGI: 65, 66, 67, 68, 70, 225.
MAHOMET: 92.
MANGALWADI, Vishal: 70, 78.
MARCUSE: 20.
MARTIN, Walter: 109, 118, 144, 212.
MASLOW: 165, 177.
MAUCLAIR, Paul: 78.
MAYER, Jean-François: 70, 78, 103, 118, 130, 137, 155.
MAYO, David: 135.
McMURRIN, Sterling M.: 118.
MEGET, Christian: 212.
MELANÇON, O.: 70.
MELCHISEDECH: 114, 115, 116.
MELTON, J. Gordon: 70, 78, 89, 103, 109, 118, 130, 137, 144, 155, 199, 205, 212.
MERCIER, Marcel: 228.
MIKHAËL AIVANHOV: 179.
MILLER, Henry: 163.
MILLER, William: 105, 106, 109.
MINSHULL, Ruth: 136.
MIRON, Thérèse: 93.
MIRZA ALI MUHAMMED: 173.
MISCAVIGEF, David: 135.
MO: 151, 152, 153, 154.
MOÏSE: 92, 114.
MOL, Hans: 25.
MONIÈRE, Denis: 78, 123, 124, 130, 155.
MOON, Sun Myung: 121, 122, 123, 124, 125, 126, 127, 128, 129, 130, 223, 224, 230, 232.
MOREAU, André: 81.
MORONI: 111, 114.
MTYANANDA, Swami: 85, 89.
MUHAMMAD'ALI: 173.

MUHAMMED, Mirza Ali: 218.
MUKTANANDA, Swami: 85, 86, 87, 88.
MURPHY, Dr Joseph: 91, 92.
MURPHY, Michael: 163.

NEEDLEMAN, Jacob: 71.
NGUYEN, Kim-Son: 4.
NICOLE, J.M.: 109, 155.
NOËL, Lucie: 212.

ORWELL: 18.

PAPE PAUL VI: 33.
PAPUS: 194.
PAQUETTE, Jacques: 157, 158, 159, 160, 161.
PAQUETTE, Johanne: 4.
PARACELSE: 194.
PARENT-GAGNON, Mathilde: 53.
PASQUALLY, Martinès de...: 194.
PAYEUR, Monseigneur Raphaël: 81.
PAYOTTE, François: 81.
PELLETIER, Pierre: 4, 7.
PENTON, James: 212.
PERLS, Fritz: 163, 164, 167.
PIETTE, Christian: 212.
PRABHUPADA, A.C. Bhaktivedanta: 74, 77, 78.
PRABHUPADA, Caitanya: 73, 74, 76, 227.
PREMANANDA, Swami: 99.
PRIEUR, Jean: 228.
PYTHAGORE: 194.

QUENTIN, Bernard: 109.
QUETZALCOATL: 114.
QUIMBY, P.P.: 92.

RAËL: 186, 227.
RAJNEESH, Bagwan Shree: 38, 165.
REA, W.: 106.
RÉGIMBAL, Jean-Paul: 157.
REICH, Charles: 20.
REUSS, Théodor: 195.
RICHARDS, Legrand: 118.
RICHARDSON, Herbert: 127.
RICHARDSON, James T.: 25.
RIFFARD, Pierre: 179.
ROBBINS, Thomas: 19, 25.
ROBERT, Paul: 220.
ROBERTSON, David: 144.
ROCHETTE, Jean: 58, 79, 103, 110, 130, 137, 144, 155, 199, 212.

RODET, J.C.: 97.
ROGERS: 165.
ROLF, Ida: 163.
RONCARELLI: 211.
ROSENBERG, Jean-Paul: 167.
ROSENKREUZ, Christian: 194.
RUMBLE, L.: 199.
RUSSELL, Charles: 207, 211.
RUTHERFORD, Joseph Franklin: 207.

SAILLY, Robert: 79.
SAMAËL AUN WEOR: 59, 60, 61, 62, 64.
SANDRI, Dominique: 79, 110, 118, 130, 137, 155, 212.
SAR ALDEN: 194.
SÂR HIÉRONYMUS: 193.
SAR YESIR: 194.
SARASVATÎ, Bhaktisiddhânta: 74, 222.
SARASWATI, Swami Brahmananda: 65, 66, 225.
SATIR, Virginia: 163.
SAUMIER, André: 97.
SCHNELL, William J.: 212.
SCHWARTZ, P.A.: 19.
SEBIRE, Martin: 131.
SEGOND, Louis: 140.
SEGUIN, Pierre: 20.
SERGERIE, Adéla Tremblay: 53, 56, 58.
SHAFFNER, Monseigneur Franck: 81.
SHANKARA: 65, 73, 75, 218, 219.
SHANKARACHARYA: 65.
SHINN, Larry D.: 78, 79.
SHIPPS, Jan: 118.
SHUTZ, Bill: 163.
SILVER, Charlotte: 163.
SINGH, Kirpal: 99.
SMITH, Adrian B.: 71.
SMITH, Joseph: 48, 111, 112, 114, 115, 116, 117, 118.
SOGHI EFENDI: 173, 230.
SONTAG, Frédérick: 131.
SPENER, Philip Jacob: 226, 227.
ST-MARTIN, Louis-Claude de...: 194.
STACEY, May Banks: 193.
STEIGER, Brad: 99, 103.
STEIN, Michel: 5.
STEINER, Rudolf: 201, 202, 203, 204.

STEWART, Gary F.: 193.

TAILLEFER, André: 137.
TALMAGE, James E.: 118.
TARZ, Rebazar: 99.
TEMPLIERS: 194.
THAKURA, Bhaktivinode: 74.
THÉRIAULT, Denis: 157.
THÉROUX, Yvon R.: 4, 7.
THIOLLIER, M.-M.: 224, 225, 227, 232, 233.
TOFFLER: 18.
TOURENNE, C.: 67.
TRACH, Joseph W.: 140.
TRINGLE, Ronald S.: 119.
TROELTSCH, Ernst: 25.
TROWARD, Thomas: 92.
TULLIS, F.L.: 118.
TWITCHELL, Paul: 99, 100, 101, 103.

VERMANDER, Jean-Marie: 71, 79, 110, 118, 131, 137, 155, 199, 213.
VERRIER, H.: 213.
VILLENEUVE, Paule-Renée: 4.
VISHNOU: 73.
VISHVAMBHARA MISHRA: 73, 219.
VITYANANDA, Swami: 85, 230.
VORILHON, Claude: 48, 185, 227.

WALLIS, Roy: 137.
WATTS, Alan: 163, 167.
WEOR, Samaël Aun: 59, 60, 61, 62, 64.
WESLEY, Walters: 213.
WHITE, Ellen: 105, 106, 109.
WHITE, John: 71.
WILSON, Michael: 203.
WIXEPECHOCHA: 114.
WOODROW, Alain: 71, 121, 122, 123, 154, 155.
WUTHNOW, Robert: 25.

YAMAMOTO, J. Isamu: 79, 131.
YINGER, Milton: 25.
YOGANANDA: Paramahansa: 99.
YOTAN: 114.
YOUN DON KIM: 232.
YOUNG, Brigham: 112.
YOUTE, Vaillant: 106, 109.

INDEX DES GROUPES

A.C.S.C.Q.: 53-58, 224.
A.E.I.M.: 83.
A.G.I.R.A.: 59-64.
A.I.C.K.: 218, 219, 222, 224, 227, 228.
A.I.M.T.: 218.
A.M.O.R.C.: 193-199.
A.U.C.M.: 121, 125, 126, 127, 128, 129.
Advanced Ability Center: 135.
Adventistes du 7e jour: 43, 221, 226, 228.
Alliance Chrétienne Missionnaire: 151.
Alliance Internationale des Minorités: 127.
Apôtres de l'Amour Infini: 33.
Area Center: 167.
Armée du salut: 226.
Assemblées de Dieu Indépendantes de Toronto: 145.
Association américaine millérite: 105.
Association de l'Unification du Christianisme Mondial (A.U.C.M.): 121, 125, 126, 127, 128, 129.
Association des Chercheurs en Sciences Cosmiques du Québec (A.C.S.C.Q.) Inc.: 53-58, 224.
Association des Professeurs pour la Paix Mondiale (A.P.P.M.): 121, 127.
Asociación Gnóstica de Estudios Antropológicos y Ciencias: 59.
Association Gnostique Internationale de Recherche Anthropologique (A.G.I.R.A.): 33, 59-64.
Association Internationale de la Méditation Transcendantale (M.T.): 65-71, 225.
Association Internationale pour la Conscience de Krishna: 32, 73-79, 218.

Baha'ie: 173-178.
Baptistes: 221.
Beatles: 66.

C.I.N.R.: 48.

C.I.V.C.: 127.
CAUSA: 121.
Centre d'éveil solaire: 95, 97.
Centre d'Information sur les Nouvelles Religions (C.I.N.R.): 2, 3, 7, 8, 48.
Centre de Foyer Cosmique: 53.
Centre de l'Universalité (C.U.): 81-84.
Centre de Méditation Siddha (Siddha Yoga): 85-89, 224, 225, 230.
Centre de recherches Jivot: 95, 97.
Centre du Nouveau Penser: 91, 92, 93, 94.
Centre Joseph Murphy: 33, 91.
Centre Mondial de la foi Baha'ie: 174, 230.
Centre Sivananda: 39.
Centre Vdahnovenye: 182.
Centres de célébrités: 135.
Chambre de Commerce de Montréal: 81.
Chrétiens adventistes: 105.
Cité d'Or Universelle: 182.
Cité écologique de l'Ère du Verseau: 95, 96, 97, 98.
Cité Mariale: 33.
Cité Universelle de Saint-Didace: 53.
Clearwater: 135.
Collège Biblique Miracle Valley: 145.
Collège Moderne Vie et Réveil: 145.
Columbia University Club: 129.
Communication Jivot: 97.
Confédération d'associations pour l'unification des sociétés américaines: 121.
Conférence Internationale sur l'Unité des Sciences: 121, 127.
Conférence Internationale sur les Droits et Libertés Individuelles: 127.
Conférence Saint-Vincent-de-Paul: 226.
Conseil des douze: 112.
Conseil Mondial des Églises: 105.
Conseil National pour l'Église et l'Action Sociale (C.N.E.A.S.): 121, 127.

Conseil œcuménique des Églises: 106.
Contre-Réforme Catholique: 33.

Dévots de Krishna: 73.
Dharmadhatu: 39.
Disciples de Krishna: 43.
Disciples du Seigneur: 157.

E.N.V.O.L.: 81-83.
Eckankar: 32, 48, 99-103, 217-220, 224-226, 231.
École (L') divine: 179, 180.
École Naturelle de vie de l'Ordre du Lotus (E.N.V.O.L.): 81-83.
Écoles Waldorf: 203.
Église adventiste du 7e jour: 29, 105-110.
Église anglicane: 226.
Église Catholique: 56, 158.
Église de Dieu: 105, 139.
Église de Jésus Christ des Saints des Derniers Jours: 29, 111-119.
Église de l'Unification: 29, 121-131, 224, 230, 232.
Église de la guérison spirituelle: 33.
Église de Scientologie: 33, 99, 133-137, 218, 220, 231.
Église évangélique luthérienne de France: 221.
Église Océan: 128.
Église radiophonique de Dieu: 139.
Église réformée évangélique indépendante: 221.
Église Universelle de Dieu: 29, 139-144.
Église Vie et Réveil du Québec: 29, 145-149.
Église Vieille-catholique charismatique: 33.
Église Vieille-catholique romaine: 33.
Églises de Dieu en Jésus Christ: 105.
Enfants de Dieu: 151-155.
Entreprises P.M. et Fils: 97.
Équipe des Jeunes Catholiques à l'Œuvre: 157-161.
ESALEN: 163.
EST-Training: 167-171.

F.B.U.: 179-183.
F.U.D.O.S.I.: 193.
Famille d'Amour (La...): 151, 154.
Fédération des Assemblées de Pentecôte: 146.
Fédération Internationale pour la Victoire sur le Communisme: 127.

Fédération Universelle Des Ordres et Sociétés Initiatiques (F.U.D.O.S.I.): 193.
Ferme biosolaire: 97.
Foi Universelle Baha'ie: 173-178, 217, 218, 219, 224, 228, 232.
Fondation Internationale de Secours et d'Amitié: 128.
Fondation Raëlienne: 189.
FORUM: 39, 167-171.
Fraternité Blanche Universelle (F.B.U.): 33, 95, 96, 179-183.
Fraternité des Sciences Spirituelles: 33.
Fraternité Noire: 180.

Gaudiya Matha: 222.
Gœtheanum: 204, 223.
Gouvernement Mondial de l'Âge de l'Illumination: 65, 68.
Governing Body Commission: 77.

I.S.K.CON: 73.
Ilshin Handicraft Company: 129.
Institut Biblique Vie et Réveil: 145.
Institut Californien de Parapsychologie: 99.
Institut de recherches psychiques: 193.
Institut de Yoga intégral de Montréal: 39.
Institut Esalen: 38.
International Cultural Foundation: 121, 127.
International Federation for Victory over Communism: 121.
International Society for Krishna Consciousness (I.S.K.CON): 73.
Iowa Pharmaceutical Company: 129.
Israël Soodo Won: 122, 224.

J.O.C.: 226.
Jardins biosolaire: 95, 97.
Jeunes Catholiques à l'Œuvre: 29.
Jnana Yoga: 225.

L'Amour en action: 151-155.
La Bergerie: 157.
Lamanites: 114.
Légion de Marie: 226.
Les Amis de l'homme: 209.
Les Étudiants de la Bible: 207.

M.A.D.E.C.H.: 185.
M.T.: 65-71.
M.U.R.V.A.: 121, 127.
Mahikari: 32.

Maison Nouvel Horizon: 157, 160.
Maison Universelle de Justice: 176.
Mayas: 114.
Méditation Transcendantale: 32, 223, 225.
Memphis-Misraïm: 195.
Mission du Saint-Esprit: 29.
Moonistes: 22, 29.
Mormons: 29, 48, 111-119.
Mouvement charismatique: 157.
Mouvement d'Accueil des Extra-terrestres Créateurs de l'Humanité (M.A.D.E.C.H.): 185.
Mouvement du Renouveau Spirituel: 225.
Mouvement Raëlien Canadien: 185, 218, 220, 222, 231.
Mouvement Universitaire pour la Recherche des Valeurs Absolues (M.U.R.V.A.): 121, 127.

National Diplomatic Bank: 129.
Néphytes: 114.
New Hope Singers International: 128.
New Thought: 92.
New York Institute for Psychical Research (The...): 193.
Noticias del Mundo: 129.
Nouvelle Association de Recherches Oecuméniques: 121, 127.

O.M.T.: 194.
O.N.U.: 175.
O.T.O.: 195.
O.V.S.A.: 83.
Oblats de Marie-Immaculée (O.M.I.): 91.
One World Crusade: 121.
Ordo Templi Orientis (O.T.O.): 195.
Ordre de la Rose-Croix A.M.O.R.C.: 193-199.
Ordre de St-André: 33.
Ordre du Lotus: 81-83.
Ordre Martiniste Traditionnel: 194.
Ordre Martiniste: 194.
Ordre rosicrucien A.M.O.R.C.: 33, 193-199.
Organisation du Village Scientifique de l'Avenir (O.V.S.A.): 83.

P.M.C.: 83.
Parti du Socialisme Chrétien du Québec: 157.
Penser Nouveau: 32.
Pentecôtistes: 226.
Pionniers du Nouvel Âge: 121.
Project Unity: 121.

Projet FAIM: 167.
Projet Volontaire: 128.

Quakers: 139, 226.

Radhasoami: 100.
Raéliens: 22, 43, 48.
Religious Technology Center: 135.
Réseau de Sciences Cosmiques: 53.
Rite Ancien et Primitif de Memphis-Misraïm: 195.
Rosicrucian Research Society (The...): 193.
Ruhani Satsang: 99, 100.

S.Y.D.A.F.: 88.
Salon Théocentrique: 84.
Sanctuaire du Curé d'Ars: 33.
Science Chrétienne: 32.
Science de l'Intelligence Créatrice: 66.
Science secrète du voyage de l'âme: 99.
Sciences Cosmiques: 33.
Scientologie: 169.
Scientologues: 48.
Self-realization fellowship: 99.
Self-Revelation Church of Absolute Monism: 99.
Serres biosolaire: 97.
Servonnat: 129.
Siddha Yoga Dham of America Foundation (S.Y.D.A.F.): 88.
Siddha-Yoga: 85-89.
Société Anthroposophique Universelle: 201-205.
Société des amis: 139.
Société théosophique: 33, 201.
Société Tour de Garde: 207.
Sunburt: 128.

Témoins de Jéhovah: 22, 29, 43, 140, 207-213, 221, 223, 225.
Temple du réveil: 43.

Université Libre de Sciences Spirituelles: 203, 204, 223.

Watch Tower Bible and Tract Society of Pennsylvania: 207.
Werner Erhard and Associates: 167.
Worldwide Church of God: 139.

Youth Seminar on World Religions: 127.

Zion's Watch Tower Society: 207.

INDEX DES REVUES, PÉRIODIQUES, MAISONS D'ÉDITION, MÉDIAS

Advance. Magazine of the Advanced Organizations: 135.
Ambassador College Ed.: 143.
Anthroposophic Press: 205.

Back to Godhead: 75, 218.
Bhaktipada Books: 78.

Celebrity. The Magazine of Celebrity Centre International: 135.

Dans chaque ville et village: 77.
Das Gœtheanum: 204.
Deseret Book: 118.
Deseret News: 117.
Dialogue: 117.

Éditions Jivot: 95, 96, 97, 98.
Éditions Bhaktivedanta: 78.
Éditions de l'Âge de l'Illumination: 70.
Éditions Ganesha: 64.
Éditions Jacques Paquette: 162.
Éditions Maison Nouvel Horizon: 162.
Éditions Parole de Vie: 149.
Éditions Rosicruciennes: 199.
Éditions Prosveta: 181, 182.

Forum: 170.
Freedom: 135.
Friend: 117.

Illuminated Way Press: 109.
In the Triangle: 198.

Justice et Liberté: 135.

L'Étoile: 117.

La pure vérité: 139.
La Tour de Garde: 207.
Le Bulletin: 177.
Le Gœtheanum Éd.: 205.
Le Journal Indépendant: 135.
Le Ministère d'Alberto Carbone: 145.
Le monde à venir: 142.
Le prophète a parlé: 157
Le Vainqueur: 148.
Les Nouvelles: 154.
Liberty. A Magazine of Religious Freedom: 135.
Livre Très-Saint: 173.

Maison d'Éditions Baha'ies: 178.
Man and Child: 204.
Messager de la présence du Christ: 207.

New Era: 117.
Nourriture spirituelle pour le peuple de Dieu: 161.
Nouvel Horizon: 158.

Radio Church of God: 139.
Retour à Krishna: 77.
Réveillez-vous: 210.
Rose-Croix: 198.

Spiritual Counterfeit Project (Ed.): 71.
Syda Bookstore: 89.

The American Rosae Crucis: 198.
The Auditor: 135.
The Bhaktivedanta Book Trust: 78.
The Children of God Ed.: 155.
The Eck Word News: 102.
The Ensign of the CJCLDS: 117.

The Good News: 143.
The Independant Journal: 135.
The Merchants Trade Journal: 139.
The Monthly Scientology Journal: 135.
The Mystic Triangle: 198.
The Mystic World: 102.
The Plain Truth: 139.
The Review: 167.
The Rosicrucian Digest: 198.
The Rosicrucian Forum: 198.
The Rosicrucian Supply Bureau: 199.

The World Tomorrow: 140.
Tomorrow's World: 143.
Triades: 204.
Triades: 205.

University of Utah Press: 117.

Watch Tower: 209.
Watchtower Bible and Tract Society: 211.
Worldwide Church of God: 143.

INDEX DES TECHNIQUES

Art (L'...) d'entraînement de l'intelligence du mouvement (A.E.I.M.): 83.
Audition (L'...): 133, 134.
Codage (Le...): 56.
Dhyana: 101.
Dianétique: 133.
Hrani-Yoga: 181.
Méditation sensuelle: 186, 188.
Méditation transcendantale: 65.
Nirat: 101.
Paneurythmie: 182.
Petit Poisson Flirteur: 153.
Programme du maître contrôleur (P.M.C.): 83.
Radiesthésie: 56.
Samkîrtana: 76.
Satsang: 101.
Siddha-yoga: 85.
Surat: 101.
Surya-yoga: 181.
Transmutation sexuelle: 63.
Voyage de l'âme: 100.

BIBLIOGRAPHIE

Le phénomène des nouvelles religions est universel, mais il s'inscrit toujours dans des milieux concrets qui lui confèrent des nuances variées. Au Canada, particulièrement au Québec, le nouveau pluralisme religieux offre des particularités importantes. Aussi avons-nous jugé opportun de présenter ici une bibliographie d'auteurs et de livres canadiens. Cette bibliographie est suivie d'une section proposant certains ouvrages en français publiés à l'étranger, ainsi que d'une courte liste de livres pour les jeunes.

1. OUVRAGES D'AUTEURS CANADIENS PUBLIÉS AU CANADA*

* *Les Mouvements religieux aujourd'hui: théorie et pratiques*, Montréal, Bellarmin, (Les Cahiers du C.R.S.R.S.), 1984.

Report of the Bishop of Toronto's Commission on the Church's Ministry of Healing, Bishop of Toronto's Commission, May 1968.

* *Un nouveau phénomène: la multiplication des groupes religieux* (éclairage pour les catholiques), Comité Régional de la Bible (Rive-Sud). Québec, 1982.

ADACHI, K., *The Enemy That Never Was*, Toronto, McCleland and Stewart Ltd., 1976.

ALPALHAO D'ALCARAVELA, Joao Antonio, *La Psychosynthèse de Roberto Assagioli, Cadre systématique, visée éducative, approche pastorale*, Montréal, Thèse de Doctorat, Université de Montréal, Déc. 1986, 567 p.

* BÉDARD, S., GRENON, M., TREMBLAY, F., GAGNON, F., ROBIN, J., *Inventaire, localisation et rayonnement des différents regroupements religieux et/ou philosophiques en Sagamie*, Dans le cadre du programme d'emploi étudiant ÉTÉ-CANADA, Chicoutimi, [été] 1982.

* BENTON, J., *Jehovah's Witnesses in Canada*, Toronto, McMillan of Canada, 1976, 388 p.

* BERGERON, R., *Les Fondamentalistes et la Bible*, Quand la lettre se fait prison, Montréal, Fides («Collection Rencontres d'aujourd'hui»), 1987.

* BERGERON, R., *Le cortège des fous de Dieu, un chrétien scrute les nouvelles religions*, Montréal, Éditions Paulines, 1984.

* BERGERON, R., *Damné Satan!*, Montréal, Fides, 1988.

---

* L'astérisque indique que le volume est disponible, pour consultation, au Centre d'information sur les nouvelles religions.

* BIBBY, R.W., *La religion à la carte,* Montréal, Fides, 1988.

BIBEAU, G., *Les Bérets Blancs: essai d'interprétation d'un mouvement québécois marginal,* Montréal, Éditions Parti-Pris, 1976.

BILLETTE, A., *Récits et réalités d'une conversion,* Montréal, Presses de l'Université de Montréal, 1975, 234 p.

BIRD, F., REIMER, W., *Religion in Canadian Society,* Steward Crysdale et Les Wheatcroft, ed. Toronto, McMillan, 1976.

BOROVOY, A.A., *The Fundamentals of Our Fundamental Freedoms,* Toronto, Canadian Civil Liberties Education Trust, May 1974.

BROWN, H.L., *Black and Mennonite: A Search for Identity,* Scottdale, Penn/Kitchener, Ont., Herald Press, 1976, 124 p.

* BRYANT, M.; DARROL, M., Ed., *Religious Liberty in Canada: Deprogramming and Media Coverage of New Religions,* Toronto, Canadian for the Protection of Religious Liberty, 1979.

BURKHOLDER, J.-R.; REDEKOP, C., *Kingdom, Cross, and Community: Essays on Mennonite Themes in Honor of Guy F. Hershberger,* Scottdale, Penn./Kitchener, Ont., Herald Press, 1976, 324 p.

BURROWS, T., *Response to the «Psychologists»,* Oct. 1977. Report to the Minister of Health for Ontario by the Ontario Psychological Association, August 12, 1977, Toronto, T. Burrows, 1977.

* CHAGNON, R., *Trois nouvelles religions de la lumière et du son,* Montréal, Éditions Paulines, 1985.

* CHAGNON, R., *La Scientologie: une nouvelle religion de la puissance,* Montréal, HMH, 1985.

* CHAGNON, R., *Libres ou forcés, les conversions aux nouvelles religions,* Montréal, Fides, 1988.

* CHAGNON, R., *Les charismatiques au Québec,* Montréal, Québec-Amérique, 1979.

CLARK, S.D., *Church and Sects in Canada,* Toronto, University of Toronto Press, 1948.

* COUSINEAU-FANCOTT, D., *Les sectes,* rapport de pré-recherche, Radio-Québec, avril 1979.

CRYSDALE, S., MONTMINY, J.-P., *Religion au Canada,* Bibliographie annotée des travaux en sciences humaines des religions, 1945-1970, Québec, Université Laval, 1973, 2 vol.

CRYSDALE, S., et W., P. *Religion in Canadian Society,* Toronto, McMillan of Canada, 1976.

* DESFORGES, G., *Parallèle entre les psychothérapies et les guérisons par la foi,* Montréal, Mémoire de maîtrise (U. de Montréal), janvier 1984.

* DESJARDINS, D., éd., *Étude exploratoire des modalités de fonctionnement de sept groupes de croissance personnelle,* Rapport de recherche, Corporation professionnelle des psychologues du Québec, Montréal, décembre 1987.

EPP, F.H., *Mennonites in Canada: The History of a Separate People,* Toronto, McMillan, 1974.

* FORTIN, D., *Révélation et inspiration chez les Évangélistes,* Mémoire de Maîtrise (Université de Montréal), 1978.

* FOUCART, E., *Sectes et mouvements religieux marginaux de l'Occident contemporain,* Répertoire bibliographique (Études et document en science de la religion), Québec, Groupes de recherches en sciences de la religion, 1982.

FREED, J., *Moonwebs: Journey into the Mind of a Cult,* Toronto, Dorset Publishing, 1980.

FREED, J., *Billet pour le ciel,* Montréal, Éditions Libre Expression, 1981.

GAGNÉ, H., *Nature de la doctrine et de l'organisation des «Témoins de Jéhovah»,* Mémoire présenté à Me Ernest Godbout, c.r., aviseur légal de la cité de Québec, Québec, Presses Universitaires Laval, 1948.

GAUTHIER-BEAUCHAMP, M., *Parascience et parareligion :* étude d'un cas québécois, Québec, Thèse de doctorat (Université Laval), 1984.

* GERMAIN, N., s.j., *La Franc-Maçonnerie du Québec est-elle protestante?,* Montréal, Imprimerie du Messager, 1942.

* GOSSELIN, J.-P., MONIÈRE, D., *Le trust de la foi,* Montréal, Québec-Amérique, 1978.

GOSWAMI, C.R., *Sri Aurobindo's Concept of the Superman,* Unpublished Doctoral dissertation (McMaster University), 1975.

HAWTHORN, H.B., Ed., *The Doukobors of British Columbia,* Vancouver, J.M. Dent and Sons, 1955.

* HÉBERT, G., *Les Témoins de Jéhovah,* Montréal, Bellarmin, 1960.

* HÉBERT, G., *Connaissez-vous les Sectes?,* Montréal, Relations, 1963.

* HILL, D.G., *Study of Mind Development Groups, Sects and Cults in Ontario,* Report to the Ontario Government, June 1980.

HOLD, S., *Terror in the Name of God: The Story of the Freedom Doukhobors,* Toronto, McClelland and Stewart, 1965.

JAGGS, W.K., *A Survey of the Upsurge in the Development of New Religious movements with Particular Reference to the Movement Known as Scientology,* Toronto, Addiction Research Foundation, Substudy n° 790, 1976.

* JAMES, M.-F., *Les précurseurs de l'ère du Verseau,* Montréal, Éditions Paulines, 1985.

* JASMIN, D., *Les Témoins de Jéhovah, fauteurs de séditions, ennemis acharnés de la religion,* Montréal, Éditions Lumen, Thérien, Frères Ltée (Collection de l'Institut Pie XI, série II, n° 1), 1946.

KERNAGHAN, W.D.K., *Freedom of Religion in the Province of Quebec, with Particular Reference to the Jews, Jehovah's Witnesses and Church-State Relations, 1930-1960,* Ph.D. Thesis, Duke University, 1966.

* KILDUFF, M., JAVERS, R., *L'enfer de Guyana,* Montréal, Stanké, 1978.

LABRECQUE, J., *Les disciples de Krishna et la contre-culture,* Mémoire de Maîtrise, (Université de Sherbrooke), 1982.

* LABRECQUE, C., *Les voiliers du crépuscule,* Montréal, Éditions Paulines & Médiaspaul, 1986.

LEE, J.A., *Sectarian Healers and Hypnotherapy,* Report to the Committee on the Healing Arts, Toronto, December 1967, Toronto, Queen's Printer, 1970.

LEPAGE, A., *Du mouvement à la secte: l'organisation du prophétisme Kongo,* Québec, Mémoire de Maîtrise (Université Laval), 1969.

* LEPAGE, Y., *La fin est proche?,* le discours apocalyptique actuel. Montréal, Fides (Collection «Rencontres d'aujourd'hui»), 1987.

LEPAGE, Y., *Les Témoins de Jéhovah,* Montréal, Fides, (en préparation).

* LEPAGE, Y., *Renouveau apocalyptique/millénariste,* Étude de quatre auteurs, Montréal, Mémoire de Maîtrise (Université de Montréal), septembre 1983.

LESTER, G.A., *The Distribution of Religious Groups in Alberta,* 1961, M.A. Thesis (University of Alberta), 1966.

LUFT, M.C., *Religious Secularization: A Study of a Contemporary Baptist Church,* M.A. Thesis (University of Calgary), 1969.

MACKIE, M., *The Defector from the Hutterite Colony,* M.A. Thesis (University of Alberta), 1965.

MALCOLM, A., *The Tyranny of the Group,* Toronto, Clarke, Irwin and Co., 1973.

* MELANÇON, O. csc, *100 questions-réponses sur: Superstitions et Religion,* Montréal, s.e., 1979.

* MELANÇON, O., *Oraison catholique et techniques orientales de méditation,* Montréal, Fides, 1977.

MANN, W.E., *Sect, Cult and Church in Alberta,* Toronto, University of Toronto Press, 1955.

* MARIEL, P., *Rituels et initiations des sociétés secrètes,* Montréal, HMH, 1974.

* MILLETTE, G., *La méditation, voie de libération chez Sarasvati,* Mémoire de maîtrise (University de Montréal), mai 1974.

* NOËL, L., *Pouvoir, régulation et condition féminine au sein d'une collectivité sacrale contemporaine: le cas des Témoins de Jéhovah au Québec,* Thèse en sciences politiques (M.A.), Québec, Université Laval, 1985, 174 p.

O'TOOLE, R., *The Precipitous Path: Studies in Political Sects,* Toronto, Peter Martin Assoc. Ltd., 1977.

* PELLETIER, P., *Un souffle de silence,* méditation bouddhique, esprit chrétien, Montréal, Fides (Collection «Rencontre d'aujourd'hui»), 1987.

* PELLETIER, P., *Folies ou thérapies. Regard clinique sur les nouvelles religions,* Montréal, Fides, 1989.

* PENTON, J., *Apocalypse Delayed, the Story of Jehovah's Witnesses,* Toronto, University of Toronto Press, 1985.

POETTCKER, H., REGHR, R., ed., *Call to Faithfulness: Essays in Canadian Mennonite Studies,* Altona (Man.), P.W. Friesen & Sons, 1972.

RAINVILLE, J.-M., *Monographie sur la secte des Frères chrétiens de Francoville. Une étude d'une secte protestante canadienne-française: type de secte, sa direction interne et ses rapports avec la société ambiante,* Mémoire de Maîtrise (Université de Montréal), 1960.

* RHÉAUME, J., *Le Livre d'Urantia,* Thèse de doctorat (Université d'Ottawa), 1983.

RICHARD, J.B., *Baptist in British Columbia: A Struggle to Maintain Sectarianism,* M.A. Thesis (University of British Columbia), 1964.

* ROCHETTE, J., ed., *Qui croire? Essai sur les nouvelles religions,* Saint-Georges-de-Beauce, 1983.

* ROCHETTE, J., ed., *Essai critique sur le livre de Annie Marquier-Dumont: le défi de l'humanité,* Saint-Georges, février 1987.

* ROY, R. *La doctrine des Témoins de Jéhovah et ses fondements,* Thèse de Maîtrise (Université Laval), 1987.

* RUMBLE, L. m.s.c., *Les Rose-Croix,* Montréal, Bellarmin (Collection «Ma paroisse»), 1956.

RUTH, J.-L., *Twas Seeding Time: A Mennonite View of the American Revolution,* Scottdale, Penn./Kitchener, Ont. Herald Press, 1976.

* SANSFAÇON, L., *L'Armée de Marie,* Montréal, Fides, 1989.

SCHMUCKER, D.E., *The Sociology of Canadian Mennonites, Hutterites and Amish: A Bibliography with Annotations,* Waterloo, Ont., Wilfrid Laurier University Press, 1977.

STRYCKMAN, J., *Les mécanismes de cohésion dans une secte établie: une observation participante des Témoins de Jéhovah,* Thèse de Maîtrise (Université Laval), 1972.

SZEPESI, A., *A Proposed World Order: Baha'i Teachings and Institutions,* Thèse de Maîtrise (Université Laval), 1968.

* THÉROUX, Y.R., *Lexique et typologie,* notes de cours, Collège André-Grasset, Montréal, 1987.

* THÉROUX, Y.R., *Le syncrétisme dans la rencontre de religions au Québec,* Étude culturo-religieuse, Montréal, Mémoire de Maîtrise (Université du Québec), 1982.

2. OUVRAGES D'AUTEURS CANADIENS PUBLIÉS À L'ÉTRANGER

* HEXHAM, I., POEWE, K., *Understanding Cults and New Religions,* Grand Rapids, William B. Eerdmans, 1986.

* JAMES, M.-F., *Ésotérisme, occultisme, franc-maçonnerie et christianisme au XIXe et XXe siècles* (Bibliographie), Paris, Nouvelles Éditions Latines, 1981.

* JAMES, M.-F., *Ésotérisme et christianisme autour de René Guénon*, Paris, Nouvelles Éditions Latines, 1981.

WESTLEY, F., BIRD, F., *The Complex Forms of the Religious Life*, Chico, Calif., Scholars Press, 1983, [Ce livre est basé sur les recherches du groupe de F. Bird].

3. OUVRAGES EN FRANÇAIS PUBLIÉS À L'ÉTRANGER

* BRACONNIER, O., *Radiographie d'une secte au-dessus de tout soupçon*, Paris, Cerf, 1982.
* CANNUYER, C., *Les Baha'is,* Brepols, Bruxelles, 1987.
* CHERY, H. Cl., *L'offensive des Sectes*, Paris, Cerf, 1959.
* COLINON, M., *Sectes étrangères et faux prophètes*, Paris, Plon, 1953.
* CORNUAULT, F., *La France des sectes*, Paris, Tchou, 1978.
* DERICQUEBOURG, R., *Religions de Guérisons*, Paris, Cerf/Fides, 1988.
* DESROCHE, H., *Les religions de contrebande*, Paris, Man, 1974.
* ELLUL, J., *Les nouveaux possédés*, Paris, Fayard, 1973.
* GIBON, Y. de, *Des sectes à notre porte*, Répertoire et présentation, Chalet, 1979.

HAACK, F.W., *Des sectes pour les jeunes?*, Paris, Mame, 1980.

* HERVÉ, Jane, Marie-Christine, C., *Confession d'une enfant de Dieu*, Paris, Rochevignes, 1985.

KOHN, Norman, *Les fanatiques de l'Apocalypse*, Maspero, 1962.

KUTTEN, K., *Le monde spirituel des sectes*, Neuchâtel, Delachaux et Niestlé, 1965.

LEDUC, J.-M., et PLAIGE, D. de, *Les nouveaux prophètes*, Paris, Buchet/Chastel, 1978.

* MAT-HASQUIN, Michèle, *Les sectes contemporaines*, Bruxelles, Éditions de l'Université de Bruxelles, 1982.
* MAYER, Jean-François, *Les Sectes*, Paris, Cerf/Fides, 1987, 126 p.
* MAYER, Jean-François, *Sectes Nouvelles. Un regard neuf*, Paris, Cerf, 1985.
* MAYER, Jean-François, *Une honteuse exploitation des esprits et des porte-monnaie*, Les Trois Normes, Fribourg, 1985.
* PICARD, G., *L'enfer des Sectes*, Paris, Fleuve Noir, 1984.
* PLUME, Ch., et PASQUINI, K., *Encyclopédie des sectes dans le monde*, Nice, Alain Lefeuve, 1980.
* SANDRI, D., *À la recherche des sectes et sociétés secrètes d'aujourd'hui*, Paris, Presses de la Renaissance, 1978.

SEGUY, J., *Les sectes protestantes dans la France contemporaine*, Paris, Beauchesne, 1956.

* VERMANDER, J.-M., *Des sectes diablement vôtres*, Paris, Soceval, 1979.
* VERNETTE, J., *Des chercheurs de Dieu «hors frontières»*, Paris, DDB, 1979.
* VERNETTE, J., *Les Sectes et l'Église Catholique. Le document Romain*, Paris, Cerf, 1986.
* VERNETTE, J., *Sectes et Réveil religieux*, Mulhouse, Salvator, 1976.
* WILSON, B., *Les sectes religieuses*, Paris, Hachette, 1970.
* WOODROW, A., *Les nouvelles sectes*, Paris, Seuil, 1977.

4. LIVRES POUR LES JEUNES

* *Fêtes et Saisons*, mai 1965, n° 195, Toutes les religions se valent-elles?, Paris.
* *Fêtes et Saisons*, janvier 1960, n° 141, Que Penser des Sectes?, Paris.
* *Fêtes et Saisons*, février 1975, n° 292, Les Sectes, Paris.
* *Fêtes et Saisons*, mai 1976, n° 305, Sectes, la nouvelle vague, Paris.
* VERNETTE, J., Collection: Les Sectes, l'Occulte et l'Étrange, Éditions du Bosquet, Salon-de-Provence, 1985.
  — Les Sectes
  — Les Témoins de Jéhovah
  — Les Nouvelles Sectes
  — Les Sciences Occultes
  — La Réincarnation
  — La Fin du Monde
    (Bandes Dessinées)
* Magazine *Vidéo-Presse*, volume XVI, n°s 1 à 10 de septembre 1986 à juin 1987, Éditions Paulines, Montréal.
* HISTORIA, n° spécial 382 bis, 1978, Les Sectes et leurs prophètes du 20e siècle, Paris.

  Dossiers de l'histoire, n° 16, novembre 1978, «Religions, Sectes et Croyances des Origines à nos jours».
* HISTORAMA, n° hors-série 36, oct. 1978, Sectes et prophètes du 20ième siècle, Paris.

5. OUVRAGES GÉNÉRAUX ET DE RÉFÉRENCE

* CHOQUETTE, Diane, *New Religious Movements in the United States and Canada*, Westport, Conn., Greenwood Press, 1985, 235 p.
* HILL, Samuel S., MEAS, Frank S., *Handbook of Denominations in the United States*, Nashville, Abingdon Press, 1987, 320 p.
* MELTON, J. Gordon, *The Encyclopedia of American Religious*, Vol. I et II, Détroit, Gale Research Company, 1978.

TABLE DES MATIÈRES

Avant-Propos 5
Présentation 7

Première partie
LES NOUVELLES RELIGIONS ET NOUS

I — L'enracinement socioreligieux des nouvelles religions 11
II — Deux grandes voies spirituelles 23
III — Les pratiques douteuses 35
IV — Apprendre à vivre le pluralisme religieux 41

Deuxième partie
LE FICHIER

Association des Chercheurs en Sciences Cosmiques du Québec (A.C.S.C.Q.) Inc. .. 53
Association gnostique internationale de recherche anthropologique (A.G.I.R.A.) 59
Association internationale de Méditation Transcendantale 65
Association internationale pour la Conscience de Krishna (A.I.C.K.) 73
Centre de l'Universalité 81
Centre de Méditation Siddha 85
Centre du Nouveau Penser 91
Cité écologique de l'Ère du Verseau 95
Eckankar 99
Église adventiste du Septième Jour 105
Église de Jésus Christ des Saints des Derniers Jours (Mormons) 111
Église de l'unification (Moonistes) 121
Église de scientologie 133
Église universelle de Dieu 139
Église Vie et Réveil 145
Enfants de Dieu 151
Équipe des jeunes catholiques à l'œuvre 157
Esalen 163
Est 167
Foi Universelle Baha'ie 173

Fraternité blanche universelle 179
Mouvement Raëlien 185
Ordre rosicrucien A.M.O.R.C. 193
Société Anthroposophique 201
Témoins de Jéhovah 207

ANNEXES

Glossaire 217
Index des noms propres 235
Index des groupes 239
Index des revues, périodiques, maisons d'édition, médias 243
Index des techniques 245
Bibliographie 247

Imprimé au Canada — Printed in Canada